Gilbert Bilezikian

Gemeinschaft

Gottes Vision für die Gemeinde

Über den Autor

Gilbert Bilezikian ist einer der Gründer der *Willow Creek*-Gemeinde und emeritierter Professor für Biblische Wissenschaften am Wheaton College, Illinois.

Gilbert Bilezikian

Gemeinschaft

Gottes Vision für die Gemeinde

GerthMedien

Titel der Originalausgabe:
Community 101

Published by Zondervan Publishing House,
Grand Rapids, Michigan 49530, USA

2. Auflage 2005

ISBN 3-86591-064-5

Die Bibelstellen wurden der »Gute Nachricht Bibel« entnommen.

Übersetzung: Annette Schalk
Umschlaggestaltung: Petra Louis
Satz: Gerth Medien GmbH, Asslar
Druck und Verarbeitung: Schönbach-Druck, Erzhausen

Für die Kinder Gottes in der Willow Creek-*Gemeinde,*
die für mich Vorbilder sind
für authentische, biblische Einheit

Inhalt

Vorwort

Wenn Sie in einem einzigen Wort ausdrücken sollten, wie Gottes Traum für die Menschen aussieht, was würden Sie sagen? Jeder, der sich schon einmal umfassender mit dem Leben und der Lehre von Gilbert Bilezikian beschäftigt hat, könnte diese Frage sofort beantworten: *Gemeinschaft.* Gottes Traum für die Geschöpfe, die er nach seinem Bild geschaffen hat, besteht darin, dass sie anfangen, die wunderschönen Worte des Psalmisten zu begreifen, und diese auch umsetzen: »Wie wohltuend ist es, wie schön, wenn Brüder, die beieinander wohnen, sich auch gut verstehen« (Ps 133,1)!

Dr. B. (wie er bei denen heißt, die das Glück haben, zu seinen Schülern und Freunden zu zählen) ist in besonderem Maß dafür qualifiziert, ein Buch zu diesem Thema zu schreiben. 40 Jahre lang bemühte er sich als Wissenschaftler und als Professor für Neues Testament mit aller Leidenschaft darum, das Wesen der nach biblischen Prinzipien funktionierenden Gemeinschaft zu verstehen. Und diese Erkenntnisse standen in einer tatsächlich existierenden Gemeinde auf dem Prüfstand, da Dr. B. Gründungsältester und so etwas wie »Haustheologe« der *Willow Creek*-Gemeinde ist. Was er schreibt, basiert sowohl auf biblischen Aussagen als auch auf praktischen Erfahrungen in einer »echten« Gemeinde.

In diesem Buch finden Sie eine meisterhafte Auseinandersetzung mit dem Plan Gottes, Menschen in eine radikal neue Gemeinschaft einzubinden: in der Dienen zu einem fröhlichen, auf Gegenseitigkeit beruhenden Lebensstil wird, in der Leitung leicht genommen und als demütige Gabe angeboten wird, in der gilt: »Es gibt nicht mehr Juden und Griechen, nicht Sklaven und Freie, nicht Mann und Frau; denn ihr alle seid ›einer‹ in Christus Jesus« (Gal 3,28; Einheitsübersetzung).

Als einer seiner ehemaligen Studenten wünschte ich, Sie könnten persönlich erleben, wie Dr. B. über Kirche spricht. Dann würden Sie erkennen, dass unsere menschliche Sehnsucht nach Liebe und Zugehörigkeit in Gottes »neuer Gemeinschaft« erfüllt werden kann, die alleine Zeit und Ewigkeit überdauern wird. *Die Kirche ist kein Ort, an dem sich Menschen von Zeit zu Zeit zu religiösen Veranstaltungen versammeln. Sie ist keine weitere soziale Institution unter vielen. Die Gemeinde ist Gottes Traum für das seiner Geschöpfe, das er am meisten liebt – für uns Menschen.*

»Gibt es etwas, das mit Gemeinde vergleichbar ist?«, fragt Dr. B. immer wieder. Es gibt nichts – keine Leistung, keine Organisation, kein Land und keine Zivilisation –, nichts ist so wichtig wie die Gemeinde, und nur die Gemeinde als Gemeinschaft der Christen wird die Geschichte überleben und in Gottes Ewigkeit weiterleben.

John Ortberg

Einleitung

Im Neuen Testament lesen wir, dass die Gemeinde Jesu Christi der Halt (»Pfeiler«) und der Hüter (»Fundament«) von Gottes Wahrheit ist (1 Tim 3,15). Leider zeigt die Geschichte, dass die Gemeinde oft eher als Feind und Verräter von Gottes offenbarter Wahrheit gehandelt hat.

Christen würden im Allgemeinen wohl zustimmen, dass die Erlösungslehre mehr als wichtig ist für ihr Glaubenssystem. Doch so unglaublich es scheinen mag: Die Kirche verlor diese Wahrheit über ein Jahrtausend lang aus den Augen und ersetzte sie durch verschiedene Theorien der Erlösung durch »gute Taten«, die aber nie funktionierten. Die einfache Lehre, dass Erlösung ein Geschenk aus Gottes Gnade ist und das im Glauben angenommen werden muss, wurde schließlich im 16. Jahrhundert wiederentdeckt.

Mit einer mächtigen prophetischen Stimme hält die ganze Bibel Gottes entschiedene Haltung gegen Unrecht und Ungerechtigkeit fest. In der Vergangenheit identifizierte sich die Kirche häufig selbst mit institutionellen Übeln wie Sklaverei, Rassismus, Sexismus und Apartheid, wobei sie oft Texte aus der Bibel missbrauchte, um solche Praktiken zu rechtfertigen. Dass die Kirche fähig ist, von den Lehren der Bibel abzuweichen, und dies tatsächlich auch tut, gibt meiner Ansicht nach Anlass zur Besorgnis – fordert uns aber auch auf, ihren Zustand immer wieder zu überprüfen und sie zu reformieren, wenn es nötig ist.

In unserer Zeit fordert man die Kirche lautstark auf, ihre Identität als Gemeinschaft wieder zu entdecken. Viele christliche Leiter beklagen die Tatsache, dass die Kirche ihre grundlegende biblische Definition als von Gott gestaltete Gemeinschaft verloren hat. Laien und hauptamtliche Mitarbeiter gleichermaßen äußern ihre Unzufriedenheit mit Gemeinden, die ihren Geschäften nachgehen, als ob es sich tatsächlich um Geschäfte handeln würde. Sie vergleichen die lähmenden Routineabläufe in ihrem Gemeindeleben mit der überschäumenden Explosion der vom Heiligen Geist erzeugten Lebendigkeit, die die an

Pfingsten entstandene Kirche dazu in die Lage versetzte, die antike Welt zu erobern. Sie fragen sich wehmütig, wo diese Kraft geblieben ist. Sie merken, dass sie sich oft in einem Dschungel von unbiblischen Traditionen verlieren, die das Leben aus ihren Gemeinden saugen und ihre Dienste ersticken. Sie sehnen sich danach, die biblische Tradition, die den verschiedenen kirchlichen Traditionen voranging, wieder zu entdecken. Sie fordern eine radikale Hinwendung zu den Wurzeln biblischer Lehre, als Kirche noch gleichbedeutend mit Gemeinschaft war.

In dieses Buch fließen drei Ebenen ein. Zum einen enthält es biblische Erkenntnisse, die ich in 30 Jahren Lehrtätigkeit als Theologe erworben habe. Zum zweiten enthält es die Ergebnisse der Lektionen, die ich durch meine Teilnahme an Aufbau und Wachstum der *Willow Creek*-Gemeinde und der angeschlossenen Dienste lernen durfte. Und schließlich fasst dieses Buch die wesentlichen Inhalte der Vorträge zum Thema »Kirche als Gemeinschaft« zusammen, die ich in den vergangenen Jahren im Rahmen eines dicht gedrängten Vortragsprogrammes gehalten habe. Dieses Buch wurde zum Teil auch geschrieben, um das Material, das bei solchen Konferenzen präsentiert wurde, in schriftlicher Form verfügbar zu machen, damit es zu Studienzwecken und zur Verbreitung eingesetzt werden kann.

Auch wenn mein Buch ein in sich geschlossenes Thema behandelt, könnte ein intensives Studium zum Thema »Gemeinschaft« mit meinem Buch *Christianity 101* (Zondervan, 1993) beginnen. Vor allem das Kapitel über die Lehre von der Kirche (Kapitel 7) kann als allgemeine Einführung zu diesem Thema gelesen werden. Danach schließt sich das vorliegende Buch an, gefolgt von *Beyond Sex Roles* (Baker, 1985), das sich mit der Rolle der Frau in der Gemeinschaft der Kirche und der Familie auseinandersetzt. Natürlich bleibt die Bibel der höchste Maßstab für eine christliche Definition von Gemeinschaft. Deshalb sollte jedes der oben erwähnten Bücher mit einer aufgeschlagenen Bibel in Reichweite gelesen werden.

Zwei gute Freunde hatten großen Anteil an der Entstehung dieses Buches. Kathleen Kegel gelang die magische Verwandlung eines kaum leserlichen, handschriftlichen Manuskriptes in ein hoch technologisches, elektronisch verwertbares Dokument. Mike Topel las das Manuskript mit derselben Weisheit und unerbittlichen Strenge wie mein voriges Buch. Außerdem schulde ich meinem ehemaligen Kollegen Dr. David Klopfenstein Dank für das Diagramm auf Seite 168.

Vor ein paar Jahren traf sich eine Gruppe, die eine Haltung zur Rolle der Frau in der Kirche vertrat, die den Aussagen der Bibel nach meiner Ansicht widerspricht, zu einer Veranstaltung in Chicago. Im Rahmen dieser Veranstaltung bekam diese Gruppe Sendezeit bei einem nationalen christlichen Radiosender. Während der Sendung rief mich der Moderator an und ließ mich mit ihnen über einige der Themen diskutieren, die in diesem Buch behandelt werden. Im Laufe der Diskussion wurde offensichtlich, dass diese Gruppe die Sichtweise, die ich zum Thema »Gemeinschaft« verteidigte, mit Spott bedachte. Damals entschloss ich mich, meine Gedanken schriftlich niederzulegen, um besser argumentieren zu können. Ohne den durch dieses Vorkommnis ausgelösten Anreiz wäre dieses Buch wohl nie geschrieben worden. Diese Menschen werden sich leicht wieder erkennen und zu schätzen wissen, dass ich ihnen Dank für ihre Herablassung schulde.

Gilbert Bilezikian

Kapitel 1

Nur Gemeinschaft bleibt bestehen

Ich glaube, viele von uns tragen (unbewusst) in ihrem Inneren einen leisen Schmerz mit sich herum, der nie verschwindet. Es ist die lebenslange Sehnsucht nach der einen Liebe, die man nie findet, das Schmachten nach einer alles in den Schatten stellenden Intensität von Nähe, von dem wir wissen, dass es nie erfüllt werden wird, ein grundsätzliches Bedürfnis, mit allem, was wir sind, eine Bindung einzugehen, die nie zerbricht.

Was den Kern unseres Seins aufwühlt, ist das Bedürfnis, zu kennen und erkannt zu werden, zu verstehen und verstanden zu werden, bedingungslos und für alle Zeit ohne die Furcht vor Verlust, Verrat oder Zurückweisung. Ich spreche von der Sehnsucht nach unserer ursprünglichen Einheit, von der stillen Trauer um das verlorene Paradies, vom lebenslangen Streben nach der umfassenden Umarmung, für die wir, wie wir wissen, geschaffen sind. Es ist die Suche nach der ursprünglichen Gnade, zu halten und gehalten zu werden, nach der Freiheit, so zu sein, wie wir wirklich sind, ganz ohne Scham oder Verstellung, die Suche nach Befreiung und Ruhe in der dem Mutterschoß ähnlichen Sicherheit eines unveränderlichen Angenommenseins und einer überfließenden Liebe. Hören Sie doch einmal in sich hinein.

Viele von uns trauern um das Geschenk, das den Menschen in der Rebellion gegen Gott verloren ging. Und nun hoffen wir darauf, das Paradies wiederzugewinnen, und darauf, dass die Gemeinschaft wiederhergestellt wird, die einzige Einheit, die heute und für alle Ewigkeit Sicherheit bietet.

Das Primat der Einheit

Den oben stehenden Ausführungen liegt der Gedanke zu Grunde, dass Gott dem Menschen, als er ihn erschuf, das Geschenk der Einheit anbot. Als Gott die ersten beiden Menschen erschuf, erklärte er: »Die zwei sind dann eins, mit Leib und Seele« (Gen 2,24).

Das ist zwar korrekt, aber noch nicht die ganze Wahrheit, da Einheit schon vor der Erschaffung des Menschen existierte. Gemeinschaft findet ihren Kern und ihre Definition im Wesen Gottes. Einheit ist in erster Linie eine göttliche Daseinsform, die Gottes eigene Existenz beschreibt, unabhängig von seinen Schöpfungswerken und ihnen zeitlich vorgeordnet. Welche Gemeinschaft auch immer als Folge der Schöpfung Gottes existiert, sie ist nur ein Abbild einer ewigen Realität, die im Wesen Gottes immanent ist. Da Gott in Ewigkeit »eins« ist, schuf er Einheit, als er Wesen nach seinem Bild erschuf.

Die Dreifaltigkeit als ursprüngliche Gemeinschaft der Einheit

Wir müssen in der Bibel nicht weit blättern, bis wir eine Aussage über das Wesen Gottes als Gemeinschaft der Einheit finden. Gleich die ersten drei Verse des Buches Genesis zeigen, dass Gott eine Gemeinschaft von drei Personen in einem Wesen ist.

In Genesis, Kapitel 1, Vers 1 stellt sich uns Gott als der große Designer, der Vater der ganzen Schöpfung vor. Er denkt die Himmel und die Erde in ihre Existenz. Alle Dinge finden ihre Definition und ihren Ursprung in ihm (Jak 1,17).

Der zweite Vers beschreibt die Aktivität eines anderen Aspektes von Gottes Wesen, der als »der Geist Gottes« bezeichnet wird. Offensichtlich bezieht sich dies immer noch auf Gott. Aber es wird durch die Bezeichnung »Geist« eine Unterscheidung getroffen. Auch die Handlung, die dem Geist Gottes zugeschrieben wird, unterscheidet sich von der, die im vorangegangenen Vers in Bezug auf Gott als »Vater« beschrieben wird. Der Geist konstruiert nicht die geschaffene Welt. Stattdessen wird er beschrieben als »darüber schwebend«, als alles an Ort und Stelle war. Das legt eine Funktion als Beschützer oder Aufseher nahe – in neutestamentlichen Begriffen könnte man auch sagen, dass er derjenige war, der die Werke Gottes »heiligte« und ihnen den Segen seiner ständigen Gegenwart brachte.

Im dritten Vers entdecken wir eine dritte Unterscheidung im Wesen Gottes, und zwar in Gestalt des Wortes Gottes. Es reicht aus, dass Gott das Wort ausspricht, und was immer er befiehlt, beginnt allein durch die Macht des Wortes zu existieren. Das Wort Gottes ist hier die ausführende Gewalt von Gottes Willen. Natürlich wissen Christen, dass »am Anfang das Wort war« und dass das Wort in enger Verbindung zu

Gott existierte. Und das Wort war nicht nur bei Gott, im Unterschied zu ihm und neben ihm, sondern »das Wort war Gott« (Joh 1,1–2). Das Wort wurde völlig mit Gott in der Einheit seines Seins identifiziert. Wir wissen aus der Bibel, dass alle Dinge durch das Wort geschaffen wurden und dass ohne das Wort nichts entstanden ist (Joh 1,3). Die Geschichte über die Anfänge betont achtmal das Leben spendende Handeln des Wortes, als Gott sich daran macht, das Universum und alles, was darin ist, zu erschaffen (Gen 1,3.6.9.11.14.20.24.26).

Christen wissen auch, dass dasselbe Wort, das an der Erschaffung aller Dinge beteiligt war, derjenige ist, der als Erlöser in die Welt kam, denn: »Er, das Wort, wurde ein Mensch, ein wirklicher Mensch von Fleisch und Blut. Er lebte unter uns, und wir sahen seine Macht und Hoheit, die göttliche Hoheit, die ihm der Vater gegeben hat« (Joh 1,14). Das Wort ist der Sohn Gottes.

Man muss also nur die ersten drei Verse der Bibel lesen, um das zu entdecken, was im Rest der Bibel, vor allem im Neuen Testament, ausführlich gelehrt wird: Gott präsentiert sich als Dreieinigkeit göttlicher Wesen, die als Vater, Sohn und Heiliger Geist existieren, als ewige Gemeinschaft in Einheit, von der alle anderen Gemeinschaften ihre Existenz und ihre Bedeutung ableiten. Wie die Christen glauben auch Juden und Moslems an einen einzigen Gott. Da ihr Gott aber eine Person in einem Wesen ist, ist er eigentlich Gefangener seiner eigenen Begrenzung. Eingefroren in die Singularität seiner Transzendenz kann er nie Gemeinschaft erfahren. Anders der Gott, den Jesus Christus den Menschen nahe brachte. Er ist zwar ein Wesen, aber er ist ewig drei Personen in einer Einheit. Für ihn hat Einheit einen so hohen Stellenwert, weil er die Dynamik und die Synergie von drei Personen in einer erfährt. Wenn er also nach seinem Bild erschafft, dann schafft er Gemeinschaft.

Die Bibel lehrt weiter, dass in dieser Einheit völlige Gegenseitigkeit und Gleichheit herrschen. Sonst wäre keine Einheit möglich. In allem, was die Gottheit unternimmt, arbeiten die drei Mitglieder der Trinität Hand in Hand – nie unabhängig voneinander.

Der Vater steht beim Schöpfungswerk an der Spitze, aber das Wort und der Geist waren anwesend und zusammen mit dem Vater an der Schöpfung beteiligt. Der Sohn steht beim Erlösungswerk an der Spitze, aber der Vater und der Geist sind anwesend und an der Erlösung beteiligt. Der Geist wiederum steht beim Werk der Heiligung an der Spitze, aber der Vater und der Sohn sind anwesend und an der Heiligung beteiligt.

Die Lehraussage der *Evangelical Theological Society* beschreibt die biblische Lehre über Gott als die ursprüngliche Gemeinschaft der Einheit in einem einzigen Satz: »Gott ist eine Dreieinigkeit, Vater, Sohn und Heiliger Geist, jeder eine nicht erschaffene Person, eins im Wesen, gleich an Macht und Herrlichkeit.« Trotz ihrer Kürze trifft diese Formulierung genau den Kern der Sache. Sie definiert die Einheit des Vaters, des Sohnes und des Heiligen Geistes als zum Wesen Gottes gehörend. Aber sie weitet dieses Wesensmerkmal der Einheit auch auf die Aktionen und Funktionen der Mitglieder der Trinität aus, von denen es heißt, dass sie »gleich an Macht« sind. Diese Zusammenfassung bestätigt die wesensmäßige Einheit der Mitglieder der Trinität, weist aber zugleich jede Vorstellung von Rangfolge oder Hierarchie unter ihnen zurück. Da Gott absolut ist, ist auch die Einheit der Trinität absolut. Wenn irgendein Teil der Trinität weniger als absolut im Wesen oder in der Funktion wäre, dann wäre auch Gott an sich weniger als absolut.

Um sein Erlösungswerk zu vollbringen, musste der Sohn seine Gleichheit, seine Einheit mit dem Vater aufgeben und sich zum Diener des Vaters und der Menschen machen. Aber seine Selbsterniedrigung und der Verzicht auf die Einheit waren zeitlich begrenzt. In ihrem ewigen Zustand ist die göttliche Gemeinschaft in absoluter Einheit vereint, Vater, Sohn und Heiliger Geist, »eins im Wesen, gleich an Macht und Herrlichkeit«.

Gottes Geschenk an die Menschen: Einheit

Gott ist Liebe. Deshalb ist er auch ein Gebender und er gibt in unendlichem Maß. Er schuf die Unermesslichkeit des Raumes und verstreute darin Milliarden von Galaxien, jede gefüllt mit Milliarden von Sternen – alle miteinander durch Entfernungen verbunden, die nur in unzähligen Lichtjahren beschreibbar sind.

Aber Gottes Lieblingsprojekt war ein kleiner Planet im Außenbereich einer dieser immensen Galaxien. Nachdem er die Erde zunächst mit der Güte und Schönheit seiner Schöpfungsmacht überschüttet hatte, bot er ihr dann sein größtes Geschenk an: sich selbst.

Natürlich konnte Gott sich nicht selbst reproduzieren und einen anderen Gott schaffen, da er absolut und deshalb einmalig ist. Aber Gott entschied sich für das Nächstbeste. Er schuf Wesen nach seinem Bild. Mehr konnte er nicht von sich selbst geben.

Also schuf Gott tatsächlich ein Wesen, das sein eigenes Bild widerspiegeln sollte. Doch erstaunlicherweise bezeichnete er sein Werk als »nicht gut«, da es einsam war. Gott gefiel nicht, dass der Mann alleine war (Gen 2,18). Es gab ein einzelnes Wesen, aber es hatte keine Einheit, weil es niemanden hatte, mit dem es in Einheit zusammen sein konnte (Gen 2,20). Da Gott die Dreieinigkeit ist, verkörpert er Vielfalt in Einheit. Deshalb erforderte eine Schöpfung nach seinem Bild die Erschaffung einer Vielfalt von Personen. Gottes größte Leistung war nicht die Erschaffung eines einzelnen Menschen, sondern die Erschaffung einer menschlichen Gemeinschaft.

Dazu klonte Gott von diesem einzelnen menschlichen Wesen einen Retter, der das entstehende Bild in die richtige Dimension der Gemeinschaft setzen sollte. Ein »Retter aus diesem Zustand« lautet die wörtliche Bedeutung des Begriffes, der hier mit »ein Wesen, das ihm hilft und zu ihm passt« umschrieben ist (Gen 2,18.20). Laut Text wurde dieser »Helfer« (hebr. *'ezer*) ganz konkret dazu geschaffen, dass der Mensch nicht alleine und ganz ohne Gemeinschaft blieb. Aus sich heraus war er ohne Gemeinschaft. Gott war mit dieser Situation nicht zufrieden, weil die Schöpfung nach seinem Bild eine Vielfalt an Personen erforderte (vgl. Gen 1,26–27). Deshalb wurde die Frau geschaffen, um dem Mann aus seiner Einsamkeit »herauszuhelfen«, damit sie gemeinsam die Gemeinschaft der Einheit bilden konnten.

Die Vorstellung, dass der Begriff »helfen« in diesem Abschnitt so viel bedeutet wie »unterstützen«, ist nach meiner Ansicht durch den Kontext nicht belegt. Manche Bibelkommentatoren zwingen die moderne Vorstellung eines untergeordneten Arbeiters in diesen Kontext. Aber die Bibel stellt den Mann nie so dar, als ob er von einem Berg Arbeit überlastet wäre und jemanden brauchte, der ihm dabei half, alles zu erledigen. Es ist nicht so, dass er Überstunden machen musste, um sich um den Garten zu kümmern, und dass Gott deshalb Mitleid mit ihm hatte und ihm eine Magd gab, die er herumkommandieren konnte. Diese Bedeutung ist völlig aus dem Zusammenhang gerissen. Der einzige Grund, den der Text für die Erschaffung der Frau angibt, ist der, dass die Frau dem Mann helfen sollte, nicht mehr alleine zu sein. Die Frau sollte für den Mann das nötige Gegenstück für die Entstehung von Gemeinschaft bilden.

Mit anderen Worten: Eine sorgfältige Lektüre des Genesis-Textes legt nahe, dass die Frau nicht als Annehmlichkeit zum Nutzen des Mannes gedacht war, um sein Leben leichter und angenehmer zu machen. Sie war nicht einfach nur eine Ergänzung für sein Leben, ein

Anhängsel oder ein nachträglicher Gedanke. Gott schuf ein Wesen, »das ihm helfen konnte und zu ihm paßte«, um einer konkreten Situation Abhilfe zu schaffen, in der es »nicht gut« war, »daß der Mensch so allein ist« (Gen 2,18). Die Erschaffung der Frau erfüllte Gottes Absicht, Gemeinschaft zu begründen. Als es nur ein menschliches Wesen gab, war Einheit nicht möglich, weil es keine Gemeinschaft gab. Einheit ereignete sich schließlich, als es zwei Wesen gab, die »eins, mit Leib und Seele« (Gen 2,24), werden konnten. Die Erschaffung der Frau auf eine Ergänzung oder einen Zusatz zum ansonsten selbstgenügsamen Leben des Mannes zu reduzieren, verrät einen traurigen Mangel an Verständnis, was die Bibel unter »Gemeinschaft« versteht.

Der Gebrauch des Wortes »helfen« im Sinne von »retten« zieht sich durch das ganze Alte Testament. Gott als unser Helfer ist ein wichtiges Thema der Bibel. Aber dieses Wort *('ezer)* wird regelmäßig verwendet, um Gott als Retter aus menschlichen Notsituationen zu beschreiben (vgl. Ex 18,4; Ps 33,20; 70,5; 115,9–11 etc.). In diesem Sinne ist ein »Helfer« nicht jemand, auf dessen Hilfe man zurückgreift, weil sie bequem und annehmlich ist, sondern weil sie die einzige Bedingung zum Überleben darstellt. Ganz ähnlich wurde die Frau dem Mann nicht als reine Annehmlichkeit gegeben, sondern als Hilfe zur Erfüllung der Absicht, zu der sie beide geschaffen waren – zum Leben in der Gemeinschaft in Einheit.

Diese erweiterte Bedeutung von »helfen« im 2. Kapitel des Buches Genesis wird durch die Methode bestätigt, die Gott verwendete, um die Frau zu schaffen. Gott gab ein Exempel, das dem Mann eindrücklich zeigen sollte, wie essenziell die Frau mit ihm eins war.

Wie jedes andere Lebewesen auf der Erde war der Mann aus Erde geschaffen (Gen 1,11-12; 24–25; 2,7). Hätte die Frau nur eine bloße Ergänzung zum Mann sein sollen, wäre auch sie aus Erde geformt und dem Mann als im Haus wohnende Dienstmagd zur Verfügung gestellt worden. Es hätte keinen Grund für eine besondere Schöpfungsprozedur gegeben. Genau das war geschehen, als Gott die Tiere aus Erde geformt und sie dem Mann als »Hilfe« gegeben hatte (Vers 20), wenn auch als unqualifizierte Hilfe.

Um die Frau ins Leben zu rufen, griff Gott tief in den einzigen Menschen hinein und zog (bildlich gesprochen) aus ihm das andere Gesicht des Bildes, das dort verborgen war. Aus bereits bestehendem menschlichen Leben »klonte« Gott die Knochen und das Fleisch, die dazu beitragen sollten, Gemeinschaft Realität werden zu lassen (Verse 21–23). Der Mann erkannte das Wunder dieser Einheit und nannte die

Frau bei demselben Namen, den Gott ihr bereits gegeben hatte, als er eine »Frau« aus der Seite des Mannes schuf (Vers 22). Der Mann sagte: »Man wird sie Männin nennen, weil sie vom Manne genommen ist« (Gen 2,23; Luther).

Mit dieser Aussage betonte der Mann ihre Identität in zweierlei Hinsicht. Zum einen waren sie von derselben Art, weil sie denselben Namen hatten, der ihre wesentliche Natur definierte – das hebräische Wort für »Frau« *(ihsha)* ist eine Erweiterungsform des Wortes für »Mann« *(ish)*. Zum Zweiten teilten sie durch ihren Ursprung dasselbe Leben, da sie aus einem Stück von ihm gemacht war.

Die Bibel erklärt, dass Mann und Frau gleichermaßen Anteil am Bild Gottes haben. Der Genesis-Text verweist nie auf das Bild Gottes im Zusammenhang mit dem Mann unter Ausgrenzung der Frau oder umgekehrt. Als Gott »Menschen« nach seinem Bild schaffen wollte, waren die Empfänger dieses Bildes sowohl männlich als auch weiblich (Gen 1,26–27). Nach dem Bild Gottes geschaffen zu sein, beschreibt ihr Menschsein und nicht ihr Geschlecht. Da Gott Geist ist, ist er kein sexuelles Wesen und daher in seinem Wesen nicht an die Grenzen von geschlechtsspezifischen Unterscheidungen gebunden. Das göttliche Bild beinhaltet männliche und weibliche Züge. Aber es beinhaltet noch weit mehr, da es alle menschlichen Züge hat, die den Menschen vom Rest der Schöpfung unterscheiden. Vor allem drückt dieses Bild die Tatsache aus, dass Gott eine göttliche Gemeinschaft der Einheit darstellt, deren höchste Leistung die Schaffung einer menschlichen Gemeinschaft der Einheit ist.

Die Aussagen des Neuen Testamentes über das Bild Gottes decken sich mit dem Genesis-Bericht. Da der Mensch ursprünglich nicht von einer Frau, sondern von Gott kommt, spiegelt er das Bild und die Herrlichkeit Gottes wider. Da die Frau vom Mann kam und für den Mann als Helferin und Retterin geschaffen wurde, teilt sie mit ihm durch ihre Herkunft eindeutig dieses Bild und diese Herrlichkeit Gottes. Zusätzlich spiegelt sie auch die Herrlichkeit des Mannes, von dem sie stammt (1 Kor 11,7–9). Das Neue Testament widerspricht dem Genesis-Text an keiner Stelle und leugnet nicht, dass auch die Frau nach dem Bild Gottes geschaffen wurde und auch seine Wesensmerkmale besitzt.

Im biblischen Text findet sich ebenfalls keine Andeutung, dass die Frau weniger wert sei, weil sie erst an zweiter Stelle und aus einem Teil des Mannes statt aus Erde geschaffen wurde. Als der Mann ausrief: »Das endlich ist Bein von meinem Bein und Fleisch von meinem

Fleisch« (Gen 2,23), erfasste er die volle Identität der Frau. Im Wesentlichen sagte er: »Das ist ein weiteres Ich.« Damit betonte er eher ihre Gemeinschaftlichkeit als die ihm zugeschriebene Ergänzung, als ob die Frau nur dazu geschaffen wäre, die Lücken in seinem eigenen Leben auszufüllen. Stattdessen lässt der Bibeltext aber darauf schließen, dass Gott sie schuf, um seine eigenen Absichten für die Gemeinschaft zu verwirklichen.

Der Mann repräsentierte auch nicht 80 % des menschlichen Ganzen, wobei die Frau nur als kleine Ergänzung zählte. Auch war es nicht so, dass jeder Mensch 50 % repräsentierte, als ob Gott sorgfältig um Gleichberechtigung bemüht gewesen wäre. Beide waren voll und ganz an der Gestaltung der Gemeinschaft beteiligt; jeder von ihnen trug 100 % dessen, was Gott in ihn zum Erfolg ihrer gemeinsamen Aufgabe gelegt hatte, zu diesem göttlichen Projekt bei. Jeder war für den anderen unentbehrlich, weil jeder vollen Anteil an der Bildung der Gemeinschaft hatte. In Gottes Gleichung von menschlicher Einheit ist 1+1=1 (vgl. Gen 2,24), genauso wie 1+1+1=1 im Bereich der göttlichen Existenz ist.

Folglich verlieh die chronologische Vorrangstellung dem Mann keinen Vorteil in Bezug auf seinen Status, seinen Rang oder seine Leitungsverantwortung. Im Schöpfungsbericht im Buch Genesis findet sich kein Hinweis darauf, dass der Mann die Herrschaft oder die geistliche Herrschaft über die Frau beanspruchte. Die Begriffe »geistliches Haupt« oder »geistliche Herrschaft« finden sich nicht in der Bibel – und vor allem nicht im Schöpfungsbericht. Im Schöpfungsbericht sind nur zwei Autoritätslinien erwähnt. Die eine führt von Gott als souveränem Herrscher über die ganze Schöpfung zu den Menschen. Die andere führt von den Menschen als Mitregenten über die Schöpfung zu ihrer gemeinschaftlichen Herrschaft über die Schöpfung (Gen 1,28). Auffällig ist, dass im Schöpfungsbericht keine Autoritätslinie zwischen dem Mann und der Frau erwähnt wird.

Das Neue Testament liefert den entscheidenden Hinweis zu diesem Thema, indem dort erklärt wird, dass »im Herrn« (das heißt, aus der Perspektive des Christen) die Tatsache, dass die Frau vom Mann kam, durch die historische Realität, dass der »Mann von der Frau geboren wird« wieder ausgeglichen ist. Und dann fügt die Schrift noch hinzu: »Und beide kommen von Gott, der alles geschaffen hat« (1 Kor 11,11–12). Menschliche Ordnungen haben nur relative Bedeutung. Nur Gottes Vorherrschaft über jeden und alles als die Quelle des Lebens hat absoluten und dauerhaften Wert. Völlige Gleichberechtigung und Gegenseitigkeit sind die unabänderlichen Bedingungen für die Integrität von biblisch definierter Gemeinschaft.

Der Schöpfungsbericht im Buch Genesis gipfelt in zwei faszinierenden Hinweisen, die die Auswirkungen der Einheit von Mann und Frau als Gemeinschaft der völligen Gegenseitigkeit beschreiben. Der erste Hinweis folgt direkt auf die Erkenntnis des Mannes, dass er und die Frau gleich sind, weil sie von ihm genommen worden war (Gen 2,23). »Deshalb«, fährt der Text fort – das heißt, weil die Frau vom Mann und sozusagen vom Mann herausgetrennt wurde –, machte es die Einheit erforderlich, dass sie wieder vereinigt wurden. Aber dieses Mal war es – in echter Gegenseitigkeit – am Mann, einen Schritt zu gehen. Er trennt sich von seinen Eltern, um sich der Frau anzuschließen. Er ist mit seiner Frau »eins, mit Leib und Seele« (Gen 2,24). Der Kreis schließt sich, da das Leben des Mannes mit dem der Frau verschmilzt und die ursprüngliche Einheit wiederhergestellt ist.

Somit ist die Gegenseitigkeit zwischen Mann und Frau perfekt. Das geht so weit, dass der Mann dreimal zum »Diener« der Frau wird. Zuerst wird er in tiefen Schlaf versenkt, um sich (wörtlich!) für die Frau hinzugeben und ihre Existenz möglich zu machen. Zweitens verlässt er um ihretwillen seine Eltern. Und drittens bringt er ihr sein Leben. Auch das zeigt wieder, dass gegenseitiges Dienen und Unterordnen einen Lebensstil ausmachen, den *Modus vivendi* einer Beziehung, die von Einheit geprägt ist.

In der Welt der Bibel war es üblich, dass die geringer stehende Person zu der Person in der höheren Position ging. In diesem Fall ist es der Mann, der weggeht und von seiner Frau angezogen wird, der er »anhangt« oder an die er sich »bindet« (Luther; Einheitsübersetzung). Bevor die Menschen begannen, gegen Gott zu rebellieren, gab es keine Probleme mit Autoritätsstrukturen zwischen den Menschen, und es bestand auch kein Bedarf für solche Strukturen. Es herrschte vollkommene Gegenseitigkeit. Deshalb ist auch die Bewegung des Mannes hin zur Frau kein Zeichen für seine Unterordnung. Weder der Mann noch die Frau ist Oberhaupt in ihrer Verbindung. Sie sind miteinander in echter Einheit vereint.

Der zweite Hinweis betrifft die Kleiderordnung im Garten, beziehungsweise die fehlende Kleiderordnung (Gen 2,25). Beide, der Mann und die Frau, waren nackt, und sie schämten sich nicht voreinander. Der Autor des Buches Genesis verweist auf die Scham nicht deshalb, weil er sich negativ über den menschlichen Körper auslassen will, sondern weil Nacktheit in der biblischen Tradition ein beschämender Zustand war. Nacktheit war ein Zeichen der Schwäche, der untergeordneten Stellung oder der Mittellosigkeit. Sklaven, Gefangene und Bettler waren nackt. Das machte sie zur Zielscheibe für Spott. Aber weil zwischen Mann und Frau keine Ungleichheit bestand, waren beide nackt im Garten der Unschuld. Keiner von beiden stand höher oder war besser als der andere. Beide waren gemeinsam Diener unter der Autorität Gottes und deshalb auch Diener füreinander. Folglich schämte sich keiner seiner Nacktheit.

Erst als die Sünde der Rebellion, die der Mann und die Frau begingen, ihre heile Welt zerstörte, wurden ihnen die Augen geöffnet, und sie erkannten, wie sie zueinander standen: Sie waren gegenseitige Diener. Und was noch tragischer war: Ihre Einheit wurde durch eine Beziehung aus Autorität und Unterordnung ersetzt, bei der der Mann das Sagen hatte (Gen 3,16).

Zum Glück wird nach dem Neuen Testament die Beziehung, die im Garten verloren ging, in der neuen Gemeinschaft wiederhergestellt. Sie wird das Kennzeichen für den Umgang der Christen miteinander. Sowohl in der Gemeinde als auch in der Familie, also in den beiden engsten Gemeinschaften der Einheit, ist der Umgang untereinander durch gegenseitiges Dienen und somit auch durch gegenseitige Unterordnung geprägt (vgl. Mt 20,25–28; Gal 5,13; Phil 2,3–8). Entsprechend ergänzen Männer und Frauen in christlicher Gemeinschaft einander nicht in einer auf Autorität basierenden Ordnung, sondern sie dienen einander in einer Ordnung gegenseitiger Unterordnung und dienender Gegenseitigkeit (Eph 5,21). Auf diese Weise wurde das Geschenk der Einheit wiedererlangt, das der Schöpfer den Menschen in der Morgendämmerung der Geschichte gemacht hatte.

Die Ausweitung der Gemeinschaft

Das Entstehen von Gemeinschaft war Grund genug für die Schöpfung. Wenn aber Gemeinschaft mehr war, nämlich Gottes oberstes Ziel bei der Erschaffung des Menschen, dann sollte es bei diesem Thema nicht nur um die Beziehung zwischen Gott und den Menschen, sondern auch zwischen den Menschen untereinander gehen. Also gab Gott den Menschen zwei Anweisungen, die das ordnungsgemäße Wachstum der Gemeinschaft betrafen. Die erste Aufgabe bestand darin, Kinder zu bekommen und aufzuziehen; und auch diese sollten sich »reproduzieren« und die Erde bevölkern. Die zweite Aufgabe bestand darin, sich um die Erde zu kümmern, sie zu beherrschen und sich zu unterwerfen (Gen 1,28). Diese beiden Aufträge sind eng miteinander verbunden, da die Bevölkerung der Erde voraussetzt, dass die Erde gut verwaltet wird. Den ersten Auftrag könnte man den *häuslichen Auftrag* nennen, den zweiten den *Herrschaftsauftrag*.

Weil beide Aufgaben zur Erhaltung der Gemeinschaft zusammengehören, erfordert das die volle Beteiligung beider Menschengeschlechter. Es war nicht einer für die häuslichen Pflichten und der andere für die Erfüllung des Herrschaftsauftrages zuständig, wobei irgendein vorher festgelegtes Rollenverständnis berücksichtigt wurde. Gott wies beide, den Mann und die Frau, an, fruchtbar zu sein und sich zu vermehren. Und beide sollten sich die Erde untertan machen und über die Schöpfung herrschen. Das heißt, dass zur Erfüllung beider Aufgaben die volle männliche und weibliche Beteiligung nötig waren, damit Gemeinschaft aufgebaut werden konnte. Das gilt ebenfalls für die Teilung der Herrschaftsaufgaben.

Manchmal wird davon ausgegangen, dass sich ein bestimmtes Rollenverständnis von den Unterschieden ableiten lässt, die zwischen Männern und Frauen bestehen. Natürlich bringen es die biologischen Funktionen von Schwangerschaft, Geburt und Stillen mit sich, dass die Frau bei der Erfüllung des häuslichen Auftrages einen besonderen Beitrag leistet. Ebenso hat der Mann einen größeren Teil bei der Erfüllung des Herrschaftsauftrages zu leisten, da er nicht den Einschränkungen durch Geburt und Stillen unterworfen ist.

Doch die Tatsache, dass Männer und Frauen unterschiedliche Gaben in ihre gemeinsamen Aufgaben einbringen, bedeutet nicht, dass einer dem anderen überlegen ist, dass einer über den anderen herrscht und einer sich unterordnen muss. Kein Mann und keine Frau darf davon ausgehen, dass er/sie eine Leitungsbefähigung in allen Bereichen des Lebens hat, alleine auf Grund der Tatsache, dass er/sie ein Mann oder eine Frau ist. Menschen, die sich einander unterordnen und eine dienende Haltung haben, akzeptieren Leiterschaft oder üben diese auf der Grundlage von Kompetenz aus und nicht auf der Grundlage anderer Gesichtspunkte wie Rangfolge oder Geschlecht.

Wie wir bei unserer Beschäftigung mit dem Thema »Gemeinschaft« im Neuen Testament entdecken werden, ist vollkommene Beteiligung aller durch den Einsatz der geistlichen Gaben jedes Einzelnen das wesentliche Merkmal von echter Gemeinschaft. Auferlegte Einschränkungen und Ausgrenzungen von bestimmten Diensten auf Grund von Rollenfestlegungen behindern die Ausbreitung authentischer Gemeinschaft. Von Anfang an bestimmte Gott, dass die Verantwortung für die Gestaltung und das Wachstum von Gemeinschaft von allen ihren Mitgliedern geteilt werden sollte.

Wie oben bereits erwähnt, war Gemeinschaft, wie Gott sie geplant hat, keine Nebensache für ihn oder ergab sich zufällig als kreatives Nebenprodukt eines transzendenten kosmischen Brainstormings. Gemeinschaft liegt zutiefst im Wesen Gottes begründet. Weil er selbst Gemeinschaft ist, schafft er Gemeinschaft. Gemeinschaft ist sein Geschenk an die Menschen.

Deshalb darf man die Gestaltung von Gemeinschaft nicht als optionale Entscheidung für Christen sehen. Gemeinschaft ist eine zwingende und unwiderrufliche Notwendigkeit, ein bindender göttlicher Auftrag an alle Christen zu allen Zeiten. Menschen können den Auftrag Gottes an sie, Gemeinschaft zu bauen und in Gemeinschaft zu leben, ablehnen oder verändern. Aber dies ist nur möglich, indem man den Schöpfer der Gemeinschaft verlässt und sein Bild in uns betrügt; die Kosten wiederum sind enorm hoch, da sein Bild in uns das entscheidende Merkmal darstellt, das unsere eigene Menschlichkeit ausmacht.

Die zentrale Bedeutung von Einheit

Eines der Gesetze des geistlichen Lebens, das so unumstößlich ist wie ein mathematisches Axiom, besagt, dass das Überleben und das Gedeihen authentischer Gemeinschaft davon abhängt, inwieweit ihre Mitglieder Gemeinschaft mit Gott haben, da er der Schöpfer der Gemeinschaft ist. Dasselbe gilt für Einheit: Um in Einheit zu leben, sollte man auch mit dem Schöpfer von Einheit in Einklang leben. Die Qualität und Lebendigkeit menschlicher Gemeinschaften hängt deshalb von der Bereitschaft ihrer Mitglieder ab, ihre eigene Abhängigkeit von Gott zu akzeptieren.

Der Verlust der Einheit

Die Tatsache, dass das Fundament menschlicher Gemeinschaft tief im Wesen Gottes begründet liegt, wird durch die Ereignisse im Garten Eden bewiesen. So lange der Mann und die Frau in einer ungestörten Beziehung zu Gott standen, herrschte auch zwischen ihnen Einheit. In dem Augenblick aber, in dem sie Gott den Rücken zuwandten und ihren eigenen Weg gingen, zerbrach auch ihre Einheit. Die Sünde trennte die Menschen nicht nur von Gott, sie trennte die Menschen auch voneinander. Im Zustand der Unschuld fanden die ersten beiden Menschen nichts dabei, nackt und ohne sich zu schämen durch den Garten zu laufen (Gen 2,25). Sie konnten ihre Blöße und ihre sich ergänzende Sexualität als wichtigen Ausdruck ihrer Einheit in wechselseitigem Dienen annehmen.

Doch als sie ihre Gemeinschaft mit Gott aufgaben, entdeckten sie, dass auch ihre eigene Beziehung zerbrochen war. Ihre körperlichen Unterschiede waren ein willkommenes und sichtbares Zeichen für ihre gegenseitige Unterordnung. Nun wurden diese unerträglich, und ihre Augen wurden für das geöffnet, was sie voneinander unterschied. Was sie einst verband, führte nun zum Bruch. Diese Entfremdung zwang sie dazu, sich zu bedecken; jeder wurde eine Insel für sich (Gen 3,7). Die Unterscheidung von männlich und weiblich, die ursprünglich den körperlichen Ausdruck ihrer Einheit möglich machte, wurde nun zum Brennpunkt ihrer zerbrochenen Beziehung. Von der schöpferischen Quelle abgeschnitten, wurde das, was Gott als Segen gegeben hatte, nun zum Fluch.

Die traurigste Folge der Rebellion der Menschen gegen Gott und der Trennung von ihm als ihrer Quelle war, dass nun jeder von ihnen von dem Element abhängig wurde, von dem er oder sie entstanden war. Der Mann wurde »aus Erde vom Ackerboden« (Gen 2,7) geformt: nun wurde er zum Sklaven des Ackerbodens. Das bedeutete, dass sein Schicksal darin bestand, so lange vom Ackerboden als einem grausamen Arbeitgeber abhängig zu bleiben, bis die Erde schließlich sein Leben zurückforderte (Gen 3 17–19). Die Frau wurde vom Mann genommen (Gen 2,22); sie wurde nun zu seiner Sklavin: »Du hast Verlangen nach deinem Mann; er aber wird über dich herrschen« (Gen 3,16). Das bedeutete, sie würde sich danach sehnen, ihn als den ihr dienenden Partner, den sie aus den guten Zeiten ihrer Einheit kannte, zurückzubekommen. Aber stattdessen sollte er nun über sie »herrschen«. Ihr Verlangen nach ihrem Mann stand nun im Kontext der Schmerzen, die sie als Frau erleben sollte. Statt auf Zärtlichkeit traf sie nun auf Dominanz.

Die andere Folge ihrer Rebellion war der Verlust ihrer Einheit. Die völlige Gleichstellung und die harmonische und auf gegenseitiger Hingabe beruhende Beziehung, die sie vor dem Sündenfall hatten, wurde vom schrecklichen Gegenteil abgelöst: von der Hierarchie, in der es Herrscher und Untergebene gab. Gottes ursprüngliche Vorstellung von Einheit zerbrach durch die Rebellion des Menschen, die man in der religiösen Tradition als »Sündenfall« bezeichnet. Einheit wurde durch das Prinzip der männlichen Herrschaft über die Frau ersetzt – eine schwere Verletzung von Gottes Willen.

Wie groß die beziehungsmäßige Katastrophe, die aus dem Sündenfall resultierte, wirklich war, lässt sich an der Trennung von Mann und Frau bei der Erfüllung der Aufgaben ablesen, die Gott ursprünglich ihnen beiden aufgetragen hatte. Als sie noch im Paradies lebten, drückte sich die Einheit des Paares in ihrer gemeinsamen Verantwortung für die Erfüllung des häuslichen Auftrages und des Herrschaftsauftrages aus. Der Zusammenbruch der Einheit setzte ihrer gemeinsamen Beteiligung an diesen Aufgaben ein Ende.

Ihre Trennung war so radikal, dass der Mann und die Frau auch hinsichtlich ihrer Rollen getrennt wurden. *Nach dem Sündenfall ging der Herrschaftsauftrag auf den Mann über.* Er muss sich sein Leben lang seinen Lebensunterhalt mit Mühen und Schmerzen verdienen (Gen 3,17–19). Der einzige Hinweis auf die häuslichen Pflichten nach dem Sündenfall beschreibt das Gebären von Kindern als schmerzhaften Prozess, den die Frau alleine durchstehen muss (Vers 16).

Der Mann und die Frau fanden sich schließlich voneinander getrennt wieder, isoliert in ihrem Schmerz, eingesperrt in getrennten Rollen und gefangen in einer hierarchischen Struktur, die beide erniedrigte. Die Tatsache, dass Frauen in manchen Kulturen ganz alleine für die Versorgung der Kinder und den Lebensunterhalt zuständig sind, zeigt, wie leicht die Herrschaftsrolle zu missbrauchen ist.

Der Zusammenbruch der Gemeinschaft und ihre Degradierung zur Hierarchie hatten verheerende Auswirkungen auf die Beziehung zwischen den Menschen. Die Gemeinschaft, in der die Menschen in Einheit zusammenlebten, wie Gott sie sich vorgestellt hatte, wurde ersetzt durch ungeheure, entmenschlichende Institutionen. Einige dieser Institutionen setzten sich sogar in den Strukturen des Alten Bundes durch.

Die Einehe, die Gott am Anfang eingesetzt hatte, machte der Polygamie Platz, bei der ein Mann mehrere Frauen haben konnte. Geistliche Berühmtheiten wie Abraham, Jakob, Gideon und David sammelten Frauen wie Hausrat (vgl. Gen 25,1–6; 29,21–30; 30,4.9; Ri 8,30–31; 2 Sam 3,2–5; 5,13–16). Selbst ganz normale Männer konnten mehr als eine Frau haben (vgl. Ex 21,10; Dtn 21,15).

Die von Gott geschaffene Einehe konnte *per definitionem* nicht getrennt werden. Als sie aber durch eine hierarchische Struktur ersetzt wurde, wurden Frauen zu Objekten, die man beliebig austauschen konnte. Als Ergebnis wurde die Scheidung in gegenseitigem Einvernehmen nur für Männer eingeführt. Somit konnte ein Mann seine Frau aus jedem beliebigen Grund oder auch ohne Grund verstoßen. Die Frau hatte keinen Zufluchtsort, an den sie gehen konnte. Auf der anderen Seite konnte sich eine Frau unter keinen Umständen von ihrem Mann trennen, egal, wie sehr er sie missbrauchte und verriet. Sie war völlig von der Barmherzigkeit ihres Herrn und Ehemannes abhängig.

Das Prinzip der Herrscherrolle des Mannes, das vom Sündenfall herrührte, wurde gesetzlich als patriarchales System gefestigt, in dem der älteste Mann im Haushalt das Sagen hatte. In dieser Hierarchie wurde die Frau, egal, ob sie verheiratet war oder nicht, wie ein unmündiges Kind behandelt. Ihre Entscheidungen und Verpflichtungen konnten durch den Willen ihres Vaters oder ihres Ehemannes aufgehoben werden (Num 30,5.8.13). Eine Mutter musste die Demütigung über sich ergehen lassen, auf derselben Stufe der Abhängigkeit von der Autorität ihres Ehemannes zu stehen wie ihre Tochter (Vers 16).

Die Auswirkungen der Sünde im Garten Eden waren so verheerend, dass das Prinzip der Einheit, Gottes höchste schöpferische Leistung, nach Genesis, Kapitel 2 nie wieder im Alten Testament erwähnt wird. Die Einheit wurde durch die »Härte des Herzens« ersetzt. Sie sollte erst mit dem Kommen des Erlösers wiederhergestellt werden (Mt 19,4–8). Er sollte alle Dinge wieder erneuern und die Gemeinschaft wiederherstellen, so wie sie ursprünglich von Gott geplant worden war.

In der Zwischenzeit mussten die Menschen mit den Konsequenzen des Sündenfalles leben. Das Wenige, das von Gemeinschaft übrig war, war dem Zerfall preisgegeben. Diese allgemeine Dekadenz veranlasste die Menschen zu der schicksalhaften Entscheidung, den Turm von Babel zu bauen (Gen 11,1–8). Auf den ersten Blick mag dieses Projekt, eine Stadt zu bauen, im Einklang mit dem Ideal der Gemeinschaft stehen – immerhin bringt man eine Menge Menschen an einem Ort zusammen, an dem sie gemeinsam leben sollen. Aber der Text zeigt, dass die dahinter stehenden Motive falsch waren. Die Männer sagten: »Ans Werk! Wir bauen uns eine Stadt mit einem Turm, der bis an den Himmel reicht« (Vers 4)! Sie wollten keine Gemeinschaft unter Gott und unter Gottes Anleitung bauen. Ihr Vorhaben war von rein humanistischen Zielen geleitet. Sie wollten sich selbst in das Zentrum ihres Vorhabens stellen – nicht Gott und seinen Willen. Sie wollten einen Turm bauen, der bis an den Himmel reichte, und sich damit ein Denkmal setzen. Durch dieses Unternehmen wurde Gott nicht nur ausgeschlossen, sondern es trotzte ihm mit der kläglichen Macht menschlicher Technik.

Die Anstrengungen erwiesen sich jedoch als destruktiv. Die Turmbauer wurden über die ganze Erde zerstreut, und wenn sie miteinander zu sprechen versuchten, konnten sie die Sprache des anderen nicht verstehen (Verse 8–9). Ohne Kommunikation ist Gemeinschaft nicht möglich. In ihrem Versuch, falsche Gemeinschaft auf der Grundlage vorgetäuschter Einheit zu bauen, verloren sie die Fähigkeit, miteinander über Gemeinschaft zu sprechen.

Abraham und Jesus: Die Wiederentdeckung der Einheit

Wenn Gott dazu neigen würde, schnell aufzugeben, hätte die Geschichte an diesem Punkt zu Ende sein können. Aber die Bibel betont nachdrücklich, dass Gott Liebe ist. Und als echter »Liebender« gibt Gott die Menschen, die er liebt, nie auf; und er gibt sein ewiges Projekt der Gemeinschaft nicht auf. Aus den Ruinen der alten Gemeinschaft baute er eine neue Gemeinschaft auf.

Abraham

Um diesen Plan in die Tat umzusetzen, wählte Gott einen Mann namens Abram aus (Gen 12,1–3). Er befahl diesem, seine angestammte Heimat zu verlassen, damit er mit der alten Gemeinschaft brechen konnte, in der er lebte, und die Grundlage für die neue Gemeinschaft legen konnte. Dazu gab Gott Abram die Verheißung eines persönlichen Segens (»Ich will dich segnen«), der sich zu einem nationalen Segen ausweiten sollte (»Ich will dich zu einem großen Volk machen«). Der persönliche und der nationale Segen sollte zu einem universellen Segen für die ganze Menschheit werden (»Alle Menschen der Erde sollen durch dich gesegnet werden«). Indem er seine alte, zusammengebrochene Gemeinschaft verließ und in das Land ging, das ihm Gott versprochen hatte, akzeptierte Abram Gottes Plan für sich, die Vorhut für die Errichtung einer neuen Gemeinschaft zu sein, die schließlich innerhalb der Kirche Christen aus allen Völkern der Welt vereinen sollte.

Zuerst stellte Gott Abram auf die Probe, um zu sehen, ob dieser bereit war, in die Gemeinschaft mit ihm einzutreten, und folglich derjenige war, der die Beziehung zwischen Gott und den Menschen wiederherstellte. Abram bestand die Prüfung und wurde zum Vorbild des Glaubens für alle Gläubigen zu allen Zeiten (vgl. Gen 15,6; Röm 4,6).

Weil Abram gehorsam war, gab Gott ihm eine neue Identität, die seiner Rolle als Gründer der neuen Gemeinschaft angemessen war (Gen 17,1–8). Gott änderte seinen Namen von »Abram«, was so viel bedeutet wie »gepriesener Vater« eines Volkes, in »Abraham«, was »Vater vieler Nationen« bedeutet. Gott erklärte Abraham den Grund für diese Namensänderung: »Deshalb sollst du nicht mehr Abram heißen, sondern Abraham; denn ich habe dich zum ›Vater vieler Völker‹ bestimmt« (Gen 17,5).

Zusammen mit einer neuen Identität erhielt Abraham von Gott einen ewigen Bund des Segens (einen bindenden geistlichen Vertrag), der auch für alle seine Nachkommen in allen folgenden Generationen gelten sollte (Gen 17,7). Bei dieser feierlichen Transaktion gebrauchte Gott Abraham nicht nur, um in der Welt das Prinzip der persönlichen Gemeinschaft mit Gott durch den Glauben wieder einzuführen, sondern er gebrauchte Abraham und seine gläubigen Nachkommen aus einer Vielzahl von Nationen auch als Brückenkopf unter den Menschen, um die universelle neue Gemeinschaft im Neuen Testament, »die Kirche«, zu schaffen.

Die Geschichte des Bundes mit den direkten Nachkommen Abrahams ist eine Geschichte unablässiger Katastrophen, die im Alten Testament ausführlich beschrieben werden. Gott hielt seinen Teil des Vertrages ein, aber die Menschen waren hoffnungslos in Verhaltensweisen verstrickt, die die Gemeinschaft bedrohten. Selbst mit Abraham als Glaubensvorbild, mit einer Reihe von gottesfürchtigen Leitern, Richtern und Propheten, die dem Volk den Weg wiesen, verfiel das Volk wiederholt in einen Kreislauf aus Rebellion, Abfall, Niederlagen, Invasionen, Uneinigkeit und Zeiten im Exil. Doch als dann endlich »die Zeit gekommen war, sandte Gott seinen Sohn. Der wurde als Mensch geboren und dem Gesetz unterstellt« (Gal 4,4).

Jesus

In dieser Zeit schien es oft so, als ob Gottes Ideal von Gemeinschaft verloren gegangen wäre. Oft hing es nur an einem ganz dünnen Hoffnungsfaden. Aber schließlich erschien der Erlöser. Durch sein Wirken auf der Erde legte er ein unerschütterliches Fundament für den Bau von Gottes neuer Gemeinschaft.

Im Zentrum der Geschichte, auf den Trümmern der gescheiterten menschlichen Gemeinschaft, steht das alles überragende Symbol des

Kreuzes. Seine Form weist auf die beiden Transaktionen hin, die es besiegelte. Der senkrecht stehende Balken steht für die Wiederherstellung unserer Beziehung zu Gott. An diesem Balken starb Jesus; er gab sein Leben, um unsere Schuld zu sühnen und die Beziehung zu Gott wiederherzustellen. In diesem Tod reichte Gott von seiner Heiligkeit hinunter in den Abgrund unserer menschlichen Not, um uns mit sich zu versöhnen. Diese vertikale Dimension symbolisiert das Bedürfnis und das Potenzial jedes Menschen, durch Christus eine rettende Beziehung zu Gott aufzubauen. Unser persönliches Ja auf das Versöhnungsangebot durch das Kreuz Christi stellt die Gemeinschaft mit ihm wieder her, zu der wir ursprünglich geschaffen wurden. Der vertikale Balken des Kreuzes symbolisiert den Kanal, durch den Gott den Menschen seine vergebende Gnade zukommen und sie zu lebendigen Elementen der neuen Gemeinschaft werden lässt.

Viele Christen denken, dass eine persönliche Beziehung zu Gott durch Christus alles ist, was den christlichen Glauben ausmacht. Sie irren sich, denn das Kreuz hat noch eine andere Dimension. Der vertikale Balken alleine macht noch kein Kreuz aus. Es gibt auch einen horizontalen Balken, den Querbalken.

Die Arme Jesu waren an diesem horizontalen Balken ausgestreckt; seine dienenden Hände waren an ihm festgenagelt. Aber da Christus für jeden von uns starb und weil ihm jeder von uns gleich wichtig ist, strecken sich seine am Kreuz ausgebreiteten Arme jedem von uns entgegen, der sich mit Gott versöhnen lassen will, damit wir auch miteinander versöhnt werden und in seiner umfassenden Liebe einen Leib bilden. Christus kann also eine neue Gemeinschaft – eine neue Einheit – bilden, indem er Frieden stiftet und uns alle mit Gott in einem Leib durch das Kreuz versöhnt, durch das er unserer gegenseitigen Feindschaft den Todesstoß versetzt (Eph 2,13–18).

Alle Pläne Gottes für die Schaffung einer neuen Gemeinschaft wurden durch das Kreuz verwirklicht. Menschen, die von ihm getrennt waren, sind »ihm nahe durch die Verbindung mit Jesus Christus, durch das Blut, das er vergossen hat« (Eph 2,13). Er machte uns eins »durch sein Sterben« (Verse 14–15) und beseitigte die Hindernisse, die der Gemeinschaft im Weg standen. Mit anderen Worten: Das Kreuz ermöglichte nicht nur für unsere Versöhnung mit Gott, sondern auch Versöhnung zwischen uns Menschen.

Ein gerissener Widersacher Jesu, der sich der dualen Dimension seiner Lehre in Bezug auf die Versöhnung mit Gott und unter den Menschen bewusst war, versuchte, Jesus öffentlich in Verlegenheit zu bringen, indem er ihn zwingen wollte, sich auf eine Dimension festzulegen: »Lehrer, welches ist das wichtigste Gebot des Gesetzes?« (Mt 22,36). Jesus antwortete, dass es zwei große Gebote gäbe – nicht nur eines: Gott aus ganzem Herzen zu lieben und den Nächsten wie sich selbst – was so viel heißt, wie auch den Nächsten mit ganzem Herzen zu lieben (Verse 37–39).

Das erste große Gebot bezieht sich auf die vertikale Dimension des Kreuzes. Es hat mit unserer Beziehung zu Gott zu tun. Das zweite große Gebot betrifft die horizontale Dimension des Kreuzes. Es bezieht sich auf das Leben in Gemeinschaft. Ein Balken macht noch kein Kreuz. Genauso erfüllt keines der beiden Gebote für sich alleine den Willen Gottes. Echte Gemeinschaft mit Gott drückt sich in aktiver Beteiligung am Bau der Gemeinschaft aus. Es ist unmöglich, Gott zu lieben, ohne auch unseren Nächsten zu lieben, da unser Dienst für Gott nur Ausdruck im Dienst an unserem Nächsten finden kann. Um die Bedeutung dieser beiden großen Gebote zu betonen, sagt Jesus, dass sie seine eigene Lehre und Gottes gesamte Offenbarung zusammenfassen (Vers 40). In diesen beiden Geboten ist alles formuliert, was wir nach dem Willen Gottes von der ganzen Bibel wissen sollen.

Diese Wechselbeziehung der beiden großen Gebote mit den beiden Dimensionen der Versöhnung, die durch die Form des Kreuzes symbolisiert wird, zeigt, welche zentrale Bedeutung die Gemeinschaft in den Plänen Gottes hat. Die Bildung von Gemeinschaft kann für Christen kein Randthema oder nur eine Alternative sein. Sie ist für Gott so wichtig wie die individuelle Erlösung eines Menschen. Ohne Gemeinschaft ist Christentum nicht möglich. Vollkommene Gemeinschaft findet sich im Schnittpunkt der beiden Balken des Kreuzes, in dem die Menschen, die mit Gott versöhnt sind, auch miteinander versöhnt werden können.

Das Gebet um Einheit

Als sich das Leben Jesu seinem tragischen Ende näherte, versammelte er seine Jünger zu einem letzten gemeinsamen Essen. Die Jünger fürchteten eine bevorstehende Katastrophe. Jesus wusste bereits, was ihn erwartete: das Kreuz am Ölberg. Der Augenblick war von Emotionen aufgeladen und eine Atmosphäre der Traurigkeit lag in der Luft. Jesus öffnete ihnen sein Herz und sprach offen zu ihnen (Joh 13–16). Dann betete er (Kap. 17). Ein paar Stunden später betete er wieder, diesmal alleine zu seinem Vater in der relativen Abgeschiedenheit des Gartens Getsemani. So betete er im Allgemeinen gerne – aber nicht bei diesem Gebet im oberen Saal. Obwohl er in enger Gemeinschaft mit seinem Vater stand, wollte er sein Gebet mit seinen Jüngern teilen. So betete er laut in ihrer Gegenwart. Sie hörten konzentriert zu und behielten dieses Gebet im Gedächtnis.

Da dies das letzte Treffen Jesu mit seinen Jüngern war, stellt dieses Gebet im oberen Saal eine Zusammenfassung seines gesamten Dienstes dar, ein Vermächtnis, das er dem Vater in der Gegenwart seiner Jünger als Zeugen anvertraute. Als die Geschichte auf ihren Brennpunkt, auf seinen Erlösungstod, zuraste, war Jesu größtes Anliegen in seinem Gebet die Einheit seiner Nachfolger (Joh 17,11.20–23).

Jesus bat seinen Vater um Schutz für seine Jünger. Die Bitte um Schutz bezog sich nicht darauf, sie vor Gefahr, Not oder Verfolgung zu schützen. Gottes Schutz sollte sie vielmehr in die Lage versetzen, untereinander dieselbe Einheit zu erlangen, die innerhalb der Trinität zwischen Vater und Sohn herrscht. Jesus betete: »Heiliger Vater, bewahre sie [...], damit sie eins sind, so wie du und ich eins sind« (Vers 11).

Auch ging es Jesus nicht nur um ein geschlossenes Auftreten nach außen. Es ging ihm um Einheit, die tief in das Wesen Gottes hinein reicht und ihre Quelle in der Beziehung zwischen Vater und Sohn findet. Jesus bat um die Wiederherstellung der Einheit unter den Menschen, die ihnen bei der Schöpfung ursprünglich anvertraut worden war, und das Modell für die Einheit war kein geringeres als die Einheit, die zwischen Vater und Sohn herrschte (Joh 17,11.21.22). Indem er auf ihre Einheit verwies, konnte der Sohn sich erlauben, zum Vater zu sagen: »[...] so wie du in mir bist, Vater, und ich in dir« (Vers 21). Und er konnte dafür beten, dass alle seine Nachfolger in derselben Weise und derselben Intensität eins werden.

Die Sorge Jesu um Einheit, die sich in diesem letzten Gebet ausdrückt, beschränkte sich nicht auf seinen engsten Jüngerkreis. Sie erstreckte sich auf alle Christen zu allen Zeiten. In Bezug auf seine Jünger sagte er: »Ich bete nicht nur für sie, sondern auch für alle, die durch ihr Wort von mir hören und zum Glauben an mich kommen werden« (Vers 20). Das schließt alle Menschen ein, die durch die Jahrhunderte hindurch mit dem Evangelium in Berührung kommen – »daß sie alle eins seien, so wie du in mir bist, Vater, und ich in dir« (Vers 21). Christus sehnte sich danach, dass seine Kirche die irdische Gemeinschaft nach dem Vorbild der himmlischen Gemeinschaft darstellen würde.

Jesus erklärte weiter, dass er seinen Nachfolgern alles gegeben habe, was sie brauchten, um diese Einheit Wirklichkeit werden zu lassen. Er betete: »Ich habe ihnen die gleiche Herrlichkeit gegeben, die du mir gegeben hast, damit sie eins sind, so wie du und ich« (Vers 22). Über alle Mittel, die der Vater dem Sohn anvertraut hatte, konnten nun auch seine Nachfolger verfügen, um mit ihrer Hilfe die neue Gemeinschaft zu schaffen, in der wirklich Einheit herrscht.

Trotz der schon fast peinlichen Wiederholungen betete Jesus weiter: »[...] so sollen auch sie vollkommen eins sein, damit die Welt erkennt, daß du mich gesandt hast« (Vers 23). Kurz vor seinem Tod am Kreuz war Jesu größtes Anliegen, dass seine Nachfolger in Gemeinschaften miteinander verbunden sein sollten, die authentische Einheit widerspiegelten und so der Welt authentisch Zeugnis von ihrem Glauben geben konnten.

Diese Sorge um das Überleben der Gemeinde erklärt den besorgten Ton in Jesu Gebet. Er wusste, dass die christliche Gemeinschaft den Missionsauftrag nicht erfüllen konnte, wenn sie es nicht schaffte, der Welt Einheit exemplarisch vorzuleben. Denn dann hätte die Welt keinen Grund, an das Evangelium zu glauben (Verse 21.23). Wenn man von diesem Gebet ausgeht, ist der überzeugendste Beweis für die Wahrheit des Evangeliums die deutlich sichtbare Einheit seiner Anhänger.

In unserer Zeit, in der die Gemeinden vielerorts uneffektiv sind und ihr Zeugnis unproduktiv bleibt, sollte man sich zuerst die Frage stellen, ob die Kirche als authentische Gemeinschaft überhaupt noch funktioniert und ob sie in dieser Einheit lebt. In einer Welt, die nach Gemeinschaft hungert, ist das wirkungsvollste Mittel, Zeugnis von der Wahrheit des Evangeliums zu geben, die anziehende Kraft der Gemeinschaft, die dank Jesu Tod am Kreuz wieder möglich ist.

Die Endgültigkeit der Einheit

Jesus verbrachte die letzten Stunden, bevor er verraten wurde, mit seinen Jüngern. Er beendete ihre gemeinsame Zeit mit einem Gebet, in dem er sein größtes Anliegen ausdrückte: die bleibende Einheit seiner Jünger (Joh 17,11.20–23, vgl. Vers 20). Dann schlägt seine Vision einen Bogen über die Zeit von Leiden und Tod, die ihm bevorsteht, zu der Zeit, wenn er wieder in Einheit mit dem Vater leben würde, in derselben Herrlichkeit, die er hatte, bevor er in die Welt kam – die er noch vor der Erschaffung der Welt hatte (Vers 24). Dieses letzte Gebet war in die Perspektive des ewigen Lebens eingebettet. Er sehnte sich danach, dass die Gemeinde in der Ewigkeit mit ihm verbunden sein und an der göttlichen Einheit im Himmel Anteil haben sollte. Das war der höchste Segen, die letzte Bestimmung für seine Nachfolger. Jesus betete, »daß sie mit mir dort sind, wo ich bin« (Vers 24).

Das Ende

Jesus lehrte oft über die Ereignisse, die das Ende der Geschichte begleiten würden. Er sagte voraus, dass die Zeit kommen würde, wenn »die Toten die Stimme des Gottessohnes hören werden, und wer sie hört, wird leben« (Joh 5,25). Immer wenn Jesus von der Auferstehung der Gläubigen sprach, beschrieb er sie als ein letztes kollektives Ereignis, als ein allgemeines Sammeln, das alle als wiederhergestellte Gemeinschaft in die Ewigkeit versetzen wird (Mt 13,47–49; 24,30–31; Joh 5,28–29).

Leider sehen viele Christen ihre Erlösung als einen »Soloflug« in den Himmel, wo sie einzeln durch die Himmelstür eintreten. Die Bibel lehrt genau das Gegenteil: Der Eintritt der Gläubigen in die Ewigkeit wird eine Massenbewegung von dieser Welt in die nächste sein. Wenn Gott vom Himmel herabkommt, um die Geschichte, wie wir sie kennen, zu beenden, dann werden die Christen, die im Lauf der Jahrhunderte gestorben sind, wieder zum Leben erweckt werden und sich mit den noch lebenden Christen versammeln, um für immer mit Gott zusammen zu sein (1 Thess 4,15–17). Das klingt eher nach einem Flug in einem gigantischen Jumbo-Jet als nach Soloflügen! Auf diese Weise werden die Kinder Gottes auf der Erde als ein Leib, als eine vollkommene Gemeinschaft in die Ewigkeit eintreten.

Um die Gemeinde in dieser Welt darzustellen, verwendet das neue Testament das Symbol einer strahlenden Braut, die ihre Vereinigung mit dem Bräutigam erwartet (2 Kor 11,2). Weil Christus die Gemeinde liebt und ihr dient, wie ein Ehemann seine Braut liebt und ihr dient, bemüht er sich darum, »sie rein und heilig zu machen [...]. Denn er wollte sie als seine Braut in makelloser Schönheit vor sich stellen, ohne Flecken und Falten oder einen anderen Fehler, heilig und vollkommen« (Eph 5,26–27). Der Apostel Paulus beschreibt die Ähnlichkeit zwischen der Beziehung Christi zu seiner Gemeinde auf der einen Seite und der Einheit von Mann und Frau, wie Gott sie von Anbeginn an geplant hat, auf der anderen Seite als »tiefes Geheimnis« (Vers 32). Mit anderen Worten: Die ursprüngliche Gemeinschaft – die von Mann und Frau, die in Einheit miteinander verbunden sind – spiegelt die Wirklichkeit der absoluten Gemeinschaft im Himmel wider: die Gemeinde, die mit ihrem Erlöser vereinigt ist.

Das neue Jerusalem

Von Beginn des 21. Kapitels der Offenbarung an wird deutlich, dass mit der himmlischen Stadt die Gemeinde der Gläubigen gemeint ist. Ein Engel sagte: »Komm her! Ich werde dir die Braut zeigen, die Frau des Lammes« (Offb 21,9)! Und er zeigte »die Heilige Stadt Jerusalem, wie sie von Gott aus dem Himmel herabkam« (Verse 10–11). Diese einfache Gleichsetzung der heiligen Stadt mit der »Braut, der Frau des Lammes« ist das ausschlaggebende Argument für ein biblisches Thema, das bereits bei der Geschichte Abrahams eingeführt wurde.

Als dieser das Land erreichte, das Gott ihm versprochen hatte, beanspruchte er es nie als Eigentum für sich oder seine Nachkommen. Er lebte wie ein Fremder im Land, denn er wartete »auf die Stadt mit festen Grundmauern, die Gott selbst entworfen und gebaut hat« (Hebr 11,8–10). Diese Stadt sollte nicht von Menschenhand auf der Erde, sondern von Gott selbst in der geistlichen Wirklichkeit errichtet werden. Weder Abraham noch seine Nachkommen bekamen das Versprochene, das sich erst durch Christus erfüllen sollte. Durch die »Augen des Glaubens« sahen sie, dass Gott »schon eine Stadt für sie gebaut« hatte (Vers 16), eine Gemeinschaft für Abrahams gläubige Nachkommen.

Als christliche Gemeinschaft sind diese geistlichen Nachkommen nun alle »zum Berg Zion gekommen und zur Stadt des lebendigen Gottes. […] zur Gemeinde von Gottes erstgeborenen Söhnen und Töchtern, deren Namen im Himmel aufgeschrieben sind« (Hebr 12,22–23). Weil sie »Gott in heiliger Scheu und Ehrfurcht danken und ihm dienen, wie es ihm gefällt«, erhalten sie Anteil »an jener neuen Welt, die durch nichts erschüttert werden kann« (Vers 28). Auf unserer Welt gibt es keine Stadt, die in Ewigkeit existieren wird, aber »wir sind unterwegs zu der Stadt, die kommen wird« (Hebr 13,14).

Die himmlische Vereinigung der Christen, die durch die Geschichte hindurch vorbereitet wurde, wird in den Visionen vom Ende als festliches Ereignis beschrieben. Während böse Mächte auf der Erde zerstört werden, verkündet das Rufen einer großen Menge im Himmel die Feier des »Hochzeitsmahles des Lammes« (Offb 19,6–9).

Die »Braut« erscheint in der Geschichte unseres zu Ende gehenden Universums (Offb 21,1–3). Der alte Himmel und die alte Erde werden durch eine neue Wirklichkeit ersetzt, weil die Geschichte ihren Lauf genommen hat und die Zeit abgelaufen ist. Der letzte Akt des menschlichen Dramas ist gespielt und die Lichter gehen aus.

Die Galaxien, Sonnen und Monde, das Sonnensystem und die Erde verschwinden in ein endgültiges schwarzes Loch. Selbst das Meer, das ursprüngliche Element der Schöpfung, ist nicht mehr da. Bei der Schöpfung gab es »einst einen Himmel [...] und eine Erde, die durch das Wort Gottes aus Wasser entstand und durch das Wasser Bestand hatte« (2 Petr 3,5; Einheitsübersetzung). Am Ende verdampft nun alles durch dasselbe Wort Gottes, einschließlich des Ursprungsmeeres. Die Himmel verschwinden mit einem tosenden Lärm; die Elemente werden von Feuer zerstört, die Erde und alles, was auf der Erde ist, verbrennen darin (Vers 10). Das von Sünde verdorbene System dieser Welt wird ohne Bedauern eliminiert, weil es durch eine Wirklichkeit ersetzt wird, die so schön ist, dass das alte Universum dagegen in Bedeutungslosigkeit verblasst.

Diese neue Realität kommt aus dem Himmel, direkt aus der Hand Gottes. Sie ist das Meisterstück seiner Schöpfung, und sie sieht genau so schön aus wie eine heilige Braut, die sich für ihren Bräutigam schmückt. Es ist die Heilige Stadt, das neue Jerusalem (Offb 21,2). Eine Stadt ist ein Sinnbild für Gemeinschaft; hier leben viele Menschen an einem Ort zusammen. Es ist die Gemeinschaft in Einheit, die Gott geschaffen hat.

Auch wenn diese Stadt das »neue Jerusalem« genannt wird, hat sie nichts mit dem alten Jerusalem in Palästina zu tun, das ein Ort voller Sklaverei und Hass ist, der in der letzten Feuersbrunst des Universums verschwinden wird. Dies hier ist das Jerusalem »von oben«, die geistliche Mutter aller Kinder Gottes, die Gemeinschaft der Erlösten, ganz wie Gott es Abraham versprochen hatte (Gal 4,26–28). Sie ist die Heilige Stadt, weil Gott sie geschaffen hat (Hebr 11,10). Sie ist die Stadt des lebendigen Gottes, die Gemeinde der Erstgeborenen, deren Namen im Himmel geschrieben sind. Natürlich ist Gott, der Richter aller Richter, dort, aber auch Jesus, der Mittler der Erlösung, die er mit seinem Blut erkaufte (Offb 12,22–24). Das ist die Stadt unseres Gottes, das neue Jerusalem, das aus dem Himmel herabkommt (Offb 3,12).

Dieses geistliche Jerusalem ist die Gemeinschaft, die von Gott geschaffen wurde und unter seinen wachsamen Augen für alle Ewigkeit ein sicherer Ort ist. Das alte, irdische Jerusalem, in dessen Zentrum der Tempel stand, war der Ort, an dem sich die Menschen des alten Bundes zum Gottesdienst versammelten. Die himmlische Gemeinschaft heißt auch »Jerusalem«, weil sie der letzte und dauerhafte Ort ist, an dem sich das neue Volk Gottes versammelt (Offb 21,3). Doch dort gibt es keinen Tempel, weil der Herr, der allmächtige Gott, und das Lamm sein Tempel sind (Vers 22).

Sollte es noch Zweifel daran geben, dass das himmlische Jerusalem wirklich die christliche Gemeinschaft ist, die von der Erde zur Herrlichkeit gelangt ist, lädt uns die Bibel ein, die Heilige Stadt noch ein letztes Mal zu betrachten (Offb 21,9-22,5). Der Anblick ist atemberaubend. Noch einmal wird beschrieben, wie die Heilige Stadt, das neue Jerusalem, vom Himmel herabkommt. Da sie voll und ganz das Werk Gottes ist, strahlt sie die Herrlichkeit Gottes wider. Die riesigen Ausmaße der Stadt übersteigen die Vorstellungskraft des Menschen. Die Stadt ist ein Würfel aus massivem Gold, 2 500 Kilometer hoch und ebenso breit. Wenn man die Stadt auf die Erde stellen würde, würde sie den gesamten Nahen Osten bedecken; in der Höhe würde sie die Höhe, in der Düsenflieger die Stratosphäre durchqueren, um mehr als das 200-fache überragen. Auf ihrer Oberfläche wäre genug Platz für zwei Millionen Städte von der Größe des neutestamentlichen Jerusalems. In dieser Höhe würde die Temperatur 500 Grad unter Null betragen und natürlich würde es dort keine Luft zum Atmen geben.

Ganz offensichtlich soll die fantastische Beschreibung der Stadt eine geistliche Realität aufzeigen, die eine unendlich größere Bedeutung hat als jede noch so grandiose fassbare Struktur. Schließlich enthält die Beschreibung der Stadt einige Hinweise, die nahe legen, dass der Symbolgehalt auf eine geistliche Wirklichkeit hinweist. Die Stadt trägt die Namen der zwölf Stämme Israels und der zwölf Apostel, die die Gesamtheit aller Kinder Gottes aus dem alten und dem neuen Bund repräsentieren (Offb 21,12.14). Der Tempel der Stadt ist kein Gebäude, sondern Gott und das Lamm, beides geistliche Wesen, sind der Tempel der Stadt (Vers 22). Das Lamm ist das Licht der Stadt (Vers 23). Wie die christliche Gemeinschaft durch das Symbol der Stadt dargestellt ist, so ist die geistliche Gegenwart Christi durch ein Tier (Lamm) und einen Gegenstand (Lampe) dargestellt. Beides sollte nicht physisch interpretiert werden. Die Nationen und Könige, vermutlich diejenigen, die Abraham als Nachkommen versprochen waren, befinden sich in der Stadt (Offb 21,24; 22,2; vgl. Gen 17,6). Die Diener Gottes und des Lammes werden diesem dienen und in alle Ewigkeit dort regieren (Offb 22,3.5). Die Stadt ist darüber hinaus ausschließlich für diejenigen bestimmt, deren Namen im Buch des Lebens geschrieben stehen (Offb 21,27) und die »ihre Gewänder gewaschen« haben (Offb 22,14), das heißt, deren Person »rein« ist.

Die symbolhafte Vision, die auf der letzten Seite der Offenbarung beschrieben wird, macht uns drei Dinge über Gemeinde und Gemeinschaft deutlich (Offb 21,1–22,5).

Zum einen legt die überschwängliche Beschreibung der Ausschmückung der Stadt, ihrer Mauern und Fundamente, die mit allen Arten von Edelsteinen verziert sind, und der Stadt als Block aus massivem Gold, im übertragenen Sinn nahe, dass Gott beim Bau der Kirche einen enormen Investitionsaufwand betrieben hat. Für Gott ist die christliche Gemeinschaft das Kernstück der Geschichte. Dort vereint er in seiner großen Gnade das christliche »Pilgervolk« der vergangenen Generationen.

In dieses riesige Projekt investiert er alles, was er hat, einschließlich sich selbst in der Gestalt seines Sohnes. Diese eine historische Investition alleine ist schon viel mehr wert als eine Million Himalayas aus massivem Gold, die mit Diamanten verziert sind. Gold kann eine Seele nicht erlösen; nur der Opfertod des Erlösers konnte es. Denn deswegen hat er

> »uns mit Jesus Christus vom Tod auferweckt und zusammen mit ihm in die himmlische Herrschaft eingesetzt. In den kommenden Zeiten soll das enthüllt werden. Dann soll der unendliche Reichtum seiner Gnade sichtbar werden: die Liebe, die Gott uns durch Jesus Christus erwiesen hat« (Eph 2,6–7).

Mit anderen Worten: Gott geht es bei der Geschichte der Menschheit ausschließlich um die Errichtung einer echten Gemeinschaft. Wie eine Braut für ihren Bräutigam ist die Kirche für Gott der kostbarste Besitz. Ihr Bau rechtfertigte sein teuerstes Opfer, seinen Sohn.

Ein weiterer Aspekt, den wir durch diese Vision erfahren, untermauert den gerade beschriebenen ersten. Weil unser Universum von Sünde verdorben ist, ist es dem Untergang geweiht. Himmel und Erde werden vergehen und das Meer wird es nicht mehr geben. Diese alte Ordnung wird durch eine neue Wirklichkeit ersetzt – mit einer Ausnahme: der Gemeinde, in der sich Gottes Traum von einer Gemeinschaft in Einheit verwirklicht.

> »Denn alles Geschaffene ist der Sinnlosigkeit ausgeliefert, versklavt an die Vergänglichkeit, und das nicht durch eigene Schuld, sondern weil Gott es so verfügt hat. Er gab aber seinen Geschöpfen die Hoffnung, daß auch sie eines Tages von der Versklavung an die Vergänglichkeit befreit werden und teilhaben an der unvergänglichen Herrlichkeit, die Gott seinen Kindern schenkt« (Röm 8,20–21).

Alles, was in der Geschichte bleibenden Wert hat, wird in der Ewigkeit in die Form der Gemeinschaft umgestaltet werden.

Die dritte Lektion hat mit dem Wichtigsten zu tun, das Gott in dieser Welt tut. Natürlich sind Gottes Pläne in vielen Lebensbereichen wirksam. Die ganze Welt wird ja durch Gottes Macht erhalten (Hebr 1,3). Aber wie wir zuvor bereits gesehen haben, hat für Gott in seiner Geschichte mit den Menschen ein Projekt höchste Priorität, ein Projekt, das er am Ende der Geschichte zum Höhepunkt und zur Vollendung bringen wird – die Bildung der neuen Gemeinschaft. Da nur Gemeinschaft auf dem Weg von dieser Welt in die nächste überleben wird, ist Gemeinschaft das Einzige von allem, was Gott heute wirkt, das Bedeutung für die Ewigkeit hat.

Der vorangegangene Überblick hat deutlich gezeigt, dass Gemeinschaft keine menschliche Erfindung oder eine bloße soziale Konvention ist – und noch weniger eine Verzweiflungslösung für das Überleben einer Gruppe. Gemeinschaft ist vielmehr Gottes teuerste Schöpfung, weil sie in seinem Wesen begründet liegt und seine wahre Identität als eine Pluralität von Personen in einer Einheit des Wesens widerspiegelt. Außerdem war der Bau von Gemeinschaft von Anfang an Gottes Traum für seine Schöpfung und er wird bis zum Ende der Zeit sein Traum bleiben. Dieser Traum erfüllt sich, wenn die Gemeinde von der Zeit in die Ewigkeit versetzt wird, um als »Braut« mit ihrem »Bräutigam« in der erlösenden und umfassenden Liebe des Erlösers vereint zu werden.

Folglich sollten Themen wie die Erhaltung, das Wachstum und die Ausweitung der Gemeinde für ihre Mitglieder von höchster Bedeutung sein. Ob Gemeinschaft existiert oder nicht, darf nicht dem Zufall überlassen werden. Christen sind dazu verpflichtet, Gemeinschaft zu fördern, und zwar in einer Weise, die Gottes Vorstellung von Gemeinschaft entspricht und nicht den eigenen Traditionen oder Vorlieben.

Aus diesem Grund sollten Christen nicht ihre eigenen Erfahrungen und Traditionen, sondern die Bibel nach der genauen Definition von Gemeinschaft und ihrer Funktionsweise befragen, jede ihrer eigenen Praktiken unter dem Mikroskop des Wortes Gottes beleuchten, um sie auf ihren biblischen Gehalt zu überprüfen. Weiterhin sollten Christen versuchen, nachhaltig alle traditionellen Ablagerungen zu eliminieren, die wahrer Gemeinschaft im Weg stehen, und sie durch Elemente der authentischen, biblisch definierten Gemeinschaft ersetzen.

Die folgenden Kapitel dieses Buches widmen sich der Definition solcher Elemente von Gemeinschaft, die sich jeweils auf die Lehren des Neuen Testamentes stützen. Sie können Ihnen als Anhaltspunkte dienen, anhand derer Sie den biblischen Gehalt bestehender Praktiken in Ihrer Gemeinde auswerten. Sie können Richtungsweisung anbieten, wenn es darum geht, fehlerhafte Praktiken wieder in Einklang mit der biblischen Lehre zu bringen, und sie können ein biblisches Fundament für die Entstehung neuer Gemeinschaften und Gemeinden als echte Gemeinschaften legen.

Kapitel 2

Einheit

Ein anschauliches Beispiel von Einheit bekommen Sie, wenn Sie die Hände falten. Die Hände sind getrennte Wesen und voneinander unabhängig. Aber die ineinander verschlungenen Finger der gefalteten Hände weisen auf eine Verbindung hin, die sie zu *einem* Körper werden lassen. Nachdem Gott Mann und Frau aus einem Körper geschaffen hatte, erklärte er sie zu einem Leib (Gen 2,22–24). Diese Verbindung von zwei unabhängigen Lebewesen zu einer Einheit stellt das Grundmodell für biblische Gemeinschaft dar. Als der Sohn zum Vater betete, beschrieb er ihre Einheit als »du bist in mir und ich in dir« und bat darum, dass sich genau dieselbe Einheit auch unter seinen Jüngern durchsetzte.

Ein Angriff auf die Gemeinschaft

Die Zerstörung der Einheit war das Ergebnis des Sündenfalls, das Werk Satans (Gen 3,7). Leider war der Schaden für die Einheit viel größer und ging über eine einfache Trennung hinaus. Das Ergebnis war die Entstehung einer Hierarchie, in der es Herrschende und Untergebene gibt (Vers 16).

Zum Glück ist Herrschaft nicht das Ende der Geschichte, weil es, so weit das Evangelium reicht, die Möglichkeit gibt, dass es wieder zur Einheit kommen kann. Das Evangelium ist die Botschaft von der Erlösung: Durch Jesu Tod am Kreuz haben wir Frieden mit Gott und sind mit ihm versöhnt (Kol 1,20). Aber das Evangelium ist auch die gute Nachricht für die Wiederherstellung der Gemeinschaft, weil wir durch dasselbe Kreuz alle zu einem Leib werden (Eph 2,16). Gottes Traum von einer Gemeinschaft der Einheit kann sich immer noch gegen Trennung und Herrschaft durchsetzen. Satan wird nicht immer die Oberhand behalten.

Immer wenn Gemeinschaft entsteht, gerät sie schnell unter Beschuss durch gefährliche, gegen Gemeinschaft operierende Mächte, die in unserer Gesellschaft wüten. Vieles von dem, was in der Bibel berichtet wird, macht deutlich, wie schwierig es für Menschen selbst unter dem Schutz göttlicher Führung ist, Gemeinschaft aufzubauen und zu erhalten. Das wiederholte Scheitern der Menschen im alten Bund und die Probleme, die die ersten Gemeinden in Korinth, Galatien und vor allem in Ephesus hatten, illustrieren die Unnachgiebigkeit dieser Angriffe auf die Gemeinschaft. Trotz ermutigender oder kritischer Briefe von Aposteln und, im Fall der Urgemeinde, durch die Bevollmächtigung durch das, was an Pfingsten mit ihnen geschehen war, hatten diese Gemeinden heftig zu kämpfen, um ihre Identität als Gemeinschaft aufrecht zu erhalten. Heute scheint dieser Anschlag auf die Gemeinschaft weltweit zu einem Endkampf zu eskalieren.

Die Einheit der Familie, die in den meisten Kulturen als grundlegende Bastion der Stabilität gilt, zerfällt in vielen Teilen der Welt unter der Last von Armut und der Abwanderung von Menschen aus ländlichen Gegenden in überbevölkerte, slumartige Ballungszentren. In industriell entwickelten Gegenden zerbrechen Familien unter dem Druck des modernen Lebens, was sich in der hohen Scheidungsrate, vernachlässigten Kindern, Missbrauch, Relativierung der moralischen Maßstäbe, Materialismus und dem Verlust von Idealen äußert.

Hinzu kommen hohe Verbrechensraten, Drogenmissbrauch, Umweltverschmutzung, Obdachlosigkeit, Arbeitslosigkeit, ethnische, religiöse oder materiell motivierte Konflikte in verschiedenen Teilen der Welt etc.

Modernes Wissen und zukunftsweisende Technik bieten die Möglichkeit, nahezu jedes demografische oder wirtschaftliche Problem auf der Welt zu lösen. Doch Beziehungs- und soziale Probleme nehmen zu und die Gemeinschaft gerät zunehmend unter Beschuss.

Und am Ende des 20. Jahrhunderts setzt sich ein Gefühl der Erschöpfung und Verzweiflung durch: Man hat alle Lösungen ausprobiert, und statt einer neuen Weltordnung sind die Probleme nur noch komplexer, die Konflikte noch verwickelter und die Ideale von Gemeinschaft noch schwerer fassbar als je zuvor.

Mitten in diesem Durcheinander spüren Christen, dass unser Glaube das Potenzial hat, Lösungen anzubieten. Wir glauben an einen Gott, der als Erlöser in unserem Leben wirkt und deshalb auch die Macht hat, Veränderungen in der Gesellschaft zu bewirken. Wir beten zu ihm: »Dein Reich komme, dein Wille geschehe, wie im Himmel, so auch auf Erden.« Wir glauben an die Erfüllung des Missionsauftrages, den Jesus seinen Jüngern gab, damit diese auf der ganzen Erde Menschen in seine Nachfolge führen, und manche von uns setzen sich persönlich für die Erfüllung dieses Auftrages ein. Wir wissen, dass wir dazu berufen sind, »Salz« und »Licht« in dieser faden und dunklen Welt zu sein. Wir wissen auch, dass unser Einfluss die Gesellschaft so durchsetzen soll wie die kleine Menge Hefe, die eine Frau unter einen Trog Mehl mischt und die den ganzen Teig durchdringt und durchsäuert. Schließlich und endlich repräsentieren wir Christen den lebendigen Christus, der von sich sagte: »Jetzt wird der Herrscher dieser Welt gestürzt. Ich aber werde von der Erde erhöht werden, und dann werde ich alle zu mir ziehen« (Joh 12,31–32).

Solch hohe Erwartungen verstärken bei Christen oft nur das Gefühl der Bestürzung und des Frustes, wenn sie sehen, wie wenig Macht sie haben, Dinge zu verändern. Statt zu sehen, dass Satan gestürzt wird, sehen wir, wie die Kirche aus dem Bewusstsein der Welt verdrängt wird, der sie dienen soll. Und was den Punkt betrifft, dass Christus alle Menschen zu sich zieht: Die meisten Pastoren sind schon froh, wenn sie ihre Mitglieder und die Jugendlichen ihrer Gemeinde halten können und sie nicht an die »Gegenseite« verlieren. Viel zu oft scheint die Kirche eher einen Kampf für ihr eigenes Überleben zu führen, als sich durchzusetzen und und feindliche Kräfte erfolgreich zu bekämpfen.

Immer mehr Christen werden sich der Tatsache bewusst, dass die christliche Kirche überwiegend ihren Auftrag nicht gut erfüllt, weil sie das Gefühl für ihre eigene Identität als Gemeinschaft verloren hat. Sie erkennen, dass nicht jede Organisation, die sich »Kirche« oder »Gemeinde« nennt, auch die Gemeinschaft repräsentiert, von der Christus eigentlich gesprochen hat. Als Folge beobachten wir nun am Ende des zweiten Jahrtausends im Leben der Gemeinden das Entstehen einer so genannten »Gemeinschaftsbewegung«. Allein diese Tatsache sollte Anlass zum Nachdenken geben. Wenn das Bedürfnis der Kirchen und Gemeinden so groß ist, sich an ihren ursprünglichen Daseinsgrund zu erinnern, lässt dies ahnen, welcher Verfall im Kern ihrer Existenz eingesetzt hat. Die Kirche, die eigentlich eine Gemeinschaft der Einheit sein soll, in der die Christen vereint sind, muss nach 2 000 Jahren ihre grundlegende Identität als Gemeinschaft wieder entdecken. So lobenswert dies auch ist, diese gegenwärtige Suche nach Gemeinschaft innerhalb der Kirche zeigt doch, wie weit sie sich von den Absichten ihres Gründers entfernt und nicht geschafft hat, das zu blieben, was sie sein sollte.

Kürzlich bat ich Collegestudenten, die alle aus christlichen Familien stammten, in einem Satz »Kirche« zu definieren. Ihre Antworten rangierten von »Menschen, die erlöst sind« und »Ort für Gottesdienst« über »Gelegenheit, eine Sonntagsverkleidung anzulegen« zu »geheiligtem Klatschcenter«. Kein einziger Student beschrieb die Kirche mit Begriffen wie »Einheit« oder »Gemeinschaft«. Mir fiel auf, dass diese jungen Menschen in Kirchen oder Gemeinden aufgewachsen waren, ohne deren Wesen jemals wirklich verstanden zu haben. Die Kirche war für sie eine Gewohnheit ohne Definition. Sie waren darin geschult, Kirche zu spielen oder Gemeinde zu machen, statt Kirche zu sein. Ist es dann ein Wunder, dass sie – wie ihre Eltern vor ihnen – das Überleben von sich abzappelnden, mit sich selbst beschäftigten, defensiven, stagnierenden, wenn nicht sogar rückläufigen Kirchen und Gemeinden aufrecht erhalten und dabei denken, dass das in Gottes Sinne ist? Ist es dann ein Wunder, dass unsere Umwelt die Kirchen und Gemeinden als irrelevant abtut, sie als Witzfigur behandelt und als Farce statt als wirkliche Alternative sieht?

Als Christus seine Nachfolger beauftragte, in dieser Welt »Salz« und »Licht« zu sein, erwartete er von ihnen eine Gemeinschaft, die sich von ihrer Umwelt unterschied und als deren Vorbild diente. Dazu mussten bzw. müssen sich Christen nicht nur durch ihren persönlichen Lebensstil unterscheiden, sondern auch durch die Art ihres Umgangs miteinander. Deshalb verbot Jesus seinen Nachfolgern ausdrücklich, ihre Gemeinschaft an Vorbildern aus der säkularen Welt zu orientieren (Mt 20,25–28). Das einzige Modell, dem sie folgen sollten, war die Beziehung der Einheit innerhalb der Trinität (Joh 17,11.20–22). Da Einheit bei Gott die einzige Option zur Strukturierung von Gemeinschaft in Gemeinde und Familie ist, sollten Christen ihre Gemeinschaft nicht an in dieser Welt gängige Verhaltensmuster anpassen. Sie sollen sich durch die Erneuerung ihres Geistes verändern lassen (Röm 12,1–2), um in Einklang mit Gottes Idealvorstellung von Gemeinschaft zu stehen.

In den ersten Jahrhunderten ihrer Geschichte schaffte es die Kirche, entsprechend der Vorgabe ihres Gründers zu leben und sich zu entwickeln. Sie bestand im Wesentlichen aus einer Bewegung, deren Mitglieder miteinander durch starke Loyalität in Gemeinschaften verbunden waren, die von den Idealen der Gegenseitigkeit und des gegenseitigen Dienens bestimmt waren. Aber im 4. Jahrhundert verschlechterte sich die Situation mit der politisch motivierten Bekehrung des römischen Kaisers Konstantin zunehmend. Das Christentum wurde zur offiziellen Staatsreligion erklärt, mit dem Ergebnis, dass die Kirche zur kaiserlichen Institution wurde. Im Mittelalter nahm die Kirche deshalb die Form einer autoritären Organisation an, die von einem Klerus beherrscht wurde, der den Gläubigen widerwillig die Erlösung zusprach, um sich ihre Treue zu sichern. Statt als verändernde Gemeinschaft zu handeln, hatte sich die Kirche jener Zeit in ein dominantes, gemeinschaftsfeindliches System verwandelt.

Im 16. Jahrhundert schwappte durch die protestantische Reformation eine Welle der Veränderung über die Kirchenwelt. Das Zugeständnis der Freiheit, Fragen zu stellen, und das Recht auf persönliche Interpretation befreite die Christen von der niederschmetternden Unterdrückung durch die institutionalisierte Kirche. Aber diese Betonung der persönlichen Verantwortlichkeit gegenüber Gott, kombiniert mit der Vergötterung der Vernunft als oberster Instanz während der Aufklärung, trug dazu bei, dass sich die Kirche in eine Vielzahl von Splittergruppen aufspaltete. Daraus entstanden endlos viele Denominationen und Subdenominationen, die sich gegenseitig nicht anerkannten, oft miteinander im Wettstreit lagen und viel zu oft gegeneinander kämpften.

So viel zur Einheit der christlichen Gemeinschaft. Da sie nicht bereit oder fähig sind, sich an dem Vorbild der Einheit innerhalb der Trinität zu orientieren, schwanken Kirchen und Gemeinden oftmals zwischen dem weltlichen Extrem des repressiven Institutionalismus auf der einen Seite und einem radikalen Individualismus auf der anderen Seite. Auf jeden Fall gelingt es Gemeinden und Kirchen nicht, in einer Welt, in der es keine echte Gemeinschaft mehr gibt und die sich doch danach sehnt, diese Gemeinschaft vorbildhaft vorzuleben. Statt die Welt mit der Neuheit der echten Gemeinschaft herauszufordern und zu verändern, passt sich die christliche Kirche den gemeinschaftsfeindlichen Verhaltensmustern der Welt an.

Bis zu einem gewissen Grad war das Scheitern von Kirche und Gemeinde vorprogrammiert. Wie im ersten Kapitel ausgeführt, war die Gemeinschaft das erste Opfer des Angriffes Satans im Garten Eden. Ungehorsam entzweite den Mann und die Frau, so dass sie einander nicht mehr als Einheit, sondern als Rivalen betrachteten. Als Gott versuchte, die Gemeinschaft durch den alten Bund wieder herzustellen, stand sie unter massivem wiederholtem Beschuss. Es war unausweichlich, dass auch die christliche Kirche, die Gemeinschaft des neuen Bundes, zur bevorzugten Zielscheibe dieser Angriffe wurde.

Im Alten Testament wird der Repräsentant des Bösen oft »Satan« genannt, was so viel bedeutet wie »Gegner« oder »Feind«. Im Neuen Testament bekommt er einen neuen Namen, nämlich Teufel, was vom griechischen Wort *diabolos* kommt und so viel bedeutet wie »auseinanderbringen«. Und genau das kann der Teufel am besten: trennen, teilen und Gemeinschaft zerstören. Nachdem er sich selbst unwiderruflich von Gott getrennt hatte, wurde Satan zum finsteren Verfechter der Trennung. Was Gott vereint, trennt er; was Gott versammelt, treibt er auseinander.

Jesus sah diese Angriffe voraus und bereitete seine Jünger darauf vor. Er verglich die Kirche mit einer Herde, die von einem Dieb bedroht wird, der sie zu stehlen, zu töten und zu zerstören versucht. Außerdem wird sie von einem Wolf bedroht, der die Schafe reißt und auseinander treibt (Joh 10,10.12). Aber Jesus versicherte seinen Zuhörern, dass die Pforten der Hölle die Gemeinde trotz dieser gemeinschaftsfeindlichen Angriffe nicht überwinden wird (Mt 16,18). Er ließ seinen Nachfolgern das folgende Versprechen zurück: »Sei ohne Angst, du kleine Herde! Euer Vater ist entschlossen, euch seine neue Welt zu schenken« (Lk 12,32)! Letztendlich wird sich die neue Gemeinschaft durchsetzen und die Pforten der Hölle werden zerschmettert.

Aber damit dies geschehen kann, muss die christliche Kirche bereit sein, ihr Gewissen zu durchforschen, ihre Überzeugungen und Praktiken im Licht der Bibel unter die Lupe zu nehmen und sich unter der Anleitung des Heiligen Geistes umgestalten zu lassen, wo es nötig ist. Die Kirche muss erkennen, dass sich die »Gegenseite« unablässig darum bemüht, sich gegen sie durchzusetzen.

Als Vermächtnis des Sündenfalls ist die Gemeinschaft der schwächste Punkt im Verteidigungssystem der Gemeinde. Weil sie nicht »von dieser Welt« ist, ist die Kirche anfällig für viele Gefahren, etwa Widerstand der Nichtchristen, Verfolgung, falsche Lehren, Abfall, fehlgeleitete Leiter, geistliche Apathie und Anpassung an säkulare Ideologien und Lebensstile. Aber die größte Gefahr ist der Mangel an Liebe und der daraus resultierende Zusammenbruch der Gemeinschaft. Eine Gemeinde, die nicht in der Lage ist, das wahre Wesen der Gemeinschaft zu leben, wird zum schutzlosen Zielobjekt von allem, was die Opposition ihr entgegenschleudert. Andererseits aber entwickelt eine Gemeinde, die sich darum bemüht, ihr Leben als Gemeinschaft in Einheit zu fördern und zu schützen, ein von Gott gegebenes Verteidigungssystem, das sie gegen die zerstörerischen, gemeinschaftsfeindlichen Waffen des Feindes abschirmt.

Christen sollten sich immer wieder ins Gedächtnis rufen, dass nicht einmal der Garten Eden vor dem Bösen sicher war. Der erste Verlust, den die Menschheit ertragen musste, traf sie, als Satan sich den Weg in den Garten bahnte, die beiden Menschen »verführte« und so die Gemeinschaft zerschlug. Seitdem ist die Vernichtung von Einheit sein bevorzugtes Gebiet. Einheit ist das kostbarste Geschenk unter den Menschen, da sie das Wesen Gottes widerspiegelt. Aber sie ist auch das verletzlichste und zerbrechlichste Geschenk.

Die Leichtigkeit, mit der Beziehungen auseinander gehen, macht deutlich, wie verletzlich die Gemeinschaft ist. Nicht einmal christliche Gemeinschaften, egal, ob in der Gemeinde oder in der Familie, sind gegen solche Zusammenbrüche gefeit. Gemeinden können es schaffen, ohne die Einheit, die sie von ihrer Umwelt unterscheiden sollte, weiter zu existieren. Aber ohne den Herzschlag authentischer Gemeinschaft können sie nur als Pseudo-Gemeinden vor sich »hinwursteln«. Ihnen fehlt die Lebendigkeit und die Kraft, die ihnen normalerweise als Ausdruck von Gottes Gemeinschaft zur Verfügung stehen würden.

Hingabe an die Gemeinschaft: Einheit in der Urkirche

Für eine Gemeinde ist die Entstehung und Erhaltung von Einheit keine Option unter zahlreichen Möglichkeiten. Gemeinschaft ist eine Priorität und ein Auftrag an die Gemeinde. So wie Einheit bei der Schöpfung in Gottes Absicht lag (Gen 2,24), so schuf er sie auch neu in der Erlösung. Und Einheit war Jesu überwältigendes Anliegen bei seinem priesterlichen Gebet für die Gemeinde kurz vor seinem Tod (Joh 17,11.21–23).

Als Antwort auf Jesu Gebet im oberen Saal entstand Gemeinschaft bei den Nachfolgern Jesu ganz natürlich durch die Einwirkung des Heiligen Geistes an Pfingsten. »All die vielen Menschen, die zum Glauben an Jesus gefunden hatten, waren ein Herz und eine Seele« (Apg 4,32). Aber als die Wirkung dieses Eindruckes nachließ und die Christen sowohl den Heiligen Geist als auch ihre Einheit als selbstverständlich hinnahmen, verlor die Kirche diese Aufgabe aus den Augen.

Als Paulus an die Christen in Rom schrieb, betonte er: »Als Menschen, die zu Christus gehören, bilden wir alle ein unteilbares Ganzes; aber als einzelne stehen wir zueinander wie Teile mit ihrer besonderen Funktion« (Röm 12,5). Die Christen in Korinth mussten hören, dass sie alle Gemeinschaft mit demselben Christus hatten, der beim Abendmahl durch einen Laib Brot symbolisiert wurde, und dass sie deshalb auch ein Leib waren, auch wenn die Gemeinde aus vielen Personen bestand (1 Kor 10,17). Paulus schrieb ihnen: »Doch an jedem und jeder in der Gemeinde zeigt der Heilige Geist seine Wirkung in der Weise und mit dem Ziel, daß alle etwas davon haben« (1 Kor 12,7). Seine Erklärung für das Geheimnis dieser Einheit war die einende Kraft des Heiligen Geistes, die der Kirche an Pfingsten zuteil geworden ist: »Denn wir alle, Juden wie Griechen, Menschen im Sklavenstand wie Freie, sind in der Taufe durch denselben Geist in den einen Leib, in Christus, eingegliedert und auch alle mit demselben Geist erfüllt worden« (1 Kor 12,13).

Den Gemeinden in Galatien, die in der Gefahr standen, gesetzliche und diskriminierende Unterscheidungen zu treffen, erklärte Paulus nachdrücklich:

> »Es hat darum auch nichts mehr zu sagen, ob ein Mensch Jude ist oder Nichtjude, ob im Sklavenstand oder frei, ob Mann oder Frau. Durch eure Verbindung mit Jesus Christus seid ihr alle ein neuer Mensch geworden« (Gal 3,28).

Dieselbe Gefahr bedrohte andere Gemeinden, in denen einige Christen Menschen einfach ausschließen wollten, weil sie Juden oder Heiden waren. Also erklärte Paulus ihnen:

> »Christus ist es, der uns allen den Frieden gebracht und Juden und Nichtjuden zu einem einzigen Volk verbunden hat. Er hat die Mauer eingerissen, die die beiden trennte […]. So hat er Frieden gestiftet. Er hat die getrennten Teile der Menschheit mit sich verbunden und daraus den einen neuen Menschen geschaffen. Durch seinen Tod am Kreuz hat er die beiden – als in einem Leib, der Gemeinde, vereinigt – zur Aussöhnung mit Gott gebracht.
> Ihr alle seid ja ein Leib, in euch allen lebt ein Geist, ihr alle habt die eine Hoffnung, die Gott euch gegeben hat, als er euch in seine Gemeinde berief. Es gibt für euch nur einen Herrn, nur einen Glauben und nur eine Taufe. Und ihr kennt nur den einen Gott, den Vater von allem, was lebt. Er steht über allen. Er wirkt durch alle und in allen« (Eph 2,14–16; 4,4–6).

Paulus drückte dieselbe Besorgnis für die Einheit der Gemeinde aus. Er ermutigte die Christen in Philippi: »Steht alle fest zusammen in derselben Gesinnung! Kämpft einmütig für den Glauben und für die Gute Nachricht« (Phil 1,27). Und: »[…] habt alle dieselbe Gesinnung, dieselbe Liebe und Eintracht! Verfolgt alle dasselbe Ziel« (Phil 2,2)!

Bei einer anderen Gelegenheit schrieb er an die Kolosser, um sie daran zu erinnern, dass sie »durch Christus ein Leib« sind (Kol 3,15), denn »was einzig noch zählt, ist Christus, der in allen lebt und der alles wirkt« (Kol 3,11).

Dieser kurze Überblick über die Bedeutung der Einheit für die Kirche zeigt, dass Einheit im Neuen Testament etwas mit Erlösung gemeinsam hat: Sie ist ein Geschenk Gottes an die Menschen, aber die Menschen müssen sie sich zu Eigen machen, damit sie Realität in ihrem Leben werden kann. Die praktische Umsetzung von Beziehungen, die von Einheit geprägt sind, innerhalb der Strukturen von Dienst und Leitungsaufgaben, soll in den folgenden Kapiteln diskutiert werden.

Kleingruppen

Ich bin fest davon überzeugt, dass die Umsetzung des biblischen Auftrages, Gemeinschaft zu leben, nur in einem besonderen Kontext gelingen kann. Und dieser Kontext sind für mich Kleingruppen.

In den Augen vieler Menschen ist Gemeinde auf den Besuch des Gottesdienstes am Sonntagmorgen reduziert. Aber das ist nicht Gemeinde. Die Stunde am Sonntagvormittag ist im Wesentlichen eine Erfahrung gemeinsamen Gottesdienstes. So wichtig der Gottesdienst für die Entwicklung der Gemeinde ist, so stellt er aber doch nur einen Aspekt des Gemeindelebens dar. In Reihen oder Bänken zu sitzen und eine Stunde pro Woche nur den Rücken des Vordermannes zu betrachten, kann man wohl kaum als Gemeindeleben bezeichnen.

Die biblische Metapher »Familie« beschreibt genauer, wie die Gemeinde eigentlich aussehen sollte. Eine Gruppe von Menschen, nur so viele, dass sie noch in einem Kreis sitzen und einander anschauen können und miteinander die Freude und die Vorteile des Zusammenseins teilen können. Jede Gemeinde, die als Gemeinschaft funktionieren möchte, sollte ihren Mitgliedern eine Kleingruppenstruktur anbieten. Die Alternative ist, zu einer Gottesdienststation am Sonntagvormittag zu schrumpfen. Eine Gemeinde, die aus mehr als 50 Erwachsenen besteht, ist zu groß, um noch als echte Gemeinschaft zu funktionieren, in der die Bedürfnisse und Probleme jedes Einzelnen berücksichtigt werden – es sei denn, sie ist in Kleingruppen organisiert, in denen Gemeinschaftsleben stattfinden kann.

In Kleingruppen können Menschen sich nahe genug kommen, um einander wirklich kennen zu lernen, sich umeinander zu kümmern und miteinander zu teilen, einander herauszufordern und zu unterstützen, einander zu vertrauen, einander Fehlverhalten zu bekennen, zu vergeben und Vergebung zu erfahren, miteinander zu lachen und zu weinen, verantwortlich voreinander zu sein, aufeinander aufzupassen und miteinander zu wachsen. Persönliches Wachstum geschieht nicht in der Isolation, sondern ist das Ergebnis interaktiver Beziehungen. Kleingruppen sind nach meiner Ansicht Gottes Geschenk, um Charakterveränderungen und geistliches Wachstum zu fördern.

Jesus hatte viele Nachfolger, aber er wählte unter ihnen eine kleine Gruppe aus zwölf Männern aus und bildete aus dieser Gruppe noch einmal eine Gruppe aus vier Personen, einschließlich ihm selbst. Diese kleinere Gruppe war bei ihm, wenn er kritische Punkte in seinem Dienst erreichte (vgl. Mt 17,1; Mk 5,37; 14,33; Joh 13,23; 18,15; 20,2; 21,7.20). Als er die Jünger auf kurze Missionseinsätze aussandte, sorgte er dafür, dass sie nicht alleine, sondern jeweils zu zweit loszogen (Mk 6,7). Er trug sogar dafür Sorge, dass sie auch auf kürzere Botengänge nicht alleine gingen (Mk 11,1; 14,13). Er betonte, wie wichtig und einflussreich das Gebet in Kleingruppen ist (Mt 18,19), und er versprach, dass er bei uns sein würde, wenn sich zwei oder drei Personen in einer Kleingruppe versammeln (Mt 18,20). Offensichtlich waren Kleingruppen das Jüngerschaftskonzept Jesu und er selbst lebte ja auch mit dem Vater und dem Heiligen Geist in einer Art Kleingruppe.

An Pfingsten sandte Jesus den Heiligen Geist, um den Grundstein für die Kirche zu legen (Apg 2,1–4). Er konnte seine Nachfolger nicht einfach in einem Zustand der Gemeinschaftslosigkeit zurücklassen. Für diese ersten Christen wurde die Gemeinschaft zu einer Priorität, über der nur noch das Hören auf das Wort stand (Apg 2,42). In vielen Gemeinden ist das Predigen heute zum Ersatz für Gemeinschaftsleben geworden. Menschen versammeln sich am Sonntagvormittag, um eine Predigt zu hören, und das nennen sie dann »Gemeinschaft«. Aber Predigt und Gemeinschaft sind zwei völlig unterschiedliche Merkmale des Gemeindelebens.

Obwohl die ersten Christen sich gerne im Tempel in einer großen Gruppe zum gemeinsamen Gottesdienst trafen, kamen sie auch in kleinen Gruppen zusammen. Sie waren sogar so gerne in kleinen Gruppen zusammen, dass sie sich jeden Tag trafen. So blieben sie zusammen und nahmen auch ihre Mahlzeiten gemeinsam ein (Apg 2,46). Als der christliche Glaube später die großen Metropolen der damaligen Zeit erreichte, erlebten die Christen Gemeinschaft weiterhin im Kontext der so genannten »Hauskirchen« (vgl. Röm 16,5.10–11.14–15; 1 Kor

16,15.19 etc.). Wo immer sich die Gemeinde heute als Gemeinschaft entwickelt und Aufbrüche geschehen, selbst in den Teilen der Erde, in denen Christen verfolgt werden, geschieht das auf der Grundlage von Kleingruppenstrukturen.

Für moderne Christen ist es keine Option oder gar ein Luxus, sich in Kleingruppen zu treffen. Es ist ein biblisches Konzept, dem sie folgen sollten, wenn sie echtes Gemeinschaftsleben erleben wollen und wenn ihre Gemeinden zu authentischen Gemeinschaften werden sollen, die nach biblischen Vorgaben funktionieren. Wenn die Leitung einer Kirche oder Gemeinde zögert oder sich schwer tut, eine Kleingruppenstruktur als normalen Bestandteil ihres Programmes einzuführen, sollten Laien die Initiative zur Einrichtung solcher Gruppen ergreifen. Es gibt heute zahlreiche Bücher zum Thema »Klein-« oder »Zellgruppen«, in denen man alle notwendigen Informationen über die Organisation von Kleingruppen und die Ausbildung von Kleingruppenleitern erhält, dass niemand dieser spannenden Herausforderung hilflos gegenüberstehen muss.

Die Risiken von Gemeinschaft

Die Bibel gibt hilfreiche Rezepte für das Vorankommen der Kirche als Gemeinschaft, aber sie nennt auch die Gefahren, die die Gemeinschaft bedrohen und ihre Entwicklung hemmen können. Mit zweien dieser hemmenden Faktoren möchte ich mich auf den folgenden Seiten beschäftigen.

Die missverstandene Botschaft des Kreuzes

Im vorangegangenen Kapitel habe ich einen Bezug hergestellt zwischen der Form des Kreuzes und den beiden großen Geboten der Bibel. Durch die Versöhnung, die Jesus durch seinen Tod am Kreuz zwischen Gott und den Menschen erwirkt hat, können wir das Gebot, Gott zu lieben, befolgen. Diese Beziehung drückt sich im vertikalen Balken des Kreuzes aus. Durch ihn bietet Gott uns seine Erlösung an. Diese ist in erster Linie eine persönliche Angelegenheit, die sich auf der individuellen Ebene vollzieht. Jeder Mensch ist selbst dafür verantwortlich, ob er auf Gottes Angebot eingeht, sein Leben verändert und eine persönliche Beziehung zu ihm eingeht.

Aber das Kreuz hat auch eine horizontale Dimension, die sich auf das zweite große Gebot bezieht: unseren Mitmenschen wie uns selbst zu lieben. Christus starb nicht nur für Sie als Individuum, sondern auch für andere Menschen. Durch die ausgestreckten Arme am Kreuz zieht er alle Menschen zu sich in die Gemeinschaft der Versöhnung und Einheit, die Versöhnung mit Gott wollen (Eph 2,14–16).

Wenn eines der beiden Elemente fehlen würde, wäre es kein Kreuz. So wichtig der vertikale Balken ist, ein komplettes Kreuz braucht auch einen horizontalen Balken. Und im entgegengesetzten Fall würde auch der Querbalken ohne den stützenden Halt des vertikalen Balkens ins Nichts stürzen. Mit anderen Worten: Man kann persönliche Erlösung und Integration in die Gemeinschaft nicht voneinander trennen. Das eine ohne das andere würde dem Kreuz seine erlösende Wirkung nehmen. Die Bibel lehrt eindeutig, dass es keine echte Liebe zu Gott geben kann, wenn sie sich nicht in Liebe zu anderen Menschen äußert (1 Joh 3,10.14–18). Genauso hat Liebe zum Nächsten ohne Liebe zu Gott keinen Wert für die persönliche Erlösung (1 Kor 16,22). Die beiden großen Gebote sind unausweichlich voneinander abhängig, genauso wie die beiden Balken des Kreuzes.

Es ist tragisch, dass viele Christen dieser Tatsache entgegenarbeiten und eines seiner beiden Elemente beiseite lassen. Manche betonen ausschließlich den Segen der persönlichen Erlösung und die Notwendigkeit einer persönlichen Beziehung zu Gott durch Christus. Sie kultivieren ihr geistliches Leben durch Gebet, Bibelstudium, Meditation, Tagebuchschreiben und verschiedene geistliche Übungen, die zur Zeit gerade in Mode sind. Aber sie haben kein entsprechendes Interesse daran, sich um Menschen in Not zu kümmern und das Gesetz der Nächstenliebe zu erfüllen, indem sie ihnen opferbereit dienen. Sie erhöhen egoistisch die vertikale Dimension des Kreuzes, treten aber die gleichermaßen wichtige horizontale Dimension, das Gebot der Nächstenliebe, mit Füßen. Ihre Religion degeneriert zu einem fruchtlosen, egozentrischen, konsumorientierten geistlichen Narzissmus.

Andere verfallen in einen sozialen Aktivismus und nehmen jeden Anlass wahr, der nach Protesten, Demonstrationen und Eingreifen verlangt. Sie kümmern sich um die Armen, die Unterdrückten und die Hilflosen – und das sollen sie ja auch! Sie pflegen ihre Freundschaften und familiären Beziehungen. Aber sie vernachlässigen die Dimension des Glaubens. Viele Menschen, die sich durch ihre Taten auszeichnen, können nicht von sich behaupten, Gott ihr Leben im Glauben anvertraut zu haben. Was sie tun, ist sehr wichtig, aber das können Nichtchristen genauso gut. Was sie tun, ist nicht von der Liebe zu Gott und dem Wunsch, ihm zu dienen, motiviert.

Hier wird deutlich, dass sich unsere Identität als Christen am Schnittpunkt beider Dimensionen findet. Das ist das Zentrum, in das wir alle gehören. Dieser Schnittpunkt ist erreicht, wenn wir beiden großen Geboten gehorchen und keines vernachlässigen. Gehorsame Christen schaffen Einheit, indem sie sich am Schnittpunkt des Kreuzes treffen. Die Gemeinschaft der Einheit lässt sich nicht von Christen erreichen, die lediglich Gott lieben, oder von Christen, die ausschließlich ihren Nächsten lieben. Sie lässt sich nur von denen erreichen, die Gott und ihren Nächsten lieben. Dadurch kommen sie am Zentrum des Kreuzes zusammen und entdecken den einzigen Ort, an dem echte Einheit möglich ist.

Die in dieser Hinsicht wichtigste, aber oft unter den Tisch gekehrte Aussage der Bibel findet sich im Brief an die Römer, Kapitel 15, Vers 7. Paulus erbittet zuvor für seine Leser eine »gleiche Gesinnung«, damit sie Gott »einmütig und wie aus einem Mund« anbeten können (Verse 5–6). Der Text selbst ist eine knappe, praktische Aufforderung, diese Gemeinschaft der Einheit umzusetzen: »Laßt einander also gelten und nehmt euch gegenseitig an, so wie Christus euch angenommen hat. Das dient zum Ruhm und zur Ehre Gottes« (Vers 7).

Diese Aufforderung übergeht die ganze Komplexität des Lebens, die Kompliziertheit von Beziehungen und die Schwierigkeiten, Gemeinschaft aufzubauen. Sie geht direkt ins Zentrum dessen, was Einheit ausmacht, und macht deutlich, dass wir dann Einheit erreichen, wenn wir uns im Zentrum des Kreuzes treffen, dort, wo sich die beiden Balken überschneiden. Wir sollen uns gegenseitig annehmen – das ist die horizontale Dimension der Liebe –, wie Christus uns angenommen hat – das ist die vertikale Dimension der Liebe Gottes zu uns. Darin liegt das Geheimnis der funktionierenden Einheit. Christus nimmt uns gnädig, ganz und gar, ohne Vorbehalte, ohne Vorurteile und voller Vergebung an; er vergibt uns und macht uns frei. So sollten wir uns auch gegenseitig annehmen.

Dieses Rezept für Einheit verbietet Christen, Gemeinschaft aus weltlichen Überlegungen wie Rang, Status, Geschlecht, Rasse, Vermögen oder soziale Stellung heraus zu suchen. Solche Faktoren spielen für Christus keine Rolle, wenn er Menschen annimmt, die an ihn glauben – und deshalb sollten es seine Nachfolger auch nicht tun. Echte Einheit ist erst dann möglich, wenn die Menschen einander so annehmen, wie Christus sie annimmt.

Die einzige Ausnahme zu dieser Regel findet sich in der Bibel bei der Unterscheidung zwischen den »Schwachen« und den »Starken«, also dem unreifen und dem reifen Christen. Aber selbst hier soll der Starke dem Schwachen helfen, stark zu werden, weil genau das auch Christus für uns getan hatte, als er Beschimpfungen in Kauf nahm, statt in seinem eigenen Interesse zu handeln (Röm 15,1–3). Biblische Einheit geschieht da, wo Christus uns annimmt und wir einander annehmen. Und Paulus schreibt weiter, dass es Gott die Ehre gibt, wenn sich die Liebe Christi zu uns in den Beziehungen zwischen Christen spiegelt (Vers 7). Der höchste »Gottesdienst« ist das Bemühen um biblische Einheit.

Wie nimmt Christus Sie an? Fragt er, zu welcher Rasse Sie gehören, ob Sie arm oder reich, klug oder dumm, Mann oder Frau, verheiratet, Single oder geschieden sind? Mit den Worten der Bibel: Fragt er, ob Sie Jude oder Heide, Sklave oder frei, Mann oder Frau, beschnitten oder unbeschnitten, Barbar oder Skyther sind? Nein, überhaupt nicht! Die einzige Frage, die Jesus stellt, ist, ob Sie seine Liebe annehmen wollen. Es gibt keine anderen Fragen, weil der Boden am Fuß des Kreuzes eben und im Zentrum des Kreuzes nur Raum für Einheit ist.

Mit welchem Recht stellen wir uns dann zusätzliche Fragen – Fragen, die diskriminieren, erniedrigen, trennen und zerstören? Mit welchem Recht zerstückeln wir das Kreuz und ersetzen es durch unsere weltliche Hierarchie der sozialen Aufstiegsmöglichkeiten: der Klerus ganz oben, die Laien unten; Menschen mit weißer Hautfarbe oben, Minderheiten unten; Männer oben, Frauen unten; die Reichen oben, die Verlierer unten; die Gebildeten oben, die Einfältigen unten; die Priester oben, die Gemeinde unten; Leiter oben, die »Herde« unten? Packte Christus nicht mit seinen mächtigen Händen diese grässlichen Stufenleitern, drehte sie um und brachte sie in die Form des Kreuzes? Gab er nicht denjenigen, die die Ersten und die Größten sein wollten, das beste Beispiel für eine Abstiegsmentalität (Mk 10,41–45)? Forderte er sie nicht dazu auf, die Letzten und Geringsten zu sein, um den richtigen Platz in der Einheit seiner Gemeinschaft einzunehmen?

Ein ernüchternder Abschnitt der Bibel vergleicht die Einheit der Gemeinde mit dem Tempel Gottes, dem Ort, an dem sein Geist wohnt. Dieser Abschnitt enthält eine sehr ernste Warnung vor den Menschen, die die Gemeinde zerstören wollen, indem sie Zwietracht und Diskriminierung zwischen Christen säen: »Wer den Tempel Gottes zugrunde richtet, wird dafür von Gott zugrunde gerichtet. Denn der Tempel Gottes ist heilig, und dieser Tempel seid ihr« (1 Kor 3,17). Das zu trennen, was Gott vereint, ist keine Lappalie. Es setzt das schmutzige Geschäft Satans im Garten Eden fort. Da Gott selbst Einheit ist, rebelliert man gegen Gott, wenn man die Einheit der Menschen zu zerstören versucht.

Trennungen widersprechen dem Wesen Gottes, weil sie das Werk des Feindes sind. Voreingenommenheit verletzt den Herrn, dem als einzigem die Ehre gehört (Jak 2,1). Menschen zu erheben, indem man andere erniedrigt, ist diskriminierend. Vor Gott ist solche Diskriminierung keinen Deut besser als die Entscheidungen eines korrupten Richters, der den Teufel sein Denken kontrollieren lässt (Vers 4). Vetternwirtschaft in der Gemeinschaft ist ein so schweres Fehlverhalten, das für denjenigen, der die Diskriminierung begeht, dieselbe Strafe nach sich zieht, als ob er das ganze Gesetz Gottes gebrochen und einen Mord begangen hätte (Verse 8–11).

Wenn Jesus von seinem Tod spricht, schreibt er dem Kreuz die Macht zu, alle Menschen in Einheit zusammenzubringen: »Ich aber werde von der Erde erhöht werden, und dann werde ich alle zu mir ziehen« (Joh 12,32). Gott wird nicht zulassen, dass das Kreuz, sein Mittel zur Neuschaffung der Einheit, straflos demontiert wird. Gott erwartet von uns, dass wir einander ohne Voreingenommenheit, Vorurteile oder Diskriminierung annehmen und einander mit Liebe als Gleichgestellte behandeln, wie Christus auch uns behandelt.

Heiligung als private Übung mit dem Ziel der persönlichen Weiterentwicklung

Ein noch subtileres Hindernis für die Entstehung von Einheit entspringt einem falschen Verständnis der biblischen Lehre von der Heiligung. Die Bibel macht deutlich, dass Heiligung ein wesentlicher Wachstumsprozess im Leben jedes Christen ist: »Das ist es, was Gott will: eure Heiligung« (1 Thess 4,3; Einheitsübersetzung). Normalerweise versteht man unter Heiligung das Wirken des Heiligen Geistes in einem Christen, um so das Bild Gottes, das durch den Sündenfall zerstört wurde, wiederherzustellen. Daraus folgt, dass Heiligung dazu dient, dass der Charakter und das Verhalten jedes Christen Gott ähnlicher werden.

Diese Definition ist zwar absolut korrekt, betont aber allzu leicht nur die persönliche Dimension des Wirkens des Heiligen Geistes in jedem Christen. Es fehlt die umfassendere Bedeutung für die Wiederherstellung des Bildes Gottes im Leben des Menschen.

Dazu braucht es mehr als nur die Förderung persönlicher Heiligkeit durch private geistliche Übungen. Am Anfang hatte das Bild Gottes im Leben des Menschen eine Beziehungsdimension (vgl. Kapitel 1). Das Wesen Gottes als Pluralität von unabhängigen Persönlichkeiten stellte die Vorlage für Beziehungen zwischen Menschen dar. Es war nicht gut, dass der Mann allein war, weil er nach Gottes Ebenbild geschaffen war und deshalb nach einer Vereinigung mit jemandem wie ihm verlangte. Bald nach der Erschaffung der menschlichen Einheit wurde diese Beziehungsdimension des Bildes Gottes zum ersten Opfer des Sündenfalls, woraus die Zerstörung der Gemeinschaft resultierte. Und in Gottes Erlösungsprogramm wurde diese dann zum Kernpunkt der Heiligung.

Die Bibel beschreibt Heiligung als einen Vorgang, bei dem der Mensch sich zunehmend nicht mehr selbst bestimmt, sondern durch den Heiligen Geist bestimmt wird (Röm 8,9). Wenn uns unser Ego bestimmt, handeln wir, wie es uns gefällt, zu unserem eigenen Vorteil. Wenn uns aber der Heilige Geist bestimmt, handeln wir nach dem Willen Gottes, um Gott zu gefallen (vgl. Röm 8,9; Gal 5,17). Wenn wir unser Leben nach unseren Vorstellungen führen, endet dies im schlimmsten Fall in Entfremdung, zerbrochenen Beziehungen und sozialem Chaos. Ein Leben nach den Vorstellungen des Heiligen Geistes führt zu harmonischen Beziehungen und Gemeinschaft.

Diese Polarität wird in einem bekannten Bibelabschnitt, im Brief an die Galater, Kapitel 5, Verse 16–26, beschrieben. Vom Ego bestimmtes Handeln führt zu Exzessen, bei denen das eigene Ego auf Kosten anderer befriedigt wird. Dazu zählen Unzucht, Unsittlichkeit, ausschweifendes Leben (Vers 19), Götzendienst und Zauberei (Vers 20), Interesse am Okkulten und Neid (Eph 5,5), Beziehungsstörungen wie Hass, Uneinigkeit, Eifersucht, Wutausbrüche, Eigennutz, Spaltungen und Parteinahme (Gal 5,20–22) und schließlich maßloses und süchtig machendes Verhalten wie Alkoholismus oder Orgien (Vers 21). Wer sich von seinem Ego bestimmen lässt, fügt sich und seiner sozialen Umgebung zwangsläufig Schaden zu.

Sich dagegen dem Heiligen Geist unterzuordnen hat den gegenteiligen Effekt. Der heiligende Einfluss des Heiligen Geistes ruft Haltungen und Verhaltensweisen hervor, die sich nicht nur auf die eigene Persönlichkeit positiv auswirken, sondern auch die Grundlage für eine stabile und harmonische Gemeinschaft bilden. Jedes dieser Elemente, die als »Frucht« oder Ergebnis des Wirkens des Heiligen Geistes im persönlichen Leben eines Menschen bezeichnet werden, ist in einen

Beziehungsrahmen eingebettet: Liebe, Freude, Friede, Geduld, Freundlichkeit, Güte, Treue, Sanftmut und Selbstbeherrschung (Gal 5,22–23). Jede dieser »Früchte des Geistes« kann ihren Ausdruck nur im Kontext von Beziehungen zu anderen Menschen finden.

Mit anderen Worten: Man kann Heiligung nicht in der Isolation erlangen. Heiligung wird von der Gemeinschaft getragen und gelenkt. Gott verurteilt das selbstbestimmte Leben, weil es gemeinschaftsfeindliche Auswirkungen hat. Doch die »Frucht des Geistes« (Vers 23) ist nicht mit solchen Einschränkungen belegt, weil sie, indem sie Einheit stiftet, dem Wesen Gottes entspricht.

Ein falsches Verständnis von Heiligung als einer privaten Übung mit dem Ziel der persönlichen Weiterentwicklung führt zur Zersplitterung der christlichen Kirche. Es muss von einer dynamischen, ganzheitlichen Lehre ersetzt werden, die Heiligung als den von Gott gegebenen Zement definiert, der Einheit möglich macht.

In diesem Zusammenhang sollte man beachten, dass die biblische Definition der »Frucht des Geistes« als einer Persönlichkeit, die wieder nach dem Bild Gottes gestaltet wird, für Christen heute ausgesprochen relevant ist. Einige Frauenbewegungen schießen über das Ziel hinaus, wenn sie nicht nur für die Gleichberechtigung eintreten, sondern selbst die Vorherrschaft fordern. Solche Konzepte kollidieren mit den Idealen christlicher Gemeinschaft. Von Einheit geprägte Beziehungen basieren nicht auf einem Wettstreit um Macht oder Rechte, sondern im Gegenteil auf einer von der Bibel vorgeschriebenen Haltung gegenseitiger Unterordnung und gegenseitigen Dienens (vgl. Mt 20,26–27; Röm 15,1–2; Gal 5,13–14; Eph 5,21; Phil 2,1–5 etc.).

Viele moderne Männerbewegungen scheinen da nicht besser zu sein – auch wenn sie von christlichen Leitern gefördert werden. Wenn christliche Männer dazu aufgefordert werden, ihren geistlichen Verpflichtungen nachzukommen, interpretieren viele von ihnen diese Herausforderung unglücklicherweise als Lizenz, ihre Männlichkeit so geltend zu machen, wie sie traditionell in unserer Kultur verstanden wurde.

Die Bibel spricht nicht davon, dass es zwei Sorten von Spiritualität gibt – eine für Frauen und eine für Männer. Frauen und Männer orientieren sich am selben Modell: Jesus Christus. Er ist die Mensch gewordene »Frucht des Geistes«. Und die biblischen Normen für echtes Mannsein oder Frausein sind den kulturellen Vorstellungen von »echter Männlichkeit« diametral entgegengesetzt. Sie sind für Männer und Frauen exakt gleich: »Liebe, Freude und Frieden, Geduld, Freundlichkeit und Güte, Treue, Bescheidenheit und Selbstbeherrschung« (Gal 5,22–23). So sollten Beziehungen in Strukturen aussehen, die von gegenseitiger Unterordnung und gegenseitigem Dienen geprägt sind (Eph 5,21).

Die Gemeinde hat hier zwei Möglichkeiten. Sie kann sich entweder für das Modell der gegenseitigen Unterordnung und des gegenseitigen Dienens entscheiden, das Gott ganz am Anfang eingesetzt hat, oder sie kann das von Dominanz und Herrschen bestimmte Modell übernehmen, das vom Sündenfall herrührt. Wenn die Gemeinde weltlich wird und Einheit durch Hierarchie und Heiligung durch Schichtung ersetzt, finden moderne Menschen keinen Grund, eine Form der Hölle gegen eine andere einzutauschen. Die Gemeinde ist dazu berufen, eine radikal andere Gemeinschaft der Einheit zu bilden, die für die Welt die göttliche Alternative verkörpert.

Kapitel 3

Dienst

So begeisternd das Ideal der Gemeinschaft auch ist, es verwirklicht sich nicht von alleine. Echte Gemeinschaft, die etabliert ist und richtig funktioniert, erfordert Planung, Organisation, Koordination und Kooperation. Der biblische Begriff, der alles zusammenfasst, was für den Aufbau von Gemeinschaft erforderlich ist, lautet »Dienst«. Leider ist Dienst im allgemeinen Sprachgebrauch etwas, das von einer besonderen Gruppe von Menschen geleistet wird, die man »Pfarrer« oder »Pastoren« nennt. Das Problem bei dieser Auffassung von Dienst ist, dass sie den Großteil der Mitglieder davon ausschließt, einen wesentlichen Beitrag zum Bau dieser Gemeinschaft zu leisten. Deshalb halte ich es für nötig, dass man sich zunächst einmal intensiv mit den Aussagen der Bibel zu diesem Thema auseinandersetzt, um herauszufinden, was unter »Dienst« zu verstehen ist und wie und von wem er geleistet werden sollte.

Die Ursprünge des Dienstes

Historisch betrachtet begann der Dienst in dem Augenblick, als Gott Adam und Eva im Garten Eden die Verantwortung für die Erde übertrug. Ganz zu Beginn, als Adam noch alleine war, stellte Gott ihn in den Garten mit dem Auftrag, ihn »zu pflegen und zu schützen« (Gen 2,15). Es hätte im Rahmen der Möglichkeiten eines souveränen Gottes gelegen, eine Umwelt zu schaffen, die keine Pflege benötigte, damit Adam seine Tage in völliger Muße hätte verbringen, ungezwungen faulenzen und in glücklicher Trägheit die natürliche Schönheit um ihn herum hätte genießen können. Aber Gott, der ein arbeitender Schöpfer ist und ein dienendes Herz hat, schuf den Menschen nach seinem Bild, damit dieser gerne als Gottes Diener arbeitet.

Die menschliche Gemeinschaft begann mit der Erschaffung Evas. Das Wachstumspotenzial dieser Gemeinschaft erforderte zusätzliche Aufgaben und Verpflichtungen. Nun reichte es nicht mehr aus, dass

Adam sich nur um den Garten kümmerte. Da sie nun zu zweit waren und sich vermehren sollten, wurde der Umfang ihrer Verpflichtungen neu festgelegt und stark ausgeweitet. Der Mann und die Frau sollten gemeinsam die Erde in Besitz nehmen: »Ich setze euch über die Fische im Meer, die Vögel in der Luft und alle Tiere, die auf der Erde leben, und vertraue sie eurer Fürsorge an« (Gen 1,28). Dieses gewaltige Unternehmen war als Segen gedacht und nicht als lästige Pflicht; es war ihr Dienst. Gott vertraute ihnen so ein hohes Maß an Autorität an, weil er sie als Geschöpfe liebte, die sein Bild in sich trugen, und er trug dem Potenzial Rechnung, das in ihnen steckte.

Die Bibel beschreibt nicht detailliert, wie Adam und Eva die Erledigung ihrer Aufgaben bewältigten. Der Text sagt nur, dass Gott beide als Herrscher über die Erde einsetzte. Aber da sie auch Diener Gottes waren, trugen sie beide zur Erfüllung dieser Aufgabe bei, wobei sich jeder nach seinen Fähigkeiten einsetzte, was zum Erfolg ihrer Partnerschaft führte. Sie arbeiteten zusammen, und keiner stand außen vor, während der andere den Dienst absolvierte.

Gott vertraute den beiden noch eine weitere Aufgabe an: »Seid fruchtbar und vermehrt euch! Füllt die ganze Erde und nehmt sie in Besitz« (Gen 1,28)! Das heißt, sie sollten die Erde bevölkern, um die Gemeinschaft zu einer echten Gemeinschaft mit vielen Mitgliedern zu machen. Natürlich war die Frau dafür zuständig, die Kinder zu bekommen. Aber Kinder zu haben und aufzuziehen bedeutet weit mehr, als sie auf die Welt zu bringen. Gott vertraute diese Aufgabe beiden an, weil dies ihr gemeinsamer Dienst sein sollte. Keiner war entschuldigt oder ausgeschlossen.

Man kann aus der Schöpfungsgeschichte zumindest drei Lektionen über das Wesen des Dienstes lernen. *Erstens erfordert die Bildung von Gemeinschaft in der göttlichen Ordnung der Dinge Arbeit.* Gemeinschaft passiert nicht »einfach so«. *Zweitens sind die Mitglieder der Gemeinschaft gemeinsam Diener und stehen unter der Autorität Gottes. Drittens erfordert der Bau der Gemeinschaft den vollen Einsatz aller Mitglieder.* Keiner ist davon entschuldigt oder ausgeschlossen, gemäß seiner Fähigkeiten seinen Beitrag zu den gemeinsamen Aufgaben zu leisten.

So sah die Gemeinschaft aus, die nach Gottes Vorstellungen für immer funktionieren sollte – eine sich selbst erhaltende, sich selbst erneuernde Gemeinschaft, bestehend aus harmonischen, von gegenseitigem Respekt geprägten, dienenden Beziehungen, zu denen jeder sein Bestes beiträgt. Hätte sich Gottes Plan für Gemeinschaft durchgesetzt, wäre das die ganze Geschichte der Menschheit gewesen. Die Bibel wäre dann ein sehr kurzes Buch geworden – nur die beiden ersten Kapitel von Genesis und vielleicht ein winziges abschließendes drittes Kapitel, das bestätigt, dass in der besten aller Welten alles bestens war, weil sich jeder Gott und den Mitmenschen unterordnete, und dass sie alle glücklich bis in alle Ewigkeit lebten.

Dienst: Ein Vorrecht für wenige

Wie wir wissen, haben sich die Dinge leider anders entwickelt. Das Aufbegehren des Menschen gegen Gott, das wir als »Sündenfall« bezeichnen, richtete im Garten Eden verheerenden Schaden an. Gottes Vorstellung von Dienst als gemeinschaftlich bestimmter Aufgabe wurde auf den Kopf gestellt, als der Ungehorsam die Bühne betrat. Ursprünglich hatte sich eine Gemeinschaft aus gleichberechtigten Dienern unter den Menschen bewährt, aber durch den Sündenfall entstand eine Herrscher-Diener-Beziehung (Gen 3,16). In dieser hierarchischen Struktur wurde die Teilhabe an allgemeinen Aufgaben dem Willen dessen unterworfen, der Autorität über die Gemeinschaft ausübte.

Zusätzlich zu dieser Absetzung der Vorstellung Gottes von Gemeinschaft wurden die Dienste, die Gott den Menschen ursprünglich anvertraut hatte, zum Fluch. Statt, wie eigentlich geplant, ein Ausdruck des Segens Gottes für die Menschen zu sein (Gen 1,28), wurde das Kinderkriegen für die Frau zur mühseligen Angelegenheit, und es wurde zur harten Arbeit für den Mann, sich die Erde zu unterwerfen (Gen 3,16–19). Aufgaben, die gemeinschaftlich ausgeführt werden sollten (Gen 1,28), wurden auf vorbestimmte Rollen für den Mann und die Frau aufgeteilt. Wegen der Verfehlung des Menschen trat an die Stelle von gemeinsamer Aufgabenbewältigung Trennung und Ausgrenzung.

Nach dem Sündenfall hätte Gott die ganze Sache sein lassen und die Geschichte beenden können. Stattdessen entwarf er einen Plan für die Ausbesserung seiner Schöpfung. Der Plan begann mit dem alten Bund, einer Zeit der Vorbereitung auf das Kommen Jesu und die Anfänge der Kirche. Der alte Bund erwies sich als eine Periode voller Frust. Auch wenn es einige positive Zeichen für das gab, was Gott im neuen Bund verwirklichen wollte, prägten diese Zeit doch in starkem Maß die negativen Auswirkungen des Sündenfalles. Solche Hindernisse konnten nur durch das Erlösungswerk Jesu Christi aus dem Weg geräumt werden.

Gott hatte den Menschen im alten Bund versprochen, dass er sie zu einem Volk aus Priestern machen würde, wenn sie ihm treu blieben (Ex 19,5–6). In Gottes Plan sollte jedes Mitglied seiner Gemeinschaft als Priester fungieren und er alleine sollte der König sein. Jeder sollte Diener sein und Gott der gütige Herrscher.

Doch da die Menschen nicht kooperierten, entwickelten sich die Dinge nicht so, wie Gott es wollte. Dienst wurde zum Privileg einiger weniger »Herrscher-Typen«, während die Mehrheit außen vor blieb. Schrittweise entwickelten sich drei Kategorien von Menschen zu Dienst-Spezialisten im Auftrag der Menschen: Priester, Propheten und Könige.

Die Priester stammten aus einem der zwölf Stämme Israels. Sie repräsentierten eine Minderheit, die wiederum eine Minderheit repräsentierte. Sie waren zuständig für den Dienst an der Bundeslade und später für den Dienst im Tempel, der die Bundeslade ersetzte. Ihre Aufgabe war es, Gott zu dienen und im Namen des Volkes Opfer darzubringen. So erreichten sie schließlich einen besonderen Status, der ihnen Autorität und Einfluss über die Menschen verlieh, denen sie eigentlich hatten dienen sollen.

Die Propheten waren Männer und Frauen aus allen Schichten und Berufen, deren Aufgabe es war, in Notzeiten und Krisensituationen den Menschen Botschaften von Gott zu überbringen. Anders als die Priester bildeten sie keine eigene Oberschicht. Ihr Dienst war situationsgebunden und im Allgemeinen nicht erblich. Sie waren als Verkünder der Botschaften Gottes für das Volk Israel anerkannt.

Der wahre König Israels war Gott selbst; Israel war sein Königreich. Gott versuchte, so lange er konnte, sein Volk davor zu bewahren, in eine monarchische Autoritätsstruktur zu geraten. Aber das Volk wurde immer rebellischer und setzte sich immer stärker gegen ihn zur Wehr; Gemeinschaft wurde zunehmend durch Chaos ersetzt: »Jeder tat, was er wollte« (Ri 21,25). Israel war berufen, ein Volk aus Priestern zu sein und einander zu dienen (vgl. Ex 19,6). Stattdessen handelte jeder nach eigenem Gutdünken und verfolgte eigene Interessen.

Um wenigstens etwas Ordnung in diesen individualistischen Amoklauf zu bringen, schickte Gott »Richter«. Diese waren Männer und Frauen aus allen Schichten, die versuchen sollten, die Menschen zur Vernunft zu bringen – aber vergeblich. Um seine Situation noch weiter zu verschlimmern, verlangte das Volk nach einem König – und es bekam, was es wollte. Die Könige waren Usurpatoren, da eigentlich Gott der wahre König hätte sein sollen. So entstand die Monarchie. Dabei wurde der Wille Gottes verletzt und die Folgen sollten sich für das Volk als dramatisch erweisen (vgl. 1 Sam 8,7; 10,19; 12,19 etc.).

Widerstrebend, aber gnädig akzeptierte Gott das System der Monarchie als Vorwegnahme des Kommens des eigentlichen Königs, des Messias, der Gottes Traum einer »königlichen Priesterschaft« aller Menschen zur Erfüllung bringen sollte (1 Petr 2,5.9). Mit ihm als König würde Gott endlich der alleinige Herrscher der Gemeinde, seiner neuen Gemeinschaft, sein.

Dienst: Eine Verpflichtung für alle

Mit dem Kommen Christi vollzog sich der angekündigte Wandel von der alten zur neuen Gemeinschaft. Nachdem er seinen Jüngern seine Botschaft anvertraut hatte, nachdem er gekreuzigt, begraben und von den Toten auferstanden war, sandte er seinen Heiligen Geist, um die Kirche »in Gang« zu bringen. Diese große Freisetzung göttlicher Kraft hatte tief greifende Auswirkungen auf die drei Institutionen des alten Bundes. Das Priesteramt, das Prophetenamt und die Funktion des Königs, wie sie im alten Bund definiert waren, wurden durch diesen Paradigmenwechsel radikal beeinflusst.

Eine neue Priesterschaft

Die Priester des alten Bundes fungierten im Tempel als Mittler zwischen Gott und seinem Volk. Nach Jesu Tod und Auferstehung ist die Kirche als ein Volk nun Gottes neuer Tempel und alle Christen sind seine Priester. Jesus kündigte bereits in den Anfängen seines Dienstes an, dass er den Tempel durch seinen Tod und seine Auferstehung als seinen Leib wieder aufbauen werde (Joh 2,19–22). Dieser Leib Christi ist Gottes geheiligter Tempel, sein Volk, in dem sein Geist lebt (vgl. 1 Kor 3,16–17; 2 Kor 6,16; Eph 2,21–22).

In Übereinstimmung mit den Begrifflichkeiten des Alten Testamentes ist das Volk Gottes das Haus, in dem der Geist Gottes lebt, und die Mitglieder des Volkes Gottes sind auch zugleich die Priester, die in diesem Haus dienen. Wie bei den alten Priestern besteht ihre Aufgabe auch darin, Opfer darzubringen, »Opfer geistiger Art, an denen er [Gott] Gefallen hat« (1 Petr 2,5). Aber bei den Opfern, die nun vom Volk Gottes dargebracht werden, handelt es sich nicht um Tiere, die wie im Tempel des alten Bundes auf einem Altar geschlachtet werden. Die neuen Opfer sind unendlich viel mehr wert. Und was noch weit wichtiger ist: Sie haben den Vorteil, dass sie von jedem Mitglied des Volkes Gottes dargebracht werden können, nicht nur von ein paar privilegierten Männern, da nun alle Christen zu Priestern vor Gott geworden sind (Röm 12,1). Es gibt zwei Arten von Opfern: Lob und Dank (Hebr 13,5) und gute Taten, vor allem das Teilen mit bedürftigen Menschen (Vers 16).

Diese Ausweitung des Priesteramtes auf alle Christen statt der Beschränkung auf eine kleine Clique privilegierter Profis macht aus jedem Christen einen geistlichen Würdenträger, dessen Aufgabe es ist zu dienen. Gemäß dem Neuen Testament ist jeder Christ ein Diener (Eph 4,12). Das sollte nicht überraschen, da alle Christen zu einer Einheit im Zentrum des Kreuzes gehören und deshalb eine gemeinsame Verantwortung für die Umsetzung dieser Einheit haben (vgl. 1 Kor 12,14–20).

Überraschend ist, dass trotz dieser neutestamentlichen Lehre der Priesterschaft aller Gläubigen in der religiösen Tradition die Bezeichnung »Priester« auf eine kleine Gruppe von Männern innerhalb der Gemeinde beschränkt ist. Sie haben nicht nur eine besondere Stellung inne und werden oft genug von der Gemeinde an den Platz gesetzt, der eigentlich nur Christus gehört, aber da sie die »Priester« sind, nimmt man stillschweigend an, dass der Dienst exklusiv auf sie beschränkt ist. Kein System könnte den Auftrag der Gemeinde besser sabotieren. Die Gemeinschaft wird durch diskriminierende Dienststrukturen ersetzt, die das weltliche Schichtenmodell statt der Einheit, für die Christus gestorben ist, widerspiegeln.

Natürlich brauchen Gemeinden Leitung. Und wie wir im nächsten Kapitel sehen werden, definiert das Neue Testament das Wesen solcher Leitungsaufgaben ganz klar. An dieser Stelle möchte ich lediglich sagen, dass sich Leitung, die für sich selbst den Dienst in Anspruch nimmt, der anderen zusteht, Leitung, die ein Monopol auf geistliche Gaben zu haben glaubt, und Leitung, die für sich alleine die Priesterschaft aller Gläubigen beansprucht, nicht auf die Bibel stützen kann und von Gott so nicht gewollt ist. Sie ist entweder das Ergebnis einer falschen Interpretation des Leitungsbegriffes oder einer unkritischen Zurückentwicklung zu alttestamentlichen Dienststrukturen. Auf jeden Fall bedarf es einer Reformierung, einer sorgfältigen Prüfung unseres Dienstverständnisses in Theorie und Praxis im Licht des Neuen Testamentes. Wenn wir dann unbiblische Traditionen erkennen, sollten wir bereit sein, Strukturen, die hinderlich wirken und in denen man sich leicht verstricken kann, abzulegen.

Ein Volk von Propheten

Wenn es in der neuen Gemeinschaft schon keine Superpriester gibt, was ist dann mit den Propheten? In der Gemeinschaft des alten Bundes wurden von Zeit zu Zeit einige wenige Einzelpersonen berufen, dem Volk eine Botschaft von Gott zu überbringen. Es überrascht nicht, dass sich das Muster, das wir bei der Ausweitung von ein paar Priestern im alten Bund zum Priestertum aller Gläubigen in der neuen Gemeinschaft festgestellt haben, auch im Hinblick auf den Dienst der Propheten durchsetzt.

In seiner allerersten Predigt an Pfingsten verkündet Petrus, dass nun, da der Geist allen Gläubigen zur Verfügung steht, auch jeder Zugang zum Prophetenamt hat. Gott erklärt: »Dann gieße ich über alle Menschen meinen Geist aus. Männer und Frauen in Israel werden dann zu Propheten. [...] Über alle, die mir dienen, Männer und Frauen, gieße ich zu jener Zeit meinen Geist aus, und sie werden als Propheten reden« (Apg 2,17–18). Im Neuen Testament bekommt der Begriff »Prophetie« eine breitere Bedeutung. Er wird zum Oberbegriff für alle Dienste des gesprochenen Wortes, mit dem man »die Gemeinde aufbauen, ermutigen und trösten« kann (1 Kor 14,3).

Weil Christus das lebendige Wort ist und weil er uns den Auftrag gegeben hat, sein Wort auf der ganzen Welt zu verbreiten, bildeten die Dienste, die mit dem gesprochenen Wort zu tun hatten, von Anfang an die vorderste Front in der Arbeit und beim Wachstum der Gemeinde. Nach Pfingsten widmeten sich die Apostel zuerst der »Lehre« – offensichtlich die Übertragung der Lehre Christi auf die neu entstandene Kirche (Apg 2,42; vgl. Joh 14,25–26). Da die Existenz der Kirche vom Wort Gottes abhängig war, hatten die Dienste, die mit dem Wort zu tun hatten, einen besonderen Stellenwert in der Urgemeinde. Diese Dienste waren die Dienste, denen Gott eine besondere Bedeutung beimaß (1 Kor 12,28), und die ersten Gaben, die Christus verteilte (Eph 4,11). Der Dienst des »Predigers und Lehrers« hatte hohes Ansehen und verdiente »doppelten Lohn« (1 Tim 5,17).

Als die Kirche wuchs und sich in der antiken Welt ausbreitete, wuchs auch die Zahl der Propheten, Prediger und Lehrer des Wortes. Jesus hatte seinen Aposteln aufgetragen, Menschen aus allen Nationen dabei zu begleiten, zu seinen Nachfolgern zu werden, und sie das zu lehren, was er sie gelehrt hatte (Mt 28,19–20). Der Lehrdienst in der Kirche begann zunächst mit dieser Kerngruppe und wurde dann übernommen von Menschen wie Stephanus (Apg 6,8–11), Philippus (einer der sieben Diakone) und vielen anderen Christen, darunter die vier Töchter von Philippus, die prophetisch redeten (Apg 8,4–6; 11,20–21; 21,9), von Saulus von Tarsus (Apg 9,20) und seinen Begleitern – Juden und Heiden – und von vielen namenlosen Nachfolgern Jesu, die die Botschaft bei ihren Nachbarn und in der ganzen Welt verbreiteten (Apg 13,49).

Der Dienst des Wortes verbreitete sich rapide in den Ortsgemeinden der antiken Welt. Die Strategie, die dahinter stand, war, die Botschaft der Apostel »an zuverlässige Menschen« weiterzugeben, »die imstande sind, es anderen zu vermitteln« (2 Tim 2,2). Aber Gottes Plan bestand darin, dass sein Wort in jeder Gemeinde so zugänglich war, dass jeder Christ einen Beitrag zu diesem Dienst leisten konnte. Paulus ermutigte alle Christen in Korinth, prophetisch zu reden (1 Kor 14,1. 5a.26.31.39). Jeder dazu qualifizierte Mann oder jede Frau konnte die Gemeinde im Gottesdienst durch Gebet und prophetisches Reden leiten, vorausgesetzt, er oder sie war angemessen gekleidet (1 Kor 11,4–5). Sie sollten dem Wort großzügig Raum geben, einander mit aller Weisheit lehren und ermahnen (Kol 3,16). Alle Christen sollten sich viel Wissen aneignen können, damit sie sich »gegenseitig ermahnen« konnten (Röm 15,14; Hebr 5,12).

Das Geheimnis der großen Dynamik der Gemeinde liegt in der grundlegenden Botschaft begründet, dass sich Gott uns in seinem Wort (der Bibel) selbst offenbart hat, und in der Geschichte von der Erlösung, die durch den Tod und die Auferstehung seines Sohnes möglich wurde. Die Apostel bildeten das erste Glied in der Weitergabe dieser Geschichte und dieser Botschaft. Nun liegt es an jedem Christen, sie an andere Menschen weiterzugeben. Aus diesem Grund ist auch die Dynamik der Gemeinde davon abhängig, dass jeder seinen Beitrag zu den Zeugnis- und Verkündigungsdiensten der Gemeinschaft leistet.

Nur ein Gott

Das Amt des Königs spielte in der Geschichte des alten Bundes eine wichtige Rolle. Mit der neuen Gemeinschaft und der Weitergabe der Lehre Jesu erlebte auch dieser Dienst tief greifende Veränderungen.

Anders als die Menschen im alten Bund hat die neue Gemeinschaft keinen irdischen König. Christus ist König, und sein Königreich erstreckt sich auf alle Bereiche, in denen seine Herrschaft akzeptiert wird und in denen Gottes Wille getan wird. Trotz der Umstände seiner niedrigen Geburt war Jesus als König, Herrscher und Herr anerkannt (Mt 2,2.6; Lk 2,11). Als er 30 Jahre alt war und seinen dreijährigen irdischen Dienst begann, verkündete er, dass Gott seine Herrschaft auf dieser Welt aufrichten würde (Mt 4,17). Ein großer Teil seiner Lehre widmete sich der Beschreibung der Merkmale, der Zukunft und der Zutrittsvoraussetzungen seines Reiches. Als er verurteilt wurde, war er als König anerkannt und starb als König (Joh 19,14.19). Auch nach seiner Auferstehung erklärten seine Jünger offen, wer er wirklich gewesen war (Apg 2,36).

Weil Jesus der König ist und weil die Kirche zu seinem Herrschaftsgebiet gehört, braucht die Gemeinde keinen irdischen Herrscher. Der Herr im Himmel ist völlig in der Lage, die Angelegenheiten seiner Gemeinde auf der Erde zu regeln, vor allem, seit der Heilige Geist an Ort und Stelle ist und sich darum kümmert. Jedes Mitglied der Gemeinschaft Christi ist dazu berufen, auf der Grundlage seiner Gaben und Fähigkeiten zu dienen. Aber keiner ist dazu berufen, in der Kirche Christi als Mini-König oder Oberpriester zu agieren. Die zwölf Apostel gerieten bei einer Gelegenheit in Versuchung, sich selbst in solchen Rollen zu sehen. Aber Jesus wies sie scharf zurecht und zeigte ihnen, dass die angemessene Verwaltung seines Königreiches im Dienen bestand und nicht im Konkurrenzkampf um Macht oder Autorität (Mt 20,20–28).

Die Apostel: jüdische Männer

Um zu erkennen, was Dienst in der Gemeinde wirklich bedeutet, ist es wichtig, die Rolle der zwölf Jünger zu verstehen, die Jesus begleiteten, während dieser auf der Erde lebte – besonders im Hinblick auf die Tatsache, dass diese von Jesus ausgewählte Gruppe ausschließlich aus jüdischen Männern bestand.

Abgesehen von den Zwölf hatte Jesus viele Nachfolger, die aktiv in den Dienst mit ihm und um ihn herum einbezogen waren. Unter ihnen waren die 72 Missionare, die in seinem Namen lehrten und Menschen heilten (Lk 10,1–20), und eine Gruppe von Frauen, die mit ihm und den Zwölf herumzogen (Lk 8,1–3). Aus dieser großen Gruppe von

Menschen wählte Jesus bewusst eine Gruppe von zwölf Männern aus, die er zu seinen Jüngern (Schülern) und später zu Aposteln (Missionaren) machte. Diesen zwölf Männern vertraute er seine Lehre an und forderte sie dazu auf, sie nach seiner Himmelfahrt weiterzugeben und Menschen aus allen Nationen zu Jüngern zu machen (Mt 28,19). So bildeten die zwölf Jünger einen Kern, aus dem Christus später seine Kirche, die neue Gemeinschaft, bilden sollte (Mt 16,18).

Der Symbolgehalt der Zahl zwölf ist offensichtlich. Jesus stellte einen eindeutigen Bezug zwischen dem Volk des alten Bundes, das durch die zwölf Stämme repräsentiert wurde, und der neuen Gemeinschaft her, die durch die zwölf Apostel repräsentiert wurde, wobei er die Apostel klar über die zwölf Stämme stellt (Lk 22,29–30). Das Volk Israel hatte seinen Ursprung bei den Patriarchen, den Vätern der zwölf Stämme. Das neue Israel, die geistlichen Nachkommen Abrahams, begann mit den zwölf Aposteln. Sie waren das Gegenstück des neuen Bundes zu den zwölf Patriarchen des alten Bundes. Sie bildeten das Bindeglied zwischen der Vergangenheit und der Zukunft.

Von den zwölf Aposteln ausgehend, weitete sich das Volk Gottes aus und schloss Menschen, die Jesus nachfolgten, sowohl aus dem Volk Israel als auch aus allen anderen Nationen, ein, um die universelle Kirche zu bilden. In seinem Missionsauftrag forderte Jesus die elf verbliebenen Jünger auf, Menschen aus allen Nationen zu Jüngern zu machen (Mt 28,19). Ihre Aufgabe bestand darin, Menschen zu Jüngern wie sie selbst auszubilden. Wenn sie diesen Auftrag erfüllt hätten, würden sie in der Menge verschwinden. Mit anderen Worten: Sie sollten sich selbst so stark reproduzieren, dass sie ihren eigenen Dienst überflüssig machen würden. Wenn man die Apostelgeschichte liest und die Geschichte der frühen Kirche betrachtet, ist genau das passiert. Die Zwölf leisteten Pionierarbeit für die neue Gemeinschaft und ihr Leben endete schließlich in Anonymität.

Es ist geschichtlich zwar exakt, aber trotzdem wirft das oben beschriebene Szenario einen Widerspruch auf, der nicht ungeklärt bleiben soll. Der Auftrag der zwölf Apostel bestand darin, das Fundament für eine neue Gemeinschaft zu legen, die Männer und Frauen aus allen Rassen und allen ethnischen Gruppen umfassen sollte. Doch der ursprüngliche Kern dieser neuen Gemeinschaft war alles andere als repräsentativ für ihre zukünftige Gestalt, da Jesus ostentativ zwölf jüdische Männer für diese Kerngruppe auswählte. In Anbetracht ihres zukünftigen Auftrages hätte man meinen können, dass Jesu ganz unterschiedliche Menschen auswählte, die die Zusammensetzung der neuen Gemeinschaft widerspiegelten. Eine typische Mischung hätte aus drei jüdischen Männern, drei jüdischen Frauen, drei heidnischen Männern und drei heidnischen Frauen bestanden. Doch Jesus wählte eine schockierend exklusive Gruppe von Menschen – zwölf jüdische Männer – und schloss dadurch sowohl Heiden als auch Frauen aus.

An einigen Stellen geben die Evangelien eine Erklärung für dieses Paradoxon, vor allem in dem Abschnitt, in dem Jesus den Zwölf seine Vollmacht gab und sie aussandte, um zu predigen und zu heilen (Mt 10,1–8). Der Autor des Evangeliums entschloss sich genau an dieser Stelle, den Bericht zu unterbrechen und die zwölf Jünger einzeln mit Namen aufzuführen. Die Anweisungen, die Jesus den Jüngern für die Ausführung ihrer Mission mit auf den Weg gab, waren eng mit der Liste ihrer Namen verbunden.

Die erste Anweisung, die Jesus seinen frisch ernannten Jüngern mit auf ihre erste Evangelisationsreise gab, wirkte wie ein Schock, weil sie stark ausgrenzend war. Er verbot ihnen streng, zu den Heiden zu gehen oder eine der Städte der Samariter zu betreten (Vers 5). Ihr Dienst sollte sich nur auf jüdische Menschen beschränken (Vers 6).

Die Nebeneinanderstellung der namentlichen Vorstellung der Jünger und des Verbotes, anderen Menschen als Juden zu dienen, lässt vermuten, dass Jesus die Jünger im Hinblick auf diesen Auftrag ausgewählt hatte. Der Bericht stellt eine enge Verbindung zwischen der Identität der zwölf Jünger und den Grenzen ihres direkten Dienstes her. Durch die Verbindung der Namen der Apostel und der Beschränkung ihres Dienstes auf die Juden legt der Autor des Evangeliums nahe, dass die Jünger speziell für diesen Dienst ausgewählt worden waren. Sie waren Juden und sollten zuerst den Juden dienen.

Natürlich war dieser eingeschränkte Dienst der Zwölf nur eine Phase in ihrem Leben. Es handelte sich hier um einen Kurzzeiteinsatz, der zeitlich an den irdischen Dienst Jesu geknüpft war. Kurz nach dieser Begebenheit beschrieb Jesus seinen eigenen Auftrag als einen weltweiten Missionseinsatz (Mt 13,37–38). Und vor seiner Himmelfahrt beauftragte er dieselben Jünger, allen Nationen das Evangelium zu bringen und, noch konkreter, das Evangelium von Jerusalem und Judäa nach Samaria und bis an die Enden der Welt zu verkünden (Mt 28,19; Apg 1,8).

Mit anderen Worten: Als durch den Tod und die Auferstehung Jesu das Werk der Erlösung vollendet war, wurde die während des irdischen Dienstes Jesu herrschende Begünstigung der Juden aufgehoben. Nun konnte jeder Teil dieser neuen Gemeinschft werden (Joh 12,32).

Doch historisch betrachtet erforderte der Erlösungsplan Gottes, dass – in chronologischer Reihenfolge – das Evangelium zuerst den Juden und dann den Heiden gepredigt werden sollte (Röm 1,16).

Die jüdische Kultur, in der Jesus mit seinen ersten Jüngern diente, war geprägt vom Judentum, der Religion der Schriftgelehrten und Pharisäer, die sich nach der Rückkehr der Juden aus dem babylonischen Exil entwickelt hatte. Jesus widersprach den Lehren des Judentums in vielen Punkten, die den Glauben und die Glaubensausübung betrafen, massiv. Doch er hatte keine andere Wahl, als in dieser Umgebung zu arbeiten und von dort aus seinen weltweiten Dienst in Gang zu setzen.

Wenn er wusste, dass seine Lehre im Gegensatz zu den Lehren des traditionellen Judentums stand, wählte Jesus gewöhnlich eine der drei folgenden Möglichkeiten, um die Schriftgelehrten damit zu konfrontieren.

Die erste Möglichkeit bestand in der direkten Konfrontation bei Themen wie Gebet im Tempel, Tradition der Ältesten, Gesetzlichkeit, Sabbatregeln etc. Diese Zusammenstöße bedrohten die Interessen der religiösen Leiter des Volkes so stark, dass sie schließlich die Verurteilung Jesu' als Unruhestifter und seinen Tod erreichten (Lk 19,47; 20,19; 22,2).

Bei anderen Themen war Jesus weniger unnachgiebig und eher bereit, Zugeständnisse zu machen. Manchmal nahm er davon Abstand, auf Konfrontationskurs zu gehen, wenn die Themen für sein Programm von geringerer Bedeutung waren. Dann schloss er sich bestehenden Traditionen an, aber nicht ohne dem Volk Gottes deutlich zu machen, wie seine Position in dieser betreffenden Frage aussah (Mt 8,4; 17,27 etc.).

Und schließlich wählte er um einer späteren Einführung willen manchmal den Weg der vorläufigen Übereinkunft. Er arrangierte sich mit unerfreulichen Situationen, weil er wusste, dass sich die Dinge nach seiner Auferstehung ändern würden. Diese Strategie rechnete mit der Wirkung der verzögerten Aktion – nicht für Unruhe sorgen, sondern sich für die große Veränderung zur rechten Zeit vorbereiten (Mt 10,27; 12,14–16.38–40; 13,24–30; 16,4; Mk 9,9–10; Joh 2,20–22; 4,21–23 etc.).

Die Wahl von zwölf jüdischen Männern als erste Jünger Jesu fällt eindeutig in die dritte Kategorie. Da sich die erste Welle des Dienstes der Jünger ausschließlich an Juden richtete, war es unvorstellbar, diese Aufgabe jemand anderem als jüdischen Männern anzuvertrauen. Heiden wurden ausgegrenzt, wenn nicht sogar verachtet, und Frauen waren nach damaligem Dafürhalten nicht wert, unterrichtet zu werden oder am öffentlichen jüdischen Leben teilzunehmen, ganz zu schweigen davon, anderen Menschen etwas beizubringen (vgl. Lk 7,6–7; Joh 4,9.27; Apg 10,28). Unter diesen Bedingungen war es deshalb unausweichlich, dass die ersten Missionare des Christentums ausschließlich jüdische Männer waren. Hätte Jesus auch Heiden und Frauen bei den Zwölf aufgenommen, hätte er die Zukunft der Bewegung bereits zu Beginn im Keim erstickt.

Theologisch betrachtet wäre die Bedeutung der zwölf Apostel, die – wie ehemals die Patriarchen – über die zwölf Stämme Israels richteten, durch die Aufnahme von Frauen oder Heiden völlig aufgehoben gewesen (vgl. Mt 19,28). Und ganz praktisch gesehen hätten die vom Hierarchie- und Kompetenzdenken geprägten Instinkte der Jünger in der Kerngruppe, die untereinander noch darum wetteiferten, wer von ihnen der Größte war, jeden Heiden oder jede Frau unter ihnen aus dem Dienst gedrängt (vgl. Mk 9,33–34; 10,35–37). Die Vorurteile saßen so tief, dass jüdische Christen einige Jahre nach der Gründung der Kirche an Pfingsten erstaunt waren, dass auch Heiden den Heiligen Geist empfangen und Christen werden konnten, ohne zuerst Juden geworden zu sein (Apg 10,45; 15,5).

Die Auswahl der Jünger beweist, wie viel Geduld und Flexibilität Jesus hatte. Er war bereit, sich für eine gewisse Zeit mit den Beschränkungen zu arrangieren, die die historischen Gegebenheiten der jüdischen Kultur, in der er lebte, ihm auferlegten. Aber er wusste auch, dass nach seiner Auferstehung die Zeit kommen würde, in der alle, unabhängig von Rasse oder Geschlecht, in die Nachfolge und damit auch in den Dienst der neuen Gemeinschaft einbezogen werden konnten (Mt 28,19).

In der Zwischenzeit nahm Jesus Rücksicht auf die Empfindlichkeiten seiner Kultur, um die Zukunft seines Auftrages nicht zu gefährden. Dabei war er in der Lage, seiner noch größeren Hingabe an die neue Gemeinschaft Ausdruck zu verleihen, für deren Verwirklichung er alles gab. Da es also nicht ratsam war, Frauen in den engsten Jüngerkreis aufzunehmen, wählte er die zweitbeste Lösung. Er ermutigte eine Gruppe von Frauen, mit ihm und den Zwölf herumzureisen und unterwegs mit ihnen gemeinsam zu dienen (Lk 8,1–3).

Was die Heiden anbelangte, konnte Jesus zwar keine von ihnen in seinen engen Jüngerkreis integrieren, aber er diente ihnen innerhalb und außerhalb des jüdischen Gebietes (Mt 8,5–13; 15,21–28). Nach seiner Auferstehung trug er seinen Jüngern auf, die Gute Nachricht auch zu den Heiden zu bringen, um den Ruf in die Nachfolge zu einem weltweit zugänglichen Dienst zu machen (Mt 28,19; vgl. Apg 9,36). Auf diese Weise ebnete er den Weg für die Beteiligung aller Menschen am Dienst, unabhängig von Geschlecht oder Rassenzugehörigkeit.

Dieser neuen Offenheit für einen allgemein zugänglichen Dienst trug die Urgemeinde gleich am Tag ihrer Einsetzung an Pfingsten Rechnung (Apg 2,16–18). Der große Paradigmenwechsel vom alten zum neuen Bund wurde nicht am Beginn, sondern erst am Ende des irdischen Dienstes Jesu vollzogen (1 Kor 11,25). Mit dem Tod und der Auferstehung Jesu und dem nachfolgenden Kommen des Heiligen Geistes an Pfingsten wendete sich die Geschichte. Die erste Äußerung nach der Ausgießung des Heiligen Geistes bedeutete eine radikale Änderung für den Dienst. Mit den Aposteln an seiner Seite verkündete Petrus, dass nun durch das Kommen des Heiligen Geistes eine neue Ära angebrochen war und deswegen zuvor eingeschränkte Dienste allen Gläubigen ohne Unterschied in Bezug auf Geschlecht, Alter oder Gesellschaftsschicht zugänglich waren. In Gehorsam gegenüber dem Missionsbefehl, den Christus ihnen ein paar Tage zuvor gegeben hatte, erklärte Petrus, dass alle Gläubigen die Vollmacht hatten, sich als Gottes Propheten und Verkünder seines Evangeliums am Dienst der Kirche zu beteiligen (Apg 2,16–18).

Wer also heute behauptet, dass sich Frauen in Kirche oder Gemeinde nicht in jeder Position engagieren können, weil die Apostel Jesu ausschließlich Männer waren, versteht folglich nicht, welche Dynamik im Wechsel vom alten zum neuen Bund liegt. Der Betreffende versucht stattdessen, die Kirche, die neue Gemeinschaft Christi, in die Maßstäbe des antiken Judentums zu zwingen. Das Argument, dass Frauen von solchen Diensten ausgeschlossen werden sollten, weil die Apostel Jesu Männer waren, beweist ein Festhalten an den vorpfingstlichen Bedingungen. Eine konsequente Umsetzung dieser Regel würde aber nicht nur alle Frauen, sondern auch alle Heiden vom Dienst ausschließen, da Jesus und seine Apostel Juden waren. Dann sollten alle Leitungsfunktionen und Dienste innerhalb der Kirche von jüdischen Männern getragen werden.

Anders ausgedrückt: Wenn Papst Johannes Paul II. durchsetzen würde, dass alle Priester Männer sein sollen, weil die Apostel Jesu auch Männer waren, müsste er auch fordern, dass alle Priester Juden sein sollten, weil die Apostel Jesu Juden waren. Konsequenterweise müssten dann auch alle Priester verheiratet sein, weil der Apostel Petrus, der angebliche Vorgänger des Papstes, und andere Apostel verheiratet waren (Mt 8,14–15; 1 Kor 9,5) und weil nur verheiratete Männer Gemeindevorsteher werden konnten (1 Tim 3,2.4). Aber Gott sei Dank erklärt das Neue Testament, dass alle Überlegungen in Bezug auf Rasse, soziale Schicht und Geschlecht für das Leben der Kirche irrelevant sind, weil Christus der neuen Gemeinschaft das Geschenk der Einheit gegeben hat (Gal 3,28).

Geistliche Gaben

Im Allgemeinen war die Urgemeinde in der Lage, das biblische Dienst-Ideal zu leben, bei dem jedes der Mitglieder sich in irgendeiner Form in die Gemeinde einbrachte. Man entdeckte bald, dass Gott jeden, der sich am Dienst der Gemeinde beteiligte, mit so genannten »geistlichen Gaben« ausrüstete. Manchmal werden geistliche Gaben als etwas Mystisches verstanden, das nur Menschen widerfährt, die ekstatische geistliche Erfahrungen machen. Wenn man sich das Neue Testament aber genauer ansieht, merkt man, dass jeder Christ, der Teil einer Gemeinde ist, mit dem Heiligen Geist getauft ist. Das bedeutet, dass er voll und ganz die Befähigung bekommen hat, in dieser Gemeinde seinen Part zu übernehmen (1 Kor 12,13).

Vor diesem Hintergrund könnte man geistliche Gaben als Fähigkeiten und Talente definieren, die durch den Heiligen Geist aktiviert oder hervorgebracht und zum Wohl der Allgemeinheit eingesetzt werden sollen (1 Kor 12,7), das heißt zum Aufbau der Gemeinde (1 Kor 14,4.12). Die Bibel lehrt, dass jeder Christ wenigstens eine solche Fähigkeit hat, mit der er seinen Beitrag zum Dienst in der Gemeinde leisten kann (1 Kor 12,1), und dass niemand von dieser Verpflichtung ausgenommen oder entschuldigt werden kann (1 Kor 12,6.15.21).

Zur Zeit des Neuen Testamentes wussten einige Mitglieder der Gemeinde über geistliche Gaben nicht Bescheid (1 Kor 12,1), während andere sie rücksichtslos missbrauchten (1 Kor 14,23). Da sich viele moderne Christen in dieser Hinsicht nicht anders verhalten, sollte jede Gemeinde die Verantwortung wahrnehmen und ihren Mitgliedern deutlich machen, was es mit den geistlichen Gaben auf sich hat. Denn nur so haben die Mitglieder der Gemeinde die Möglichkeit, ihre Gaben zu entdecken, auszubilden und einzusetzen und sich am Dienst der Gemeinde zu beteiligen. Zu diesem Thema gibt es heute so viel Literatur und Material, dass jede Gemeinde ihre Mitglieder darin unterstützen kann, ihre geistlichen Gaben zu bestimmen und so am Priestertum aller Gläubigen Anteil zu haben, indem sie sich in den Diensten ihrer Gemeinden engagieren.

Unwissenheit in Bezug auf geistliche Gaben ist einer der Hauptgründe dafür, dass Gemeinden heute nicht mehr so »funktionieren« wie früher; aber nicht der einzige. Oft lässt man sündhafte Vergleiche in Bezug auf Ansehen und Status der Dienste zu und schafft so Hierarchien. Weil manche Dienste eher wahrgenommen werden als andere, umgibt man sie zu leicht mit einer Aura der Heiligkeit, die eher das Ansehen der Person hebt, die die entsprechende Gabe besitzt, statt dankbar zu machen. Das ist oft der Fall bei Diensten rund um Kanzel und Altar. Wer solche Dienste innehat, wird oft zum Objekt der Bewunderung durch die Gemeinde. Im Vergleich dazu erhalten weniger sichtbare und eher untergeordnete Dienste nur wenig Aufmerksamkeit oder Anerkennung. Die Folge ist, dass manche Christen nur zögernd einen Beitrag zum Gemeindeleben leisten, weil ihr Dienst offensichtlich unbedeutend zu sein scheint (1 Kor 12,14–20).

Andere setzen bescheidenere Formen des Dienstes herab und bilden sich etwas auf ihre eigenen Leistungen ein (1 Kor 12,21–23). Paulus macht jedoch deutlich, dass Gott die Dienste höher einschätzt, die man als niedrig einstuft, damit es in der Gemeinde kein Mehrklassensystem gibt, sondern alle auf der gleichen Ebene stehen (Verse 24–25). Dieses Prinzip der Gleichberechtigung aller geistlichen Gaben ist der praktische Ausdruck der Einheit, die den Leib Christi zusammenhält (Vers 27). Sollten einige Dienste wegen ihrer Bedeutung für die Gemeinde als »höher« oder »größer« eingestuft werden (Vers 28), haben die Menschen, die sie ausüben, dennoch keinen elitären Vorteil, da sich jeder aufrichtig die Gaben wünschen kann, die für solche Dienste nötig sind (Vers 31).

Dienst bedeutet nach der Definition des Neuen Testamentes nichts weniger als die volle Beteiligung aller Mitglieder einer Gemeinde auf der Grundlage ihrer geistlichen Gabe(n). Am Fuß des Kreuzes ist der Boden eben. In der Gemeinde ist niemand zu erhaben und niemand zu niedrig, um vom Dienst ausgenommen zu sein. Wenn man versucht, diesem Konzept Beschränkungen aufzuerlegen oder von ihm abzuweichen, kann das dazu führen, dass Gemeinden in ihrem Dienst nicht richtig funktionieren oder nicht als authentische biblische Gemeinschaften zu erkennen sind. Die Vision des Neuen Testamentes für den Dienst der Gemeinde besteht in der totalen Mobilisierung aller Mittel, die der Heilige Geist zur Verfügung stellt.

Gemeindeleiter, die ungerechtfertigt den Vorstellungen Gottes zuwider handeln, indem sie Gemeindemitglieder vom vollen Einsatz im Rahmen gabenorientierter Dienste ausschließen, nehmen eine furchtbare Verantwortung auf sich. Sie hindern Christen daran, ihre von Gott gegebene Berufung zu erfüllen. Und was noch schlimmer ist: Sie rauben dem Reich Gottes das Potenzial, das Gott für das Wachstum und die Ausweitung seines Reiches in die Gemeinde investiert hat.

Wenn man die Wahl hat, jeden Dienst in der Gemeinde allen zu ermöglichen oder ihn auf bestimmte Personen zu beschränken – zwei Haltungen, die beide den biblischen Prinzipien widersprechen –, dann ist offensichtlich, welche Form des Ungehorsams der Kirche weniger Schaden zufügt. Wer glaubt, dass beide Möglichkeiten ein hermeneutisches Risiko in sich tragen, sollte sich für die positive Option entscheiden, da die einschränkende Alternative einen lähmenden Effekt auf das Werk Gottes hat. Wenn hier ein Irrtum vorliegt, dann ist es immer noch besser, vom Weg abzukommen, während man das Reich Gottes fördern will, als es an seiner Ausbreitung zu hindern.

Eine sorgfältige Prüfung der biblischen Aussagen zu diesem Thema zeigt, dass zur Zeit des Neuen Testamentes beide Alternativen praktiziert wurden. Manche Gemeinden betrieben die Politik des für alle offenen Dienstes, während andere ihren Dienst mit Einschränkungen belegen mussten. Daher sind beide Modelle biblisch zu rechtfertigen. Wie wir auf den folgenden Seiten sehen werden, sind einige Gemeinden dafür geeignet, allen Mitgliedern den Zugang zum Dienst zu eröffnen, während andere strenge Grenzen setzen müssen und nicht alle zum Dienst zulassen können. Das erstgenannte Modell bezeichnen wir als »normativ«, das andere als »heilend«.

Das normative Dienstmodell

Im Neuen Testament gibt es zwei unterschiedliche Quellen, aus denen wir etwas über das Leben und die Praxis der ersten Gemeinden erfahren. Die eine Quelle ist die Apostelgeschichte, deren Bericht mit der Geschichte der Entstehung der Gemeinden an so verschiedenen Orten wie Jerusalem, Rom, Korinth und Ephesus beginnt. Die andere Quelle sind die neutestamentlichen Briefe, die Paulus einige Zeit später an dieselben Gemeinden gerichtet hat. Zusammen genommen liefern diese Dokumente Einblick in die Gegebenheiten vor Ort, Probleme und Herausforderungen, mit denen die ersten Gemeinden in ihrer Entwicklung konfrontiert wurden. Die Prinzipien, die die Gemeinden damals durch »inspirierte« Autoren erhielten, haben auch noch für die Gemeinden unserer Zeit Geltung.

Marschbefehl aus Jerusalem
Die Kirche entstand am Pfingsttag in Jerusalem. Wie oben erwähnt, betraf die erste – direkte, klare und unanfechtbare – Erklärung, die an diesem Tag abgegeben wurde, den Dienst der Kirche. Da der Heilige Geist nun allen zur Verfügung stand, standen auch die Dienste der Kirche allen offen (Apg 2,17–18). Die lange erwartete Ausgießung des Heiligen Geistes an Pfingsten signalisierte das Kommen der »letzten Tage«, die mit dem »großen und herrlichen Tag des Herrn« enden (Vers 20).

Zwischen Pfingsten und dem Ende der Welt ereignen sich nach Aussage der Apostelgeschichte drei neue Entwicklungen, die auf die Gegenwart des Heiligen Geistes zurückzuführen sind. Erstens wird die Erlösung nun für alle Menschen, die sie in Anspruch nehmen wollen, möglich: »Jeder, der den Namen des Herrn anruft, wird gerettet« (Vers 21). Zweitens wird das, was an Pfingsten begonnen hat, weitergehen, da Gott seinen Geist über alle Menschen ausgießen wird (Verse 17–18). Aber die große Neuigkeit ist, dass nun, da der Heilige Geist allen Gläubigen zur Verfügung steht, auch der Dienst allen offen steht, die an Gott glauben:

> »Eure Söhne und eure Töchter werden Propheten sein, eure jungen Männer werden Visionen haben, und eure Alten werden Träume haben. Auch über meine Knechte und Mägde werde ich von meinem Geist ausgießen in jenen Tagen, und sie werden Propheten sein.«

Sowohl im Alten als auch im Neuen Testament ist das Prophetenamt als höchste Funktion bei der Verbreitung des Wortes Gottes definiert (vgl. 1 Kor 12,28; 1 Petr 1,10–12; 2 Petr 1,20–21). Die formale Verkündigung des Apostels Petrus an Pfingsten sprengte frühere Beschränkungen und öffnete den Dienst für Menschen aller Rassen (»alle Menschen«) und beide Geschlechter (»Knechte und Mägde«). Dieser Marschbefehl für die Kirche wurde nie widerrufen. Seine Wirkung erstreckte sich weit über Jerusalem hinaus, über Judäa nach Cäsarea, wo Männer *und* Frauen prophetisch redeten (Apg 21,9–10). Ohne gemeinsam getragenen Dienst kann es keine biblische Einheit geben. In Jerusalem waren die Menschen, die an Gott glaubten, »ein Herz und eine Seele« (Apg 4,32). Eine solche Einheit wäre nicht möglich gewesen, wenn im Dienst nicht alle gleichberechtigt gewesen wären.

Einheit und Dienst – die Gemeinden in Rom und Korinth
Der Brief an die Gemeinde in Rom wurde geschrieben, um ein Rassenvorurteil innerhalb dieser Gemeinde zu lösen. Der Apostel Paulus versuchte, die Judenchristen und die Heidenchristen, die Teil derselben Gemeinde waren, aber nicht miteinander auskamen, davon zu überzeugen, dass sie einander annehmen sollten, wie Christus sie angenommen hatte (Röm 15,7), da Gott selbst ein »unparteiischer Richter« ist (Röm 2,11). In diesem Zusammenhang erfasste er das Wesentliche einer funktionierenden Integration in der Gemeinde:

> »Denkt an den menschlichen Leib: Er bildet ein lebendiges Ganzes und hat doch viele Teile, und jeder Teil hat seine besondere Funktion. So ist es auch mit uns: Als Menschen, die zu Christus gehören, bilden wir alle ein unteilbares Ganzes; aber als einzelne stehen wir zueinander wie Teile mit ihrer besonderen Funktion« (Röm 12,4–5).

Es überrascht nicht, dass Paulus, nachdem er die verschiedenen Dienste beschrieben hatte, die innerhalb der Einheit alle unterschiedliche Funktionen haben, im nächsten Satz die verschiedenen Gaben innerhalb der Gemeinde diskutierte. Ihm kam es darauf an, dass jeder, der eine Gabe besitzt, diese auch optimal nutzt:

> »Wir haben ganz verschiedene Gaben, so wie Gott sie uns in seiner Gnade zugeteilt hat. Einige sind befähigt, Weisungen für die Gemeinde von Gott zu empfangen; was sie sagen, muß dem gemeinsamen Bekenntnis entsprechen. Andere sind befähigt, praktische Aufgaben in der Gemeinde zu übernehmen; sie sollen sich treu diesen Aufgaben widmen. Wer die Gabe hat, als Lehrer die Gemeinde zu unterweisen, gebrauche sie. Wer die Gabe hat, andere zu ermahnen und zu ermutigen, nutze sie. Wer Bedürftige unterstützt, soll sich dabei nicht in Szene setzen. Wer in der Gemeinde eine Verantwortung übernimmt, soll mit Hingabe bei der Sache sein. Wer sich um Notleidende kümmert, soll es nicht mit saurer Miene tun« (Röm 12,6–8).

Die starke Verbindung, die in diesem Abschnitt zwischen Einheit und gabenorientiertem Dienst hergestellt wird, schließt alle Ausnahmen oder Ausgrenzungen aus. Wenn irgendeine Kategorie von Christen nicht berechtigt wäre, bestimmte Dienste zu übernehmen, hätte Paulus hier die ideale Gelegenheit gehabt, es zu erwähnen. Als Petrus damals in Jerusalem seine große Pfingstpredigt über den allgemeinen Zugang zum Dienst als Folge der Ausgießung des Heiligen Geistes hielt, waren auch Juden und zum Judentum umgekehrte Heiden aus Rom unter der Menge, die ihm zuhörte (Apg 2,10–11). Die Gemeinde in Rom erfuhr also unausweichlich von Petrus' Erklärung. Hätte Paulus die von Petrus erklärte Politik des offenen Zugangs zum Dienst abändern und durch eine Ausschlusspolitik ersetzen wollen, hätte er es unbedingt im Zusammenhang dieser Ausführungen über Dienst und Gaben tun müssen. Eine solche Veränderung wäre eine große Neuigkeit gewesen, die die Gemeinde in Rom unbedingt hätte erfahren müssen.

Doch Paulus lehrte in seinem Brief an die Römer nichts Derartiges. Im Gegenteil: Er forderte die Christen dazu auf, ihre geistlichen Gaben so gut wie nur möglich einzusetzen (Röm 12,6–8). Scheinbar geschah dies bereits. In den abschließenden Grüßen seines Briefes erwähnte Paulus die Namen vieler Personen – Juden und Heiden, Frauen und Männer, die glücklich und ohne einander auszugrenzen gemeinsam ihren Dienst versahen und auf diese Weise authentische Einheit lebten (Röm 16,1–16).

Mit anderen Worten: Der Römer-Brief lehrt in Bezug auf den Dienst innerhalb der Gemeinde, dass Menschen, die eine oder mehrere geistliche Gaben besitzen, diese auch voll und ganz einsetzen sollen. Es ist unvorstellbar, dass sich in einem für die Kirche durch die Jahrhunderte so bedeutenden Dokument wie dem Römer-Brief eine so starke Aufforderung findet, geistliche Gaben voll und ganz einzusetzen, wenn es im System der Gemeinden des Neuen Testamentes irgendeine Einschränkung für den Dienst gegeben hätte. Ganz im Gegenteil geht es hier um eine allgemeine Beteiligung am Dienst. Der starke Zusammenhang, den das Neue Testament zwischen Einheit und Dienst herstellt, lässt keinen Spielraum für Ausnahmen.

Einen ähnlichen Bezug zwischen einer Abhandlung über die Kirche als Gemeinschaft und einer Ermutigung, geistliche Gaben einzusetzen, findet sich im 1. Brief an die Korinther, Kapitel 12. In diesem relativ langen Abschnitt betonte der Apostel Paulus, dass Gott in jedem geistliche Gaben aktiviert (Vers 6), dass der Heilige Geist »an jedem und jeder in der Gemeinde […] seine Wirkung« zeigt (Vers 7), und: »Das alles bewirkt ein und derselbe Geist. So wie er es will, teilt er jedem und jeder in der Gemeinde die eigene Fähigkeit zu« (Vers 11). Paulus argumentierte weiter, dass Einheit in der Gemeinde nur dann verwirklicht werden kann, wenn jeder seine Gabe(n) ohne Einschränkungen einsetzt (Verse 12–21).

Bei diesem Abschnitt handelt es sich um die vollständigste und detaillierteste Diskussion über Einheit und geistliche Gaben im Neuen Testament. Die Betonung liegt auf der Feststellung, dass geistliche Gaben auf alle Fälle als Ausdruck der Einheit der Gemeinde eingesetzt werden sollen. Niemand hat das Recht zu behaupten, anders zu sein und sich deshalb von dieser Regelung auszunehmen (Verse 14–16). Die Gemeinde besteht weder aus einem einzigen Element noch aus nur einer Art von Mitgliedern. Wenn sich alle Teile einbringen, wird der Zusammenhalt der ganzen Gemeinde gefördert (Verse 17–21). Paulus betont nachdrücklich, dass es keine Ausnahmen oder Einschränkungen zur völligen Beteiligung am Leben und Dienst der Gemeinde gibt. Wenn es irgendwelche Ausnahmen zu dieser Regel gab, trafen sie nicht auf die Gemeinde in Korinth zu. Paulus verbot den Christen in Korinth sogar, irgendwelche Ausnahmen zu dieser Regel zu machen (Verse 15.20).

Dieser Brief enthält zwei Hinweise – einen positiven und einen negativen – darauf, wie dieses Prinzip der allgemeinen Beteiligung am Dienst praktisch umzusetzen war. Der positive Hinweis bezieht sich auf einen Mann und eine Frau, die beten und prophetisch reden (1 Kor 11,4–5). Der Mann und die Frau hatten beide genau denselben Dienst, mit einer einzigen Ausnahme, die die Kleidung betraf. Wenn der Mann betete oder Gottes Wort weitergab, durfte er keine Kopfbedeckung tragen. Aber wenn die Frau betete oder Gottes Wort weitergab, musste sie ihren Kopf bedecken. Im selben Abschnitt schreibt Paulus, dass der Frau das Haar als Kopfbedeckung diente (Vers 15), was eine andere Kopfbedeckung überflüssig machte und somit den Rollenunterschied zwischen Männern und Frauen im Dienst auf ein Minimum reduzierte.

Der scheinbar negative Hinweis findet sich im 1. Korinther-Brief, Kapitel 14, Verse 33b–36. Auf den ersten Blick erschreckt diese Aussage. Sie liest sich wie ein krasser Gegensatz zu dem, was Paulus im Rest seines Briefes über den Dienst in der Gemeinde lehrt. Er mahnt eindringlich zu absolutem Schweigen für Frauen in der Gemeinde – nicht das leiseste Geräusch, nicht einmal ein Flüstern, um eine Frage zu stellen. Ganz zu schweigen von Gebet oder prophetischer Rede (1 Kor 11,5) durften Frauen nicht einmal etwas lernen. Wenn sie Fragen hatten, mussten sie warten, bis sie zu Hause waren, und ihre Fragen dort von ihrem Ehemann beantworten lassen. Wenn sie nicht verheiratet waren, bekamen sie vermutlich auch keine Antworten. Die Gründe für dieses Verbot sind noch erstaunlicher: Die Praxis anderer Gemeinden (Vers 33), die Gesetzeslage (Vers 34) und die Gemeindeordnung (Vers 35).

Da diese Aussage allem widerspricht, was Paulus an anderen Stellen über Einheit und gabenorientierte Mitarbeit in der Gemeinde geschrieben hat, interpretieren die meisten Kommentare diesen Abschnitt dahingehend, dass er sich nicht auf den Dienst in der Gemeinde, sondern auf das Verhalten bezieht. Sie stellen die Theorie auf, dass Frauen Gottesdienste störten, indem sie sich laut miteinander unterhielten und den Gottesdienst unterbrachen, indem sie unangebrachte Fragen stellten. Paulus sagte ihnen also, dass sie sich still verhalten und den Ablauf nicht stören sollten. Frauen konnten sich am Dienst der Gemeinde beteiligen, vorausgesetzt, sie verhielten sich angemessen; aber wenn sie sich nicht benehmen konnten, mussten sie draußen bleiben.

So genial diese Interpretation zu sein scheint, sie trägt doch den Schwierigkeiten nicht Rechnung, die diesen Text bei näherer Betrachtung als exegetisches Minenfeld ausweisen. Die Kernaussage dieses Abschnittes lautet, dass Frauen nichts im Gemeindedienst verloren haben. Nur Männer können Dienste übernehmen, während die Frauen in völligem und unterwürfigem Schweigen dabeisitzen müssen. Die Gründe, die der Text dafür angibt, machen das Verbot für alle Frauen auf lange Sicht bindend. Da das Verbot als »bei allen christlichen Gemeinden üblich« dargestellt wird, durch »das Gesetz« untermauert und durch das Gemeindeprotokoll bestätigt wird, verlangt es absolute und allgemeine Umsetzung.

Doch der Hinweis auf diese angebliche und ansonsten unbestätigte Gemeindepraxis, Frauen brutal zum Schweigen zu bringen, widerspricht allem, was Paulus im selben Brief über die Einbeziehung jedes Mitgliedes der Gemeinde in den Dienst schreibt. Und mehr noch: Der Hinweis auf das geltende Gesetz klingt hohl, da es im Alten Testament keine Gesetze gibt, die den Frauen das Reden verbieten und von ihnen absolute Unterordnung verlangen. Und es würde Paulus' Ansichten völlig widersprechen, das Gesetz des Alten Testamentes als Maßstab für den christlichen Gottesdienst heranzuziehen (vgl. 2 Kor 3,5–6.14–18; Gal 3,10. 23–26 etc.).

Wenn diese Lehre von Paulus gestammt hätte, hätte er sie nicht auf so fadenscheinige Begründungen gestützt wie eine Gemeindepraxis, die sich im Lauf der Zeit verändert, ein Gesetz, das es nicht gibt und das vermutlich aus der Synagoge eingeschleppt wurde, und wie kirchliche Konventionen, die festlegen, was schicklich ist und was nicht. Der Apostel hätte ein schlüssiges biblisches Argument gehabt, um dieses Verbot zu rechtfertigen. Dieses unschlagbare Argument stammt aus der Versuchungsgeschichte (Gen 3,1–6), und er verwendet es an anderer Stelle, um ein ähnliches Verbot zu begründen (1 Tim 2,13–14).

In dieser anderen Gemeinde sollten Frauen »still zuhören und das Gehörte in sich aufnehmen; sie müssen sich völlig unterordnen« (1 Tim 2,11). Sie durften nicht lehren oder Autorität über Männer ausüben, weil die Angst bestand, sie könnten Irrtümern verfallen, wie Eva, als sie getäuscht und so zur Sünderin wurde. In den Briefen an die Gemeinde in Korinth finden sich Belege dafür, dass Paulus dieses Argument zur Zeit der Abfassung der Briefe bekannt war, da er es in der Form einer Warnung an die Gemeinde in Korinth anführte (2 Kor 11,3). Es ist unwahrscheinlich, dass Paulus dieses zwingende Argument beiseite lässt und sich stattdessen auf so wacklige und leicht von der Hand zu weisende Gründe wie oben angeführt stützt. Solche Aussagen entsprechen nicht der Gründlichkeit und Schärfe seines Denkens.

Die wahrscheinlichste Erklärung für die Widersprüche, die dieses Verbot verursacht, ist, dass Paulus hier, wie an anderen Stellen des 1. Korinther-Briefes, missbilligend die Lehren zitiert, die seine Gegner in Korinth verkünden, um seine Arbeit zu sabotieren. Es gibt Hinweise darauf, dass einige am Judentum orientierte Lehrer Paulus folgten und versuchten, die Gemeinden, die er aufgebaut hatte, dadurch zu zerstören, dass sie behaupteten, dass diese Gemeinden nicht jüdisch genug wären (Gal 1,7; 4,17; 5,10.12). Dieselben Menschen, die aus den »Gemeinden der Heiligen« (1 Kor 14,33b) kamen, wie man Gemeinden innerhalb des Judentums nannte, waren mit Sicherheit gegen Paulus' Politik des offenen Zugangs aller Christen zum Dienst in der Gemeinde. Indem sie Frauen mit künstlichen Argumenten einschüchterten, konnten sie das Potenzial der Gemeinde in Korinth um die Hälfte reduzieren und ihre eigenen Interessen als Leiter schützen.

Der direkte Zusammenhang, in dem dieses Verbot steht, unterstützt diese Textinterpretation. Direkt davor wiederholt Paulus das Prinzip des allgemeinen Zugangs zum Dienst, wenn er schreibt: »Einer nach dem andern könnt ihr alle prophetisch reden« (1 Kor 14,31). Dann erwähnt er, wie wichtig Ordnung und Frieden während des Gottesdienstes sei (Verse 32–33a). Das gibt ihm die Gelegenheit, die Streitfrage aufzugreifen, die in Korinth durch falsche Lehrer ausgelöst worden war, die die Gemeinde durcheinander brachten, indem sie Frauen von den Diensten ausschließen wollten. Also zitiert er ihre Lehre, um zu zeigen, wie ungeheuerlich sie im Unterschied zu seiner Lehre über gabenorientierten Dienst ist (Verse 33b–35). In Vers 36 fragt er bissig: »Ist etwa das Gotteswort von euch ausgegangen? Ist es etwa nur zu euch gekommen?« Dann macht er allen Christen in Korinth deutlich, besonders aber seinen Gegnern, die von sich behaupten, »Prophet zu sein oder geisterfüllt« (Vers 37a), dass seine eigene Lehre nicht auf kirchlichen Traditionen oder dem Gesetz basiert, sondern auf dem »Gebot des Herrn« (Vers 37b). Und sollten sich diese Unruhestifter weigern, zur Vernunft zu kommen, dann sollten die Korinther sie einfach ignorieren (Vers 38).

Leider waren die Anführungszeichen noch nicht erfunden, als Paulus seine Briefe schrieb. Zitate mussten aus dem Zusammenhang und dem Kontext erkannt werden. Wenn ihm Anführungszeichen zur Verfügung gestanden hätten, hätte Paulus mit Sicherheit dieses Verbot (Verse 33b–35) in Anführungszeichen gesetzt und somit eine Lehre gekennzeichnet, die er ablehnte. Aus diesem Grund ist dieser Text ein negativer Hinweis, der ein positives Licht auf die Praxis der gabenorientierten Dienste in der Gemeinde von Korinth wirft. Wie in Jerusalem und in Rom drückte sich die Einheit des Leibes Christi in ungehinderter und voller Beteiligung der Mitglieder der Gemeinde an den Diensten der Gemeinde aus.

Die Verbindung, die konsequent zwischen authentischer Gemeinschaft und voller Beteiligung an den Diensten der Gemeinde auf der Grundlage der geistlichen Gaben hergestellt wird, findet sich auch in anderen Briefen. Im Brief an die Epheser ermutigt Paulus seine Leser, ein Leben zu führen, das ihrer Berufung würdig ist (Eph 4,1). Diese Berufung bestand darin, Beziehungen aufzubauen, die von Demut, Liebe und Frieden geprägt und durch die Einheit des Geistes zusammengehalten wurden (Verse 2–3). Und da es eigentlich der Heilige Geist ist, der diese Einheit bewirkt, ist dieser Leib weder multipel noch fragmentarisch (Vers 4). Er ist nicht in einen leitenden Teil und einen unterworfenen Teil aufgegliedert. Da nur Christus das Haupt der Gemeinde ist, kann es keine zusätzlichen Köpfe geben (Eph 5,23). Menschen, die von sich behaupten, die irdischen Häupter der Gemeinde zu sein, verdrängen unrechtmäßig die Herrschaft Christi und beeinträchtigen das Funktionieren seiner Gemeinde. Wie der Schöpfer der Gemeinde »ein Geist«, »ein Herr«, »ein Vater« ist, so kann auch die Gemeinde, die von ihm geschaffen ist, nur »eins« sein (Eph 4,4–6).

Diese Einheit wird durch die Gaben möglich, die der auferstandene Christus seiner Gemeinde großzügig hinterlassen hat (Verse 7–8). Viele dieser Gaben haben etwas mit dem Wort Gottes zu tun, das gepredigt und gelehrt werden soll, um die ganze Gemeinde für den Dienst zuzurüsten (Verse 11–12). Die Folge davon ist, dass die Gemeinde in Einheit und somit nach dem Bild Christi gebaut wird (Verse 12–13).

Der Brief an die Gemeinde in Ephesus beschäftigt sich überwiegend mit der Definition der Gemeinde als Gemeinschaft in Einheit. Zusammen mit anderen Dokumenten des Neuen Testamentes stellt er eine starke Verbindung zwischen Einheit und Dienst dar, indem er beides als Ergebnis der völligen Einbeziehung aller Mitglieder ohne jegliche Ausnahmen oder Ausgrenzungen beschreibt.

Ähnliches findet sich im 1. Petrus-Brief – und das ist auch verständlich, da Petrus derjenige war, der an Pfingsten den offenen Zugang aller Christen zum Dienst der Gemeinde verkündete (Apg 2,16–18). Nachdem er die Liebe als maßgebliche Umgangsform unter Christen erklärt hat (»vor allem«; 1 Petr 4,8), ermahnt der Apostel alle Christen, die geistlichen Gaben einzusetzen, die sie empfangen haben. Dadurch würden sie nicht nur Gott dienen, sondern auch füreinander zu Dienern werden (Verse 10–11). In diesem Brief ist jeder zu voller Beteiligung am Dienst aufgefordert und auch hier werden keine Ausnahmen erwähnt.

Zusammenfassend kann man sagen, dass sich in der Apostelgeschichte und den neutestamentlichen Briefen ein einheitliches Muster findet. Grundsätzliche Merkmale der Gemeinde als Gemeinschaft der Christen sind Einheit und Liebe. Ein normaler Ausdruck dieser Einheit ist die uneingeschränkte Beteiligung aller Mitglieder an den Diensten der Gemeinde. Da zur Erfüllung dieser Dienste gehört, dass jeder seine geistlichen Gaben einbringt, ist damit die Erwartung verknüpft, dass auch jeder seine Gaben voll und ganz einsetzt. Wie oben ausgeführt, finden sich in keinem der Briefe und in keinem anderen Dokument des Neuen Testamentes (mit Ausnahme des oben diskutierten Textabschnittes) Anweisungen, die jemanden wegen seiner Rasse, seines Geschlechtes oder seiner sozialen Stellung von den Diensten der Gemeinde abhalten oder ausschließen. Offensichtlich ist Gott ein »Arbeitgeber«, der Chancengleichheit fördert.

Da in diesen Dokumenten keine Ausnahme erwähnt wird, die den selektiven Zugang zu Diensten der Gemeinde nahe legt, kann man überzeugend argumentieren, dass solche Dienste allen qualifizierten

Christen ohne Einschränkungen offen stehen. Um Gott die Ehre zu geben, sollen alle voll und ganz in die Dienste einbezogen werden, die ihren Gaben entsprechen. Aus diesem Grund kann man dieses Prinzip des Dienstes, wie es im Allgemeinen im Neuen Testament vertreten wird, als »normativ«, also als Normen setzend, bezeichnen.

Das heilende Dienstmodell

Die Pastoralbriefe, eine Sammelbezeichnung für die beiden Briefe des Apostels Paulus an Timotheus und seinen Brief an Titus, vermitteln ein ganz anderes Bild von Dienst in der Gemeinde. Das bedeutet nicht, dass es unbiblisch oder weniger wichtig ist. Wir finden hier ein fundiertes biblisches Modell, das man, wenn nötig, umsetzen sollte. Die folgende Analyse will dazu beitragen, die Bedingungen zu definieren, in denen dieses Modell angewendet werden sollte.

Als Paulus seinen 1. Brief an Timotheus schrieb, war dieser der Sonderbotschafter des Apostels in Ephesus. Er sollte als Vermittler die Feuer der Häresie löschen, die von Irrlehrern entfacht worden waren (1 Tim 1,3–4). Titus war nach Kreta gesandt worden, um eine ähnliche Mission zu erfüllen (Tit 1,5.10–14). Beide Briefe enthalten ausführliche Informationen über die Dienstpraxis in den Gemeinden von Ephesus und Kreta zum Zeitpunkt der Abfassung der Briefe, die Paulus gegen Ende seines Lebens schrieb. Diese Informationen lassen sich leicht mit den Informationen über die Praxis anderer neutestamentlicher Gemeinden vergleichen.

Das Material weist auf einen interessanten Sachverhalt hin: einen offenen Zugang zu Gemeindediensten auf der einen Seite und straffen Leitungsstrukturen, die Dienste monopolisieren, auf der anderen Seite. Das bedeutete im Einzelnen, dass überall, wo sich die ganze Gemeinde am Dienst beteiligen durfte, die Leitungsstruktur in den Hintergrund trat. Doch wo der ganzen Gemeinde oder Teilen der Gemeinde Dienste verweigert wurden, konzentrierten sich die Dienste auf die Leitung.

Die Briefe von Paulus

Im Vergleich zu der Praxis der anderen neutestamentlichen Gemeinden findet sich im 1. Brief an Timotheus und dem an Titus eine Leiterschaftsstruktur, die um einiges auffälliger ist.

In der Gemeinde in Jerusalem waren die Apostel die ursprünglichen Leiter. Bald kamen neue Leiter hinzu. Die Gemeinde wählte eine

Gruppe von Männern, die später die »Sieben« genannt wurden (Apg 6,3.5; vgl. 21,8). Zwei dieser Männer erfüllten Dienste, die identisch mit denen der Apostel waren (Apg 6,8–10; 8,5–8.40; 21,8). Sie wurden unterstützt von den Ältesten (vgl. Apg 15,6), die schließlich selbst zusammen mit Jakobus, dem Halbbruder Jesu, Leitungsaufgaben übernahmen (Apg 21,17–18). Diese Entwicklung zeigt eine flexible Leiterschaftsstruktur, die sich an die jeweiligen Umstände und Bedürfnisse anpassen konnte und die die ganze Gemeinde am Entscheidungsprozess beteiligte (Apg 6,3.5; 15,22–23).

Die Gemeinde in Rom wurde zu Lebzeiten des Apostels Paulus zum wichtigen Zentrum des christlichen Lebens und Einflusses, was so weit ging, dass Paulus schrieb: »In der ganzen Welt erzählen sie von eurem Glauben« (Röm 1,8). Im Verlauf seines Briefes erwähnt Paulus »verschiedene Gaben«, von denen einige nahe legen, dass es Gemeindemitglieder gab, die Leitungsfunktionen innehatten (Röm 12,6–8). Aber es fehlt jeder Hinweis auf personalisierte Leitungsfunktionen. Obwohl der Apostel mehr als ein Dutzend persönliche Freunde, Verwandte und Mitarbeiter grüßt, die sich zu dieser Zeit in Rom aufhielten, enthält der Brief keinen Hinweis auf Gemeindeleiter, Älteste, Bischöfe oder Diakone (vgl. 16,3–15). Die einzige Ausnahme bilden ein Mann und eine Frau, die als »Apostel« bezeichnet werden, vermutlich im weitesten Sinn des Begriffes (Vers 7), und Phoebe, ein *diakonos* (Diakon) aus einer anderen Gemeinde, die von Paulus mit einem Auftrag nach Rom gesandt worden war.

Es ist unvorstellbar, dass es in Rom keine Leiterschaftsstruktur gegeben haben soll. Diese Gemeinde hatte mit schweren zwischenmenschlichen Problemen zu kämpfen, die ihre Einheit bedrohten und starke Intervention von Seiten der Gemeindeleitung gerechtfertigt hätten (Röm 2,1–5.17–24; 14,10–13). Aber Paulus verweist diese Probleme nicht in ihre Zuständigkeit. Aus welchem Grund auch immer übergeht er sie völlig und ermahnt und unterweist die Gemeinde direkt durch seinen Brief. Es scheint, als habe es keine Leiter gegeben. Sie werden weder als nominelle Amtsinhaber gegrüßt noch wird ihr Dienst in Rom gewürdigt. Leiter oder Leiterschaftsfragen waren zu dieser Zeit offensichtlich von keiner großen Bedeutung für Paulus oder für die Gemeinde in Rom. Paulus war viel mehr daran interessiert, dass die Gemeinde an der Basis funktionierte (Röm 12,9–10. 16–18; 13,8–10; 14,1–4; 15,1–7), da er davon überzeugt war, dass seine Leser kompetent genug waren, sich selbst gegenseitig zu ermahnen (Röm 15,14).

Auch wenn »Älteste« in den Gemeinden ernannt wurden, die Paulus auf seinen Missionsreisen gründete (Apg 14,23), werden sie in seinen Briefen – mit Ausnahme der Pastoralbriefe – weder erwähnt noch gegrüßt. Am eklatantesten wirkt diese Auslassung in den Briefen an die Gemeinde in Korinth. Paulus hatte eineinhalb Jahre in dieser Stadt gearbeitet. Später kehrte er zu zwei Besuchen wieder in die Stadt zurück. Diese Beziehung gab ihm ausreichend Gelegenheit, in der Gemeinde eine Leiterschaftsstruktur aufzubauen. In Korinth gab es geistliche Gaben im Überfluss, so dass die Gemeinde vermutlich viele Lehrer und Propheten hatte (1 Kor 12,28).

Dennoch findet sich kein Hinweis auf eine funktionierende Leiterschaftsstruktur in der Gemeinde von Korinth. Die Gemeinde hatte mit zahlreichen Problemen zu kämpfen wie Spaltungen, persönliche Konflikte, unmoralischen Lebenswandel, Klagen, gotteslästerliche Gottesdiensten, Fragen des Lebensstils, Probleme, die die Lehre betrafen, und falsche Lehrer, die behaupteten, Apostel zu sein. Jedes dieser Probleme hätte für sich genommen ausreichend Anlass geboten für ein energisches Eingreifen der Leiter vor Ort. Aber wenn man den 1. und den 2. Brief an die Gemeinde in Korinth liest, stellt man fest, dass Leiter, Gemeindevorsteher und Diakone keinen Platz in Paulus' Plan zur Reformierung der Gemeinde hatten. In diesen Briefen findet sich kein Hinweis auf solche Funktionen. Paulus spricht die Gemeinde direkt an, er ermahnt und tadelt sie und gibt ihr Anweisungen. Ermahnende Aufforderungen sind in den Briefen im Überfluss vorhanden: »Ich trage euch auf«, »Ihr sollt wissen«, »Ich appelliere an euch« etc. Wenn es um wichtige Entscheidungen ging, sollte die Gemeinde im Namen Jesu zusammenkommen (1 Kor 5,4).

In der Gemeinde von Korinth gab es Menschen, die fähig und auch würdig waren, Leiterschaftsaufgaben zu übernehmen. Der Haushalt von Stephanas kam als einer der ersten der Region zum Glauben an Christus. Deshalb drängte Paulus die Korinther: »Ordnet euch solchen Menschen unter! Begegnet allen mit Achtung, die in der Gemeinde mitarbeiten und Aufgaben übernehmen« (1 Kor 16,15–16). Statt die Leiter aufzufordern, die Dinge in die Hand zu nehmen und eine seiner turbulentesten Gemeinden zu lenken, zieht Paulus es vor, die Christen aufzufordern, sich der Führung einer Familie aus der Gemeinde und anderer nicht näher bezeichneter Mitarbeiter unterzuordnen, die sich durch ihren guten Willen und ihren Dienst auszeichnen. Die zwangsläufige Zugehörigkeit wenigstens einer Frau zum Haushalt des Stephanas und die offene Formulierung, »alle, die in der Gemeinde mitarbeiten und Aufgaben übernehmen«, steht in starkem Gegensatz zu den konkreten Anweisungen für die Besetzung von Leiterschaftsämtern, die wir in den Pastoralbriefen finden. Paulus' abschließende Bitte zeigt, woran er eigentlich wirklich interessiert ist: Er sieht es lieber, wenn die Gemeinde ihre Probleme selbstständig löst: »Nehmt meine Worte zu Herzen und laßt euch wieder auf den rechten Weg bringen. Seid einer Meinung und lebt in Frieden miteinander« (2 Kor 13,11).

Die Gemeinden, die Paulus in Galatien gegründet hatte, gerieten unter den Einfluss falscher Lehren, die sie wieder unter die Gewalt des jüdischen Gesetzes bringen wollten. Dies war ein klassischer Fall, bei dem die Gemeindeleitung vor Ort gefragt war, um die Situation wieder unter Kontrolle zu bringen. Doch in Paulus' Brief an die Galater findet sich nur ein einziger Hinweis auf die Gemeindeleitung vor Ort. Aber hier geht es um die Vergütung der Lehrer, die dazu berechtigt waren, bei den Galatern zu lehren (Gal 6,6). Paulus schlägt die Kastration der falschen Lehrer vor, ruft aber dazu auf, die treuen Lehrer angemessen zu bezahlen (Gal 5,12). Offensichtlich gab es Leiter in den Gemeinden in Galatien, die loyal zu Paulus und dem von ihm verkündeten Evangelium standen. Aber der Apostel bezog sie nicht in die Probleme mit ein, die die Gemeinden mit Häresie hatten.

Mit anderen Worten: Paulus' Lösung für die Krise der Gemeinden in Galatien bestand nicht darin, ein neues Leiterschafts-Netzwerk einzusetzen oder ein marodes zu verbessern. Er ging davon aus, dass sich die Gemeinden um sich selbst kümmern konnten, und richtete seinen Appell deshalb an die ganze Gemeinde. Er forderte sie auf, falsche Lehren aufzudecken, sich von ihnen zu distanzieren und sich an das zu halten, was er gelehrt hatte (Gal 5,7–10). Trotz dieser relativ ernsten Krise in den Gemeinden von Galatien rief er in diesem Brief nicht die Gemeindevorsteher, Ältesten oder Diakone dazu auf zu intervenieren.

Der Brief an die Epheser beschäftigt sich fast ausschließlich mit dem Thema »Gemeinde« und beschreibt die Rolle der Gemeinde in den Plänen Gottes. Paulus definiert das Wesen der Gemeinde als Gemeinschaft in Einheit und beschreibt Verhaltensweisen und Beziehungen, die dem Leben in der Gemeinschaft angemessen sind. Wenn Paulus ein perfektes Leiterschaftssystem für das richtige Funktionieren jeder Gemeinde für notwendig erachtet hätte, dann wäre hier die ideale Gelegenheit gewesen, eine Leiterschaftsstruktur zu beschreiben, die für alle Gemeinden an allen Orten und zu jeder Zeit verbindlich sein sollte.

Anders als die meisten neutestamentlichen Briefe ist der Brief an die Gemeinde in Ephesus kein Brief, der zu konkretem Handeln auffordert. Er wurde nicht als Reaktion auf eine Krise oder ein konkretes Anliegen geschrieben. Er beschreibt einfach das Wesen der Gemeinde. So geht er auch nicht auf Umstände ein, die das Eingreifen von Leitern nötig gemacht hätten. Er enthält keine Hinweise auf Gemeindevorsteher, Älteste oder Diakone. Das ist vor allem deshalb bemerkenswert, da gerade dieser Brief die Organisation des christlichen Haushaltes skizziert (Eph 5,21–6,9). Aber abgesehen von der Aufforderung an alle Christen, sich einander unterzuordnen, »wie es die Ehrfurcht vor Christus verlangt« (Eph 5,21), fehlt jede parallele Anweisung für die Organisatoren der Gemeinde.

Als er die diversen geistlichen Gaben auflistet, erwähnt der Apostel tatsächlich einige Dienste, die der auferstandene Christus der Gemeinde gegeben hat (Eph 4,11). Aber diese Liste war allgemein gehalten und nicht auf die Situation in Ephesus bezogen. Auch wenn nicht konkret Gemeindevorsteher, Älteste und Diakone erwähnt werden, ist es doch unwahrscheinlich, dass es in der Gemeinde von Ephesus keine Leiter gab. Doch ihr Nichterwähnen in diesem Brief lässt vermuten, dass sich das Leben und die Organisation der Gemeinde nicht um eine Leiterschaftsstruktur drehte. Vielmehr sollte die Leiterschaftsstruktur das Leben der Gemeinschaft unterstützen und nur dann in Aktion treten, wenn es wirklich erforderlich war.

Der Brief an die Philipper ist der einzige der paulinischen Briefe – abgesehen von den Pastoralbriefen –, in dem man einen Hinweis auf Bischöfe (oder Gemeindevorsteher) und Diakone findet (Phil 1,1). Endlich finden wir Bischöfe und Diakone! Doch auch in diesem Fall scheinen sie nicht besonders aktiv zu sein. Sie werden höflich in den einleitenden Grüßen des Briefes bedacht, aber verschwinden dann wieder völlig.

Als der Brief verfasst wurde, war die Situation in der Gemeinde von Philippi relativ ruhig. Aber es gab eine Krise in Form eines größeren persönlichen Konfliktes. Zwei Frauen mit Leiterschaftsverantwortung, die mit Paulus und anderen Männern zusammengearbeitet hatten, gingen sich gegenseitig an den Kragen. Ihr Streit hatte zweifellos einen negativen Einfluss auf die ganze Gemeinde. Das wäre ein Fall wie aus dem Lehrbuch für eine Intervention der Gemeindeleitung gewesen, wenn nicht die beiden Frauen selbst zur Leitung der Gemeinde gehört hätten. Das war möglich, wenn man die Ursprünge der Gemeinde in Philippi betrachtet (Apg 16,13–15). Überraschenderweise bat Paulus die Vorsteher und/oder Diakone der Gemeinde nicht, den Frauen dabei zu helfen, einen Konsens zu finden und sich zu versöhnen. Stattdessen rief er sie dazu auf, »sich als Schwestern im Glauben zu vertragen«. Und dann bat er einen Mitarbeiter, der mit dem Attribut »bewährt« belegt wird, ihnen dabei zu helfen (Eph 4,2–3). Wann immer es möglich ist, scheint der Apostel lieber die Gemeinde dazu aufzufordern, sich selbst zu helfen, statt ihr autoritäre Lösungen von oben vorzuschreiben.

Der Brief an die Kolosser hat mit dem Brief an die Römer gemeinsam, dass Paulus hier an eine Gemeinde schreibt, die er nie besucht hat. Man sollte meinen, dass eines seiner Hauptanliegen für diese Gemeinde die Einführung von Leiterschaftssystemen sein würde, die seinen Standards entspricht. Deshalb erwartet man in diesen beiden Briefen vermutlich einige Anweisungen für die Berufung zu Gemeindevorstehern, Ältesten und Diakonen sowie etwas über ihre charakterliche Eignung, ihren Familienstand, die Führung ihres Haushaltes, ihren Lebensstil, das Ausmaß ihrer Erfahrungen mit dem christlichen Glauben und über ihren Ruf bei Außenstehenden.

Aber solche Anweisungen fehlen nicht nur völlig in diesen Briefen, es findet sich auch kein einziger Hinweis auf Leiter, für die solche Anweisungen hätten relevant sein können. Stattdessen ermahnt Paulus die Laien in beiden Gemeinden, ihre Verantwortung untereinander wahrzunehmen, da sie in der Lage waren, sich »selbst gegenseitig zu ermahnen« (Röm 15,14) und einander zu unterweisen (Kol 3,16). Es scheint, dass der Apostel Paulus unter normalen Umständen mehr daran interessiert war, die Christen zu ermutigen, einander gegenseitig zu dienen, statt hierarchische Leiterschaftsstrukturen einzusetzen.

Man könnte in diese Aufzählung alle neutestamentlichen Briefe einreihen und würde diesen Befund bestätigt finden. Egal, wie die Leiterschaftsstrukturen in der Urgemeinde aussahen, sie waren jedenfalls unauffällig, diskret zurückhaltend und flexibel. Die Leiterschaftsstrukturen scheinen hinsichtlich ihres Auftretens und ihrer Sichtbarkeit den örtlichen Gegebenheiten und Bedürfnissen angepasst worden zu sein. Klar ersichtlich ist das Bemühen, der Initiative und dem Engagement der Gemeinde nicht zuvorzukommen. Die Leiterschaft der neutestamentlichen Gemeinden scheint eher im Hintergrund zu stehen und nur dann einzugreifen, wenn die Situation es erfordert. Die Leiter sind »unsichtbare« Mitarbeiter, deren Aufgabe es ist, die Gemeinde zuzurüsten.

Im ganzen Neuen Testament ist den Leitern nicht gestattet, Autorität über die Gemeinden auszuüben. Natürlich werden die Menschen, die unter ihrer Obhut stehen, dazu angehalten, sich ihnen unterzuordnen und ihnen zu gehorchen, aber die Leiter selbst sind auch zu Rechenschaft verpflichtet (Hebr 13,17). Deshalb musste sich ihr Leiterschaftsstil von einer Bereitschaft zu dienen ableiten, damit sie die Gemeinde nicht herumkommandierten, sondern sie durch ihr persönliches Vorbild leiteten (1 Petr 5,1–4). Offensichtlich waren Leiterschaftsstrukturen und Autorität kein besonders wichtiges Thema in den meisten neutestamentlichen Gemeinden. Völlige Beteiligung der ganzen Gemeinde am Dienst der Gemeinde hatte höchste Priorität. Dies hatte Folgen für Energie, Wachstum und Evangelisation.

Die Pastoralbriefe

Wenn man allerdings die Pastoralbriefe liest, hat man das Gefühl, in eine andere Welt versetzt worden zu sein. Plötzlich wird die Präsenz von Vorstehern, Ältesten und Diakonen ganz massiv und offenkundig (1 Tim 3,1–13; 5,17–22; Tit 1,5–9); Leiter stehen im Zentrum des Geschehens.

Kein anderes Dokument oder keine andere Gruppe von Dokumenten des Neuen Testamentes enthält so viele Informationen und Anweisungen für Gemeindevorsteher, Älteste und Diakone wie der 1. Brief an Timotheus und der Brief an Titus. Allein in diesen beiden Briefen finden sich 16 Verse, in denen es um das Thema »Vorsteher und Älteste« geht. Dagegen finden sich in allen übrigen neutestamentlichen Briefen zusammengenommen nur drei Hinweise, die insgesamt sieben Verse ausmachen (vgl. Phil 1,1; Jak 5,14; 1 Petr 5,1–5). Oder anders betrachtet: In 110 Kapiteln der Briefe des Neuen Testamentes sind nur sieben Verse enthalten, die auf Vorsteher und Älteste Bezug nehmen, wohingegen sich in den neun Kapiteln des 1. Briefes an Timotheus und des Briefes an Titus 16 Verse zu diesem Thema finden.

In den Briefen, die nicht zu den Pastoralbriefen zählen, sind Leiter unsichtbare Diener, die im Hintergrund arbeiten, um die Gemeinden zuzurüsten und zu unterstützen. In den Pastoralbriefen werden Menschen zu Leitern, weil sie »eine große und schöne Aufgabe« suchen (1 Tim 3,1), für die man ihnen die gebührende Achtung entgegenbringen soll (1 Tim 3,4); darüber hinaus brauchen sie »einen guten Ruf« (1 Tim 3,7). Damit gewinnen sie »Ansehen in der Gemeinde« (1 Tim 3,13) und manche verdienen dadurch »doppelten Lohn« (1 Tim 5,17). Leiter sind in diesen Briefen keine Mauerblümchen, sondern heben sich von den anderen ab und spielen eine überragende Rolle.

Die herausragende Stellung, die den Gemeindevorstehern, Ältesten und Diakonen in den Pastoralbriefen eingeräumt wird, erfordert eine

Erklärung. Es wäre zu einfach, würde man dies einfach darauf zurückführen, dass die Organisation der Gemeinde schließlich das Thema dieser Briefe war. Das ist keine Erklärung, sondern einfach eine Feststellung von Tatsachen. Die Frage ist doch: Warum war die Organisation der Gemeinde das Thema dieser beiden Briefe, wenn ihr in den anderen Briefen nur so geringe Aufmerksamkeit zuteil wurde?

Vor den Gemeinden in Ephesus und Kreta waren schon andere Gemeinden gegründet worden, von denen einige ebenfalls von ernsthaften Problemen bedrängt wurden. Wie in den Gemeinden von Ephesus und Kreta verlangten auch die Gemeinden in Galatien und Korinth nach einem Eingreifen einer starken Leiterschaft. Doch alle Hinweise in der Apostelgeschichte und den Paulus-Briefen, die diese Gemeinden betreffen, lassen vermuten, dass Paulus von diesen Gemeinden erwartete, dass sie ihre Probleme selbst und ohne das Eingreifen solcher Leiterschaftsstrukturen, wie sie in den Pastoralbriefen beschrieben werden, lösten. In der Geschichte der Urgemeinde war ein solches System der Gemeindeorganisation eine Innovation. Wäre es gängige Praxis gewesen, hätte es in den Pastoralbriefen nicht so detailliert beschrieben werden und Paulus hätte seine Umsetzung nicht so dringlich empfehlen müssen.

Der Zeitpunkt, zu dem Paulus die Pastoralbriefe zum Thema »Gemeindeordnung« schrieb, wirft noch mehr Rätsel auf. Paulus hatte vor der Abfassung des 1. Briefes an Timotheus über einen Zeitraum von 15 Jahren hinweg immer wieder Kontakt zu der Gemeinde in Ephesus. In diesen Zeitraum fielen sein Dienst am Ende seiner zweiten Missionsreise, ein dreijähriger Aufenthalt während seiner dritten Missionsreise, ein separates Treffen mit den Ältesten der Gemeinde und die Abfassung des Briefes an die Epheser. In keiner anderen Gemeinde hatte Paulus so viel Zeit verbracht. Wenn er also eine Gemeindestruktur mit dem Schwerpunkt Leiterschaft hätte aufbauen wollen, hätte er dazu vor der Abfassung des 1. Briefes an Timotheus reichlich Gelegenheit gehabt. Er hätte vor Ort in Ephesus sogar viel effektiver daran arbeiten können. Es muss also einen anderen Grund für die starke Thematisierung dieser Leitungsstruktur geben.

Außergewöhnliche Dominanz der Leiter

Im Vergleich zu dem, was man über den Dienst in anderen neutestamentlichen Gemeinden weiß, ist die Leitungsstruktur, wie sie im 1. Brief an Timotheus und im Brief an Titus beschrieben wird, sehr dominant.

In nur wenigen Jahrzehnten breitete sich das Christentum in der antiken Welt wie ein Buschfeuer aus. Eines der Geheimnisse dieser raschen Ausbreitung war die konsequente Einbeziehung von Laien in den Dienst der Ortsgemeinden. Egal, welche Städte oder Ortschaften Paulus oder andere Missionare anvisierten, dort schossen sofort neue christliche Gemeinschaften wie Pilze aus dem Boden. Von Jerusalem bis Rom, im Schatten heidnischer Tempel und am Rand des Forums gab es kleine Gruppen von Christen, die durch eine leidenschaftliche Hingabe füreinander und für ihren gemeinsamen Auftrag geprägt waren. Die Apostelgeschichte und die meisten Bücher des Neuen Testamentes sind durchdrungen von der Begeisterung und der Lebendigkeit der Gemeinden, in denen jeder in das Leben und den Dienst der Gemeinde einbezogen war. Deshalb war der Apostel Paulus unter normalen Umständen mehr daran interessiert, die Christen zu ermutigen, einander und gemeinsam zu dienen, statt Regeln für eine Leitungshierarchie aufzustellen.

Diese ansteckende Lebendigkeit fehlt in den Pastoralbriefen. Die Krisen, die die Gemeinden in Ephesus und Kreta geschüttelt hatten, verursachten dort einen Zustand der Unordnung und Abhängigkeit. Ein Ausdruck des Niedergangs der Gemeinde in Ephesus zeigt sich darin, dass sie genaue Anweisungen brauchten, wie sie sich »in Gottes Hausgemeinschaft verhalten sollen« (1 Tim 3,15). Nach heroischen Anfängen, zahlreichen Siegen und 15 Jahren Existenz hatte sich die Gemeinde in den Zustand der Unmündigkeit zurückentwickelt. Man musste alles wieder von Grund auf lernen.

Wäre die Gemeinde auf dem eingeschlagenen Kurs geblieben, hätte Paulus' 1. Brief an Timotheus gute Empfehlungen für die Fortschritte der Christen in der Nachfolge Christi, für ihre Hingabe an sein Reich, für die Liebe untereinander und die Bereitschaft, füreinander Opfer auf sich zu nehmen, etc. enthalten (Eph 1,15–16). Stattdessen musste er ihnen einen unangenehmen Brief mit Warnungen, ernsten Ratschlägen, eindringlichen Mahnungen und Befehlen schreiben.

Der Brief an die Epheser und der 1. Brief an Timotheus richteten sich an dieselbe Gemeinde, wurden aber zu unterschiedlichen Zeiten geschrieben. Auch inhaltlich liegen Welten zwischen ihnen. Selbst ein oberflächlicher Vergleich des reichen theologischen Gehaltes des Epheser-Briefes mit den grundlegenden Anweisungen und Vorschriften im 1. Brief an Timotheus zeigen, wie weit sich die Gemeinde in Ephesus von ihrer ersten Liebe entfernt hatte (vgl. auch Offb 2,4). Im 1. Brief an Timotheus finden sich keine Hinweise auf Einheit, auf geistliche Gaben, auf gemeinsam getragene Dienste oder das Wirken des Heiligen Geistes. Der Heilige Geist wird nur beiläufig erwähnt und auch nie im Zusammenhang mit seinem Wirken in jedem Christen oder in der Gemeinde (1 Tim 3,16;4,1). Die Gemeinde selbst wird nicht als lebendiger und dynamischer Leib, sondern in statischen und institutionellen Begriffen beschrieben, etwa als »Pfeiler und das Fundament der Wahrheit« (1 Tim 3,15).

Laut der Informationen, die man in den Pastoralbriefen findet, sind Leiter diejenigen, die die Verantwortung für die Dienste in der Gemeinde tragen. Sie versehen den Dienst, während die Gemeinden weitestgehend passiv bleiben. Die Leiter sind »Hausverwalter Gottes« (Tit 1,7). Die übrigen Mitglieder der Gemeinde sind dazu angehalten zu beten, damit die Leiter in Frieden und Ruhe leben können (1 Tim 2,2). Die Männer beten mit erhobenen Händen, während die Witwen Tag und Nacht beten und Gott um Hilfe bitten (1 Tim 2,8; 5,5). Die Reichen tun »Gutes« (1 Tim 6,18); alle tun »Gutes« (Tit 3,8.14). In den Pastoralbriefen finden sich mehr Hinweise auf »Gutes« oder »gute Taten« als in allen anderen Büchern des Neuen Testamentes. Gute Taten scheinen ein Ersatz für gabenorientiertes Dienen geworden zu sein.

Die Dienste, die auf bestimmten geistlichen Gaben basieren und normalerweise von der Gemeinde getragen werden, wurden auch in Kreta und Ephesus erfüllt, aber nicht von der Gemeinde. Stattdessen wurden sie hauptamtlichen Leitern anvertraut. Die Gemeindevorsteher oder Ältesten waren dafür verantwortlich, zu predigen und zu lehren, andere mit der richtigen Lehre zu ermutigen und sich denen zu widersetzen, die sie ablehnten (1 Tim 3,2; 4,11–16; 5,17; Tit 1,9; 2,1). Dieselben Leiter konnten ihren Lohn verdoppeln, wenn sie das Gemeindeleben organisierten, sich um »die Gemeinde Gottes« kümmerten und »ihren Dienst« gut versahen (1 Tim 3,5; 5,17). Durch diese Monopolisierung des Dienstes blieb dem Rest der Gemeinde nicht mehr viel, außer diesen »guten Taten«, die bereits die Pflicht jedes Christen waren.

Predigt und Lehre wurden zu streng überwachten Diensten in Ephesus. Timotheus sollte predigen und lehren, bis Paulus zu seinem angekündigten Besuch kommen würde (1 Tim 4,11.13). Aber dabei sollte er genau auf das achten, was er predigte (1 Tim 4,16). Die Vorsteher/Ältesten wurden nach ihrer Lehrfähigkeit ausgewählt (1 Tim 3,2); die Diakone hatten keine Lehrbefugnis (1 Tim 3,8–13). Der Apostel führte in diesem Brief ein Entlohnungssystem für die Ältesten ein, deren Aufgabe darin bestand, zu predigen und zu lehren (1 Tim 5,17). Um diesen Diensten besondere Anerkennung zu zollen, forderte er, dass diejenigen, die sie ausübten, doppelte Entlohnung bekamen. Er rechtfertigte diese außergewöhnliche Großzügigkeit mit einem Zitat aus dem Alten Testament und aus der Lehre Jesu (1 Tim 5,18; vgl. Dtn 25,4; Lk 10,7). Durch die Bezahlung machte er Predigen und Lehren in dieser Phase im Leben der Gemeinde von Ephesus zu offiziellen Ämtern.

Wenn man sieht, wie sehr Paulus daran gelegen war, die »wahre Lehre« zu bewahren, wird klar, dass er mit dieser Politik beabsichtigte, die Predigt- und Lehrverantwortung nur sorgfältig ausgewählten Personen zu übertragen. Die kritische Gemeindesituation in Ephesus machte es nötig, dass Timotheus zu diesem Zweck »zuverlässige Menschen, die imstande sind, es anderen zu vermitteln«, ausbildete (2 Tim 2,2; 1 Tim 3,2; 5,17; Tit 1,9). Notgedrungen befanden sich alle anderen Gemeindemitglieder, Männer und Frauen, auf der Empfängerseite der Lehre. Ganz ähnlich drückt sich dieses Anliegen im Brief an Jakobus aus: »Nicht zu viele von euch sollten Lehrer der Gemeinde werden wollen« (Jak 3,1). Selbst wenn sie die geistliche Gabe des Lehrens hatten, mussten ungeschulte oder nichtqualifizierte Menschen bereit sein, zuerst selbst etwas zu lernen, bevor sie andere lehren konnten (1 Tim 2,11; 2 Tim 2,2).

Wer das Amt des Gemeindeleiters übernehmen wollte, musste in der Lage sein, sich gut um seine eigene Familie zu kümmern, vor allem, indem er darauf achtete, dass seine Kinder »ihn achten und ihm gehorchen« (1 Tim 3,4). Wenn Leiter ihren Dienst nicht gut versahen, bekamen sie nur den halben Lohn (obwohl man sie offensichtlich nicht wegen Inkompetenz ihres Amtes entheben konnte; vgl. 1 Tim 5,17). Nur Fehlverhalten, das von zwei oder drei Zeugen bestätigt werden konnte, zog einen öffentlichen Tadel nach sich (1 Tim 5,19–20). Zweifellos bescherte das hohe Maß an Immunität der Leiter den Gemeinden eine relativ stabile Leitungsstruktur. Aber was die Gemeinde durch eine solche Gemeindepolitik an Stabilität gewann, verlor sie vermutlich an Leitungsmitverantwortung, und somit sank auch die Qualität ihres Dienstes.

Die Eigenschaften, die Gemeindeleiter/Älteste vorweisen mussten, legen nahe, dass sie quasi ein Monopol auf den Dienst hatten. Sie erfüllten die Dienste des Wortes wie Predigen und Lehren, aber auch alle sozialen und organisatorischen Dienste. Man kann sich kaum vorstellen, dass da noch etwas für andere zu tun blieb. Der Gemeinde von Ephesus gab Paulus dazu noch Anweisungen für eine weitere Gruppe von offiziellen Mitarbeitern, nämlich für die Diakone. Ihre Aufgabenbeschreibung wird zwar nicht im Detail aufgeführt, aber sie hatten offensichtlich eine wichtige Funktion, da die Anforderungen für das Amt des Diakons fast so hoch waren wie die des Gemeindeleiters/Ältesten (1 Tim 3,8–13).

Sowohl in Ephesus als auch in Kreta gab es noch eine weitere Leitungsebene, die mit viel Autorität ausgestattet war. Timotheus und Titus waren von Paulus als Reformer in diese eigensinnigen Gemeinden geschickt worden, um zu retten, was noch zu retten war. In dieser Eigenschaft waren sie mit außerordentlichen Machtbefugnissen ausgestattet. Timotheus konnte Dinge anordnen (1 Tim 1,3; 4,11), lehren (1 Tim 4,11.13; 6,2), den Leuten Anweisungen geben (1 Tim 5,7) und durch Handauflegen Leiter ernennen (1 Tim 5,22). Ebenso sollte auch Titus Älteste ernennen (Tit 1,5), lehren (Tit 2,1–2.7.9.15) und »ermahnen und zurechtweisen«, und zwar »mit allem Nachdruck« (Tit 2,15). Solche Ämter waren die Ausnahme und zeitlich begrenzt, aber mit viel Autorität verbunden. Außer dem Apostel selbst hat im Neuen Testament keiner der Mitarbeiter in den einzelnen Gemeinden so viel Macht wie Timotheus in Ephesus und Titus in Kreta.

So notwendig dieser Strukturwandel von gemeindeorientierten Diensten hin zu Funktionsträgern auch für diese Gemeinden gewesen sein mag, er vollzog sich nicht ohne Verluste. Die Radikalität, Intensität und Kühnheit, die andere neutestamentliche Gemeinden charakterisierten, spiegelt sich in den Pastoralbriefen einfach nicht wider. Diese Gemeinden scheinen durch irgendein Trauma paralysiert gewesen zu sein, das sie beeinträchtigte und die Einführung einer ausgefeilten, auf viele Ebenen angelegten, kopflastigen Leitungsstruktur nötig machte, um der Gemeinde ihre Handlungsfähigkeit zurückzugeben. Im Folgenden möchte ich noch einmal näher auf die Dominanz des Klerus eingehen.

Außergewöhnliche Ausnahmen

Im Vergleich zu dem, was wir über die Ausübung von Diensten in den anderen neutestamentlichen Gemeinden wissen, finden wir im 1. Brief an Timotheus und im Brief an Titus eine extrem restriktive Leiterschaftsstruktur.

Wenn man die Apostelgeschichte und die meisten der neutestamentlichen Briefe liest, stellt man fest, dass die Einsetzung von Gemeindemitgliedern in bestimmte Dienste sehr einfach war (vgl. Apg 6,3; Röm 12,4–8; 1 Kor 12,4–11). Jeder, der in fester Beziehung zur Gemeinde stand, sollte seine geistlichen Gaben entdecken und einen Dienst übernehmen, der zu diesen Gaben passte. Die Integration der verschiedenen Dienste in der Gemeinde war Aufgabe der ganzen Gemeinde (1 Kor 12,20–25).

Die Ernennung der Sieben ist ein Paradebeispiel dafür (Apg 6,3). In der Jerusalemer Gemeinde wurden sieben Männer für eine bestimmte Aufgabe gebraucht. Sie wurden nach drei Kriterien ausgewählt. Zum einen mussten sie in der Gemeinde Ansehen genießen. Die Gemeinde verbürgte sich für ihren Charakter und ihren guten Ruf. Zweitens sollten sie »vom Geist Gottes« erfüllt sein, was bedeutet, dass sie fest in der Nachfolge standen und ihre geistlichen Gaben einsetzten. Und drittens sollten sie »von Weisheit erfüllt« sein, also Menschen mit Erfahrung und Urteilsvermögen sein.

Abgesehen von den Pastoralbriefen findet sich im Neuen Testament kein Hinweis auf weitere Kriterien, die für die Qualifikation für einen Dienst, inklusive für den Leitungsdienst, nötig waren. Vor allem der Familienstand der Kandidaten war nie ein ausschlaggebendes Kriterium. Einer der Sieben, Philippus, hatte vier Töchter, die selbst auch Prophetinnen waren, aber nicht verheiratet (Apg 2,19). Der Apostel Paulus war nicht verheiratet (1 Kor 7,8; 9,5), und er fordert Menschen, die sich in völliger Freiheit »dem Werk des Herrn« widmen wollen, auf, ebenfalls Single zu bleiben (1 Kor 7, 32–35). Darin erkennt man den Einfluss der Lehre Jesu über den Zusammenhang von Familienstand und besonderer Berufung (1 Kor 7,7), die man freiwillig annimmt, um sich besser für das Reich Gottes einsetzen zu können (»andere verzichten von sich aus auf die Ehe, weil sie ganz davon in Anspruch genommen sind, daß Gott jetzt seine Herrschaft aufrichtet«, Mt 19,12).

Der Gegensatz zu den Pastoralbriefen ist geradezu brutal! Im 1. Brief an Timotheus und im Brief an Titus durften die Dienste des Wortes und der Leiterschaft, aber auch Aufgaben wie die des Diakons, plötzlich nur noch auf verheiratete Männer übertragen werden: Ein Bischof (oder »Gemeindevorsteher«) durfte »nur einmal verheiratet« sein (1 Tim 3,2), ein Diakon durfte »nur einmal verheiratet« sein (1 Tim 3,12); ein Ältester durfte »nur einmal verheiratet« sein (Tit 1,6). Um eines dieser Ämter zu bekommen, musste ein Mann auch noch Kinder haben: Ein Gemeindeleiter hatte seine eigene Familie und Kinder (1 Tim 3,4); ein Diakon sollte Kinder und einen Haushalt haben (Vers 12); ein Ältester sollte Kinder haben (Tit 1,6). Und schließlich mussten diese Kinder auch noch gehorsam sein: Ein Gemeindevorsteher musste »Kinder haben, die ihn achten und ihm gehorchen« (1 Tim 3,4); ein Diakon »muß seine Kinder zum Guten anhalten und sein Hauswesen ordentlich führen« (Vers 12); nur ein Mann, dessen Kinder auch Christen sind und »nicht in dem Ruf stehen, liederlich oder ungehorsam zu sein«, durfte Ältester werden (Tit 1,6).

An keiner anderen Stelle des Neuen Testamentes findet sich der Hinweis, dass man solche Anforderungen erfüllen muss, um sich für bestimmte Dienste zu qualifizieren. Im Gegenteil. Jesus und Paulus sagen ganz deutlich, dass sie es vorziehen würden, wenn Arbeiter im Reich Gottes dem Dienst zuliebe Single blieben. Die Pastoralbriefe dagegen schließen jeden vom Dienst aus, der kein verheirateter Mann und Vater von gehorsamen Kindern ist.

Mit anderen Worten: Egal, wie würdig oder durch seine geistlichen Gaben qualifiziert ein Mensch für einen Dienst ist, die folgenden Kategorien von Christen sind vom Dienst ausgeschlossen: alleinstehende Männer, verheiratete Männer ohne Kinder, verheiratete Männer mit nur einem Kind, verheiratete Männer mit mindestens einem ungehorsamen Kind sowie Frauen – und zwar alle (1 Tim 2,12).

Dieses drastisch verkürzte Modell ist genau das Gegenteil der im Neuen Testament favorisierten gabenorientierten Dienste. Aber es findet sich in der Bibel und darf deshalb nicht einfach unter den Teppich gekehrt werden. Dieser massive Widerspruch verlangt nach einer Erklärung.

Erklärungsversuch

Nach meiner Ansicht gibt es zwei Erklärungen für diese strikten Leiterstrukuren, die 1. in der Geschichte der Gemeinden und 2. im Inhalt der Pastoralbriefe zu finden sind.

1. Die Geschichte des Apostels Paulus mit der Gemeinde in Ephesus zeigt, dass dies seine härteste Aufgabe war. Ephesus war eines von Paulus' größten, anspruchsvollsten, schwierigsten und gefährlichsten Gemeindegründungsprojekten. Laut Apostelgeschichte war dies die einzige Gemeinde, in der sein Dienst ständig von Tränen begleitet war (Apg 20,19.31). Nur an diesem Ort traf er auf den Widerstand von Juden und von Heiden (Apg 19,8–9.23–31), Ephesus war der einzige Ort, an dem er sich mit Sektierern (Apg 19,1–7), mit der Synagoge (Apg 19,8–9), mit okkulten Praktiken (Apg 19,13–20) und mit Götzendienst (Apg 19,23–41) auseinander setzen musste. Gleichzeitig hörte Paulus aber nie auf, drei Jahre lang Tag und Nacht Menschen in die Nachfolge zu führen und bei Juden und Griechen zu missionieren.

Seine Bemühungen blieben nicht unbelohnt. Alle Griechen und Juden, die in Ephesus und in der umliegenden Provinz Asien lebten, hörten durch den Dienst von Paulus das Wort Gottes (Apg 19,10.26). Aber solche Erfolge waren mit hohen persönlichen Kosten verbunden. In dieser Zeit kämpfte Paulus »mit wilden Tieren« (1 Kor 15,32). Er befand sich »in einer ausweglosen Lage« und musste so viel ertragen, dass es seine Kraft überstieg. Er »hatte keine Hoffnung mehr, mit dem Leben davonzukommen« (2 Kor 1,8–9). Die Gemeinde in Ephesus wurde unter extrem schwierigen Bedingungen und mit Blut, Schweiß und Tränen gegründet.

Doch die Probleme des Apostels wurden mit seiner Abreise aus der Stadt nicht weniger. Auf dem Rückweg seiner dritten Missionsreise ließ er die Ältesten der Gemeinde zu einer noch nie da gewesenen Notstandssitzung zu sich rufen (Apg 20,17–38). Bei diesem Treffen verteidigte er die Integrität seines Dienstes, der in Ephesus ganz offensichtlich unter Beschuss geraten war (Apg 20,18–21.33–35). Und mehr noch: Paulus gab den Ältesten der Gemeinde eine Warnung vor einer Katastrophe mit auf den Weg, die ihre Gemeinde bald heimsuchen würde. Er sagte voraus, dass die Gemeinde von zwei Seiten angegriffen werden würde. Der erste Angriff werde von außen kommen, wenn »reißende Wölfe« sich unter die Gemeinde mischen würden, um sie zu zerstören. Die andere Unruhequelle werde von innen kommen: Aus der Gemeinde selbst würden Häretiker auftreten und die Gemeinde spalten.

Angesichts dieser deprimierenden Zukunftsaussichten konnte Paulus den Ältesten nur raten, auf der Hut zu sein (Apg 20,29.31–32). Die Gemeinde in Ephesus war nicht nur die Gemeinde, die ihn am meisten »kostete«, sondern auch die einzige, der er voraussagte, dass sie unter dem Einfluss falscher Lehrer zerbrechen werde, von denen sich einige unerkannt auch unter den Ältesten befanden, die ihn ein letztes Mal am Hafen in der Nähe von Milet umarmten (Apg 20,30).

Auch wenn der Brief von Paulus an die Epheser vermutlich ein Rundbrief war, der sich an eine breitere Leserschaft als nur an die Gemeinde in Ephesus richtete, spiegelt er einige seiner Bedenken wider. Der Apostel möchte der Gemeinde auf der theoretischen Ebene das Wesen und die Funktionsweise von Gemeinde als Gemeinschaft begreiflich machen (Eph 2–5). Auf der praktischen Ebene versucht er, die geistliche Hingabe der Epheser zu festigen, um sie auf den heranziehenden Sturm vorzubereiten. Er sichert ihnen zu, für sie zu beten, dass sie Gott besser kennen lernen und die Herrlichkeit ihrer Berufung erkennen (Eph 1,17–18). Er drängt sie, sich von ihrem alten Ich zu trennen und ihren Geist erneuern zu lassen, um »dem Versucher keine Chance« zu geben (Eph 4,22–27). In Erwartung der Anschläge der »Gegenseite« gibt er ihnen eine schützende Waffenrüstung, mit deren Hilfe sie die kosmische Schlacht überleben konnten, die sie bald bedrängen sollte, wenn sie das Ziel von Herrschern und Gewalten, der Mächte der Finsternis und der geistlichen Mächte des Bösen werden sollten (Eph 6,11–18).

Als Paulus seinen 1. Brief an Timotheus schrieb, waren die angekündigten Angriffe bereits erfolgt; der Sturm hatte die Gemeinde mit voller Kraft heimgesucht. Die Gemeinde hatte sich noch nicht von diesem Angriff erholt, sie war angeschlagen und geschwächt, aber noch zu retten. Paulus hatte Timotheus gesandt, um diese Notoperation durchzuführen (1 Tim 1,3). Im Angesicht dieser enormen Aufgabe brauchte Timotheus Hilfe; also entschloss sich Paulus, persönlich nach Ephesus zu kommen. Die Krise in Ephesus war so ernst, dass Paulus sogar seine Vorahnung, nicht mehr nach Ephesus zu kommen, revidierte (Apg 20,25.38). Als er fürchtete, zu spät zu kommen, schrieb er den 1. Brief an Timotheus, um seinem jüngeren Freund die dringend benötigten Anweisungen zu geben, »wie wir uns in Gottes Hausgemeinschaft verhalten sollen« (1 Tim 3,14–15). Die Epheser hatten sich »in Gottes Hausgemeinschaft« daneben benommen. Die strengen Maßnahmen, die der Apostel ihnen vorschrieb, sollten sie wieder auf den richtigen Kurs bringen.

Als der Brief verfasst wurde, war Timotheus seit etwa 15 Jahren Mitarbeiter von Paulus. Er wusste sehr gut, wie man sich »in Gottes Hausgemeinschaft« unter normalen Umständen benehmen sollte. Schließlich war er an der Seite seines Mentors Paulus bei fast allen Reisen und Gemeindegründungsprojekten von Kilikien, Asien, Mazedonien und Achaia dabei, so dass der Apostel von ihm sagen konnte: »Ich habe sonst niemand, der so zuverlässig ist und sich so selbstlos wie er um euch kümmern wird« (Phil 2,20). Aber Timotheus wusste noch nicht, wie man sich in Gottes Hausgemeinschaft verhalten sollte, wenn sich diese Hausgemeinschaft nach einem fast fatalen Crash im Zustand der Auflösung befand. Paulus wollte nach Ephesus zurückkehren, um sich selbst um die Situation zu kümmern (1 Tim 3,14; 4,13). In der Zwischenzeit war Timotheus sein Mann an der Front – und er brauchte alle erdenkliche Hilfe. Der Brief versah den jungen Leiter mit Erste-Hilfe-Maßnahmen für die traumatisierte Gemeinde – Sondermaßnahmen für eine kritische Situation.

Als Paulus an Timotheus schrieb, existierte die Gemeinde schon etwa ein Jahrzehnt lang. In dieser Zeit gab es eine funktionierende Dienststruktur. Paulus hatte sich darum gekümmert, dass in den ersten drei Jahren, die er in der Gemeinde verbrachte, die Ältesten eingesetzt wurden. Kurz danach traf er sich mit ihnen in Milet. Doch die Struktur erwies sich für die gegenwärtige Krise als unzureichend. Eine neue Struktur musste nun aufgebaut werden, um den Wiederaufbau der Gemeinde in Ephesus in Gang zu setzen. Die Heilmittel, die Paulus der Gemeinde verordnete, sollten sie zur Genesung führen.

Paulus trat einige Zeit vor der Abfassung des Briefes mit Timotheus in Kontakt und drängte ihn, in Ephesus zu bleiben, um sich gegen die falschen Lehrer zu stellen (1 Tim 1,3–7). Dieser Besuch gab ihm eine weitere Gelegenheit, Timotheus Anweisungen zu geben für eine universell gültige Leiterschaftsstruktur – unter Ausschluss von Frauen. Es wäre unverantwortlich von Paulus gewesen, seinen jüngeren Mitarbeiter in Bezug auf eine so wichtige Regel im Dunklen zu lassen, gerade zu einer Zeit, in der er um das Überleben der Gemeinde in Ephesus kämpfte. Daraus lässt sich schließen, dass Paulus Timotheus nie solche Anweisungen gegeben hatte, bevor er seinen Brief schrieb (1 Tim 3,14–15).

Der 1. Brief an Timotheus gibt selbst die Erklärung für die Wahl des Zeitpunktes. In der ersten Phase seines Dienstes bestand die Aufgabe von Timotheus darin, die falschen Lehrer zum Schweigen zu bringen (1 Tim 1,3). Dann sollte die Wiederaufbauphase folgen, und Timotheus sollte eine Struktur aufbauen, die konkret auf die Bedürfnisse dieser speziellen Gemeinde zu genau diesem Zeitpunkt zugeschnitten war (1 Tim 2,11–3,15). Die konkrete Situation hilft zu verstehen, warum sonderbarerweise alle Frauen und alle Männer vom Dienst ausgeschlossen waren, außer denen, die verheiratet und Väter von gehorsamen und respektvollen Kindern waren. Wenn man diese Struktur für alle Gemeinden weltweit verbindlich gemacht hätte, wäre die Kirche rasch ausgelöscht worden.

Die Krise, in die die Gemeinde in Ephesus geraten war, war nichts anderes als die Erfüllung der Vorhersage, die Paulus gegenüber den Ältesten in Milet gemacht hatte (Apg 20,29–30). Der Apostel hatte vorhergesehen, dass falsche Lehrer, die wie wilde Tiere in einer Herde Schaden anrichten, die Gemeinde dezimieren würden und dass einige abtrünnige Leiter die Gemeinde spalten konnten. Als Paulus den ersten Brief an Timotheus schrieb, waren seine schlimmsten Befürchtungen wahr geworden.

2. Auch der Inhalt dieses Briefes bezeugt, wie gravierend die Krise war, in die die Gemeinde in Ephesus geraten war. Es waren Leute in der Stadt aufgetreten, die »falsche Lehren« verbreitet hatten, die Anlass zu Kontroversen gaben, weil sie nicht wussten, wovon sie sprachen (1 Tim 1,3–4.7). Sie hatten nicht auf »die Stimme ihres Gewissens« gehört und in der Folge »im Glauben Schiffbruch erlitten«. Zwei von ihnen hatte Paulus »dem Satan übergeben, damit er sie bestraft. So sollen sie lernen, Gott nicht mehr mit ihrer Lebensführung zu beleidigen« (1 Tim 1,19–20). Dieser Abfall vom Glauben war so schlimm, dass er ihn als Vorboten von noch Schlimmerem sah. Tatsächlich hatten einige ihren Glauben gegen okkulte Praktiken eingetauscht, indem sie sich Leuten anschlossen, die sie »mit ihren Eingebungen« betrogen, und »den Lehren dunkler Mächte« folgten. Urheber waren »scheinheilige Lügner«, deren Gewissen den Stempel Satans trugen (1 Tim 4,1–2).

Die abtrünnigen Lehrer waren nicht erfolglos, da sie ihre falschen Lehren unter den Frauen verbreiteten (1 Tim 5,13–15; 2 Tim 3,6–8). Ihre Methode bestand darin, Haushalte zu unterwandern und geistlich labile Frauen unter ihre Kontrolle zu bringen, die »die immerzu lernen wollen und doch nie zur Erkenntnis der Wahrheit durchdringen können« (2 Tim 3,7). Einige von ihnen hatten sich »von Christus abgewandt und folgen dem Satan« (1 Tim 5,15). Diese Frauen trugen wiederum zur Verbreitung der falschen Lehren bei, indem sie von Haus zu Haus gingen und über Dinge redeten, über die sie nicht reden sollten (1 Tim 5,13). Frauen in Ephesus konnten leicht Einfluss gewinnen, da sich in ihrer Stadt das Zentrum für die Anbetung der Göttin Artemis und die Hüterin ihres Bildes befand, das angeblich direkt vom Himmel herabgefallen war (Apg 19,27.35). Der Tempel der Artemis galt als eines der sieben Weltwunder der Antike. Nach archäologischen Erkenntnissen war er viermal so groß wie der Parthenon in Athen.

Dieses Eindringen falscher Lehren und satanischer Einflüsse in die Gemeinde von Ephesus forderte seinen Tribut im Leben der Gemeinde. Die »spitzfindigen Untersuchungen und Wortgefechte«, die die Ketzerei begleiteten, führten zu »Neid und Streit, Beleidigungen, bösen Verdächtigungen und fortwährendem Zank« (1 Tim 6,3–5). Die Gemeinde war zerrüttet und gespalten, sie wurde das Opfer von Häresie und Streit. Auch andere Gemeinden fielen falschen Lehrern zum Opfer (z. B. Korinth, Galatien und Kolossä, vgl. 2 Petrus und Judas). Aber die Heftigkeit der Häresie zusammen mit der Einführung dämonischer Lehren und der aktiven Beteiligung einiger Frauen an satanischen Praktiken ließ die Krise in Ephesus ein Ausmaß annehmen, das in den von Paulus gegründeten Gemeinden noch nie da gewesen war. Ephesus war eine zerstörte Gemeinde, die starke Maßnahmen zur Wiederherstellung brauchte.

Der Gemeinde in Kreta, wo Titus als eine von Paulus gesandte »Feuerwehr« im Einsatz war, ging es nicht viel besser. Obwohl sie vermutlich jünger war als die Gemeinde in Kreta, durchlebte sie eine ähnliche Krise. Titus sollte die Gemeinde mit seiner Krisenintervention wieder auf den richtigen Kurs bringen und Älteste einsetzen, die sich an die konkreten Anweisungen des Paulus hielten (Tit 1,5). Diese Fügsamkeit war nötig, da es »viele Schwätzer und Verführer gab, die sich der Wahrheit nicht unterordnen wollen« (Tit 1,10). Sie mussten zum Schweigen gebracht werden, da sie, wie die Frauen in Ephesus, die ins Lager Satans geraten waren, »durch ihre verwerflichen Lehren [...] ganze Familien vom rechten Weg« abbringen (Tit 1,11). Wie ein Kreter über sein Volk sagte: »Die Kreter lügen immer. Sie sind Raubtiere, liegen auf der faulen Haut und denken nur ans Fressen« (Tit 1,12). »Ihr ganzes Denken und Fühlen ist beschmutzt. [...] Sie sind zu verabscheuen, denn sie wollen nicht hören und sind unfähig, irgend etwas Gutes zu tun« (Tit 1,15–16).

Ganz offensichtlich hatte Titus hier ein gravierendes Problem zu lösen! Wie in Ephesus forderte auch hier die Häresie ihren Tribut vom Gemeindeleben. Die falschen Lehrer waren nicht nur »auf dem falschen Weg« und sprachen »sich selbst das Urteil«, sie schufen auch Uneinigkeit und sollten wegen »sinnlosen Untersuchungen« und »Streitigkeiten« aus der Gemeinschaft ausgeschlossen werden (Tit 3,9–11). Diese Gemeinde befand sich noch mitten in lebensbedrohlichen Umständen. Wie in Ephesus sahen sie sich einer ernsthaften Krise gegenüber, die außergewöhnliche Maßnahmen erfordert, um den Normalzustand wiederherzustellen.

Das Heilmittel, das der Apostel den Gemeinden in Ephesus und Kreta verschrieb, war der Krise angemessen, die die Gemeinden getroffen hatte. Besondere Umstände erfordern besondere Maßnahmen. Als großer Gemeindegründer und Stratege konnte Paulus nicht zulassen, dass sich die Situation in den Gemeinden weiter verschlimmerte. Er musste eingreifen. Er schickte nicht nur Timotheus und Titus in die Gemeinden, um die Angelegenheit in die Hand zu nehmen, sondern gab ihnen auch noch konkrete Anweisungen, wie sie die Gemeinden vor der Selbstzerstörung retten konnten. In dieser Situation war es unmöglich, einfach weiterzumachen, als sei alles in Ordnung.

Der Apostel entwarf also eine Strategie zur Reorganisation des Gemeindelebens, die darauf abzielte, in diesen Gemeinden die Dienste radikal von den Unruhe stiftenden Elementen zu befreien. Diese Konzentration der Dienste isolierte und eliminierte automatisch die selbsternannten Hausierer, die die Gemeinden in Ephesus und Kreta untergruben und störten. Mit den neuen Regeln wurden die nichtautorisierten Händler häretischen Gedankengutes zum Schweigen gebracht und ihre üblen Machenschaften durchkreuzt. Wie Paulus es formulierte: »Du mußt ihnen das Wort verbieten« (Tit 1,11). Er schreibt ausdrücklich, dass er den Gemeinden diese konkrete Dienststruktur vorschreibt (Tit 1,5–9), um der Zerstörung entgegenzuwirken, die »viele Schwätzer und Verführer, die sich der Wahrheit nicht unterordnen wollen« verursacht hatten, indem sie »ganze Familien vom rechten Weg« abbrachten«, und zwar »in der schändlichen Absicht, sich zu bereichern« (Tit 1,10–11).

Deshalb wurde von nun an der breiten Masse der Zugang zu den Diensten der Gemeinde verwehrt. Die Dienste wurden sorgfältig ausgewählten Personen anvertraut, verlässlichen und loyalen Männern, die erwiesenermaßen über Lehr- und Leitungsfähigkeiten verfügten. Dieses Modell war nicht neu. Das Ältestengremium war ein Erbe der jüdischen Synagoge, das wiederum vom patriarchalen Staatsverständnis des Altertums abgeleitet ist. Die Truppen hatten versagt; die alte Garde sollte die Front verteidigen.

Zum ersten Mal im Neuen Testament wurden Charaktereigenschaften und soziale Fähigkeiten, die normalerweise bei allen Christen Ausdruck der »Früchte des Geistes« waren (Gal 5,22–23), ausdrücklich Voraussetzung bei der Besetzung von Leitungsämtern (1 Tim 3,2–3. 8; Tit 1,7–8). Zum ersten Mal im Leben der ersten Gemeinden wurden die Ehe mit nur einer Frau und gehorsame Kinder zu Kriterien für den christlichen Dienst (1 Tim 3,2.4.12; Tit 1,6). Und mehr noch: Ein Leiter durfte »nicht erst vor kurzem Christ geworden sein« (1 Tim 3,6). Diese Regel disqualifizierte alle, die normalerweise in einer neu gegründeten Gemeinde zu Ältesten ernannt wurden (Apg 14,23). Zum ersten Mal wurde ausdrücklich formuliert, dass ein Leiter auch außerhalb der Gemeinde »in gutem Ruf stehen« musste (1 Tim 3,7). Und auch die Ehefrauen der Amtsinhaber mussten »ehrbar sein, nicht klatschsüchtig, sondern nüchtern und in allem zuverlässig« (1 Tim 3,11).

Zudem wurde eine Gruppe von offiziellen Gemeindemitarbeitern, die »Diakone«, als eigener Dienst ausgewiesen, die ebenfalls konkrete Anforderungen erfüllen mussten (1 Tim 3,8–13). Ihre Funktion wird nicht im Einzelnen beschrieben, aber sie scheinen nicht für »untergeordnete Dienste« zuständig gewesen zu sein, wie einige Kommentatoren vermuten. Dass sie »durch ein untadeliges Leben dem Geheimnis des Glaubens Ehre machen« sollten, legt eher nahe, dass auch sie geistliche und praktische Verantwortung hatten (1 Tim 3,9). In einem Punkt lagen die Anforderungen für den Diakon sogar höher als für den Gemeindevorsteher oder Ältesten, da ein Diakon zuerst auf seine Eignung geprüft werden sollte, bevor er ernannt werden konnte (1 Tim 3,10). Zum ersten Mal in der Geschichte der Gemeinde wurden Personen erst dann offiziell in ein Amt eingesetzt, wenn sie eine Probezeit erfolgreich absolviert hatten. Wer seinen Dienst als Diakon gut versah – wie auch immer dieser Dienst aussah –, konnte sich »Ansehen in der Gemeinde« verdienen, weil sein »Glaube an Jesus Christus sich in der Ausübung seines Dienstes bewährt hat« (1 Tim 3,13).

Die einzige Person, die im Neuen Testament namentlich mit dem Titel »Diakon« *(diakonos)* identifiziert wird, war eine Frau (Röm 16,1; die Einheitsübersetzung übersetzt »Dienerin«). Die Tatsache, dass dieser Dienst in Ephesus auf verheiratete Männer mit gehorsamen Kindern beschränkt wird, zeigt einmal mehr, welche extremen Maßnahmen ergriffen wurden, um den Dienst der Gemeinde zu festigen. Dass in Ephesus, aber scheinbar nicht in Kreta, Diakone ernannt wurden, macht deutlich, dass die Strukturen in den Gemeinden flexibel waren und sich an die örtlichen Gegebenheiten anpassten.

Ein weiteres Novum ist, dass in den Pastoralbriefen die wesentliche Aufgabe der Gemeindeleitung darin bestanden zu haben schien, die »gesunde Lehre« sicher weiterzugeben. Da die Orthodoxie von falschen Lehrern unter Beschuss genommen worden war, musste Paulus betonen, wie wichtig es zu ihrem Schutz war, die christliche Lehre so weiterzugeben, wie man sie bekommen hatte. Der Begriff »Lehre«, der sich im Kontext der Briefe auf die Gesamtheit christlicher Wahrheiten bezieht, die von falschen Lehrern angegriffen werden, erscheint 15-mal in den Pastoralbriefen, dagegen nur 6-mal im gesamten übrigen Neuen Testament. Die Gesamtheit dieser Lehren muss nicht nur sicher weitergegeben werden (1 Tim 2,2), besonders wichtig ist auch die Bewahrung ihrer Integrität. Der Begriff »gesund« wird in den Pastoralbriefen ein Dutzend Mal, und nur dort im Zusammenhang mit der christlichen Lehre, verwendet. Mit anderen Worten: Leiter wie Timotheus, Titus, die Gemeindevorsteher/Ältesten (und möglicherweise auch die Diakone) waren die Einzigen, die die »gesunde Lehre« in Ephesus und Kreta weitergeben durften (1 Tim 3,2.9; 4,6.13.16; 5,17;

6,2–3.14.20; 2 Tim 1,13–14; 2,2.14–15.24–25; 3,14–17; 4,2–4; Tit 1,3.9.13; 2,1,10,15; 3,8).

Ebenso zum ersten Mal in der Geschichte der Gemeinde ließ Paulus nicht zu, dass Frauen »vor der Gemeinde sprechen oder sich über die Männer erheben« (1 Tim 2,12). Zusammen mit alleinstehenden Männern, verheirateten, kinderlosen Männern, verheirateten Männern mit nur einem Kind und verheirateten Männern, deren Kinder ungehorsam waren, wurden die Frauen in Ephesus von Diensten ausgeschlossen, die mit Lehre und Leiterschaft zu tun hatten. Stattdessen sollten sie Lernende sein, »still zuhören und das Gehörte in sich aufnehmen; sie müssen sich völlig unterordnen« (1 Tim 2,11). Um dieses drastische Verbot zu erklären, zitiert der Apostel Paulus ein Beispiel aus dem Alten Testament (1 Tim 2,13–14). Was geschah, als sich die Frauen von Ephesus dem Satan zuwandten (1 Tim 5,15), geschah schon einmal im Garten Eden, als Eva der Versuchung Satans nachgab.

Da Adam vor Eva erschaffen wurde, instruierte Gott Adam persönlich vor der Erschaffung Evas, was es mit dem Baum auf sich hatte. Eva bekam die Anweisungen nur aus zweiter Hand (Gen 2,16–17). Als die Versuchung kam, hätte sie besser die Finger von der Sache gelassen. Sie war in diesem Fall diejenige, die weniger qualifiziert war, die Fragen des Teufels zu beantworten. Sie hätte es Adam überlassen sollen, der besser darauf vorbereitet war, Satan gegenüberzustehen. Adam hätte wahrscheinlich nicht so leicht in die Irre geführt werden können, wenn Satan ihn gefragt hätte, was Gott gesagt habe (Gen 3,1). Er war da gewesen und hatte Gottes Anweisungen gehört. Bevor Eva existierte, hatte er gesehen, wie Gott »alle Arten von Bäumen wachsen« ließ, einschließlich des Baumes, »dessen Früchte unvergängliches Leben schenken« und des Baumes, »dessen Früchte Wissen geben« (Gen 2,8–9). Gott, der Herr, erlaubte ihm persönlich (in der zweiten Person Singular), von allen Bäumen des Gartens zu essen, außer von dem Baum des Wissens über Gut und Böse (Gen 2,16–17). Adam war der Baumexperte im Garten. Doch obwohl Eva benachteiligt war, nahm sie die Herausforderung an, ließ sich täuschen und wurde zur Sünderin. Auf dieselbe Weise ließen sich auch die Frauen in Ephesus täuschen, als sie dem Satan nachfolgten (1 Tim 5,15).

Doch die Frauen in Ephesus hatten Glück, denn dies war nicht das Ende der Geschichte. Sie hatten sich täuschen lassen, aber sie konnten nun »ruhig und still« lernen und »an Glauben und Liebe festhalten und in aller Besonnenheit ein Leben führen, wie es Gott gefällt« (1 Tim 2,12.15).

Das Argument in 1 Timotheus, Kapitel 2, Verse 13–14 stützt sich nicht auf die Chronologie, da es nicht auf die Tatsache eingeht, dass Adam vor Eva geschaffen wurde – abgesehen davon, dass es erklärt, warum Adam sich nicht wie Eva hätte täuschen lassen. Paulus verwendet Eva noch an einer anderen Stelle als Beispiel für Anfälligkeit für Täuschung, und zwar als er eine ganze Gemeinde dafür tadelt, für falsche Lehren empfänglich zu sein (2 Kor 11,3–6). Paulus fürchtet, dass die Korinther von falschen Lehrern genauso getäuscht würden, wie Eva »durch die klugen Lügen der Schlange verführt« wurde.

Der Text in 1. Timotheus, Kapitel 2 zeigt, dass Paulus aus der Chronologie der Schöpfung (Adam wurde vor Eva erschaffen) keine Theorie der Herrschaft Adams über Eva ableitet. Diese Intention ist weder in Paulus' Verweis auf den Schöpfungsbericht noch im Schöpfungsbericht selbst enthalten oder beabsichtigt. Paulus verweist nur darauf, dass Adam vor Eva erschaffen wurde, weil er die Tatsache erklären möchte, dass nicht Adam, sondern Eva getäuscht wurde. Adam wurde nicht von Satan in Versuchung geführt, weil er vor Eva erschaffen und von Gott persönlich über den Baum informiert worden war. Folglich war er weniger anfällig für die Täuschung Satans als Eva.

Mit anderen Worten: Paulus leitet seine Erklärung von der Dynamik des Sündenfalls ab, und nicht von einer Theorie von Adams angeblich größerer Bedeutung wegen seiner chronologischen Vorrangstellung bei der Schöpfung. Ganz im Gegenteil. Paulus hatte an anderer Stelle betont, wie irrelevant die Reihenfolge der Schöpfung »vor dem Herrn« ist (1 Kor 11,11–12). Paulus stützt seine Begründung für das Verbot der Beteiligung von Frauen an den Diensten der Gemeinde auf die Dynamik der Versuchung Evas, und nicht auf eine angebliche Unterlegenheit Evas.

Weil Eva nach Adam erschaffen und im Sündenfall getäuscht wurde, wurde sie zur Sünderin. Die alternative absolutistische Interpretation wäre, dass keine Frau jemals lehren oder Autorität über einen Mann haben konnte. Diese Rolle würde vollständig den Männern zufallen. Und das würde bedeuten, dass Karfreitag und Pfingsten am Zustand der Unterordnung der Frau nichts ändern würden, der sich angeblich durch den Sündenfall entwickelt hatte. Der Tod Jesu hätte also nicht die Kraft, an der Situation der Frau etwas zu ändern, deren Ursache angeblich Evas Versagen war. Es würde auch bedeuten, dass alle gläubigen Männer durch das Erlösungswerk Christi von den Folgen des Sündenfalls befreit wären, nur, weil Adam vor Eva erschaffen worden war (Gen 3,17–19). Aber dieses Erlösungswerk würde nicht ausreichen, um die Schuld zu tilgen, die gläubige Frauen angeblich immer noch als Erbe von Evas Versagen im Garten mit sich herumtragen. Der Tod und die Auferstehung Jesu hätten somit nicht die Macht, alle Dinge für Frauen zu verändern, die Auswirkungen des Sündenfalls umzukehren und eine neue Schöpfung zu schaffen. Einige männliche Gemeindemitglieder scheinen in der Tat das Christentum auf den Status einer Geschlechterreligion reduzieren zu wollen, mit einer Gottheit, die sowohl in ihrem Wesen als auch in ihren Prioritäten bei der Schöpfung und der Erlösung von Männlichkeit dominiert wird.

Die negativen theologischen Auswirkungen der absolutistischen Erlösungslehre sind im Hinblick auf das Verbot von 1. Timotheus, Kapitel 2, Verse 11–15 verheerend. Wenn man diesen Textabschnitt als Argument für die Fortdauer irgendwelcher Folgen des Vorranges Adams und der Sünde Evas interpretiert, macht man die erlösende und erneuernde Kraft des Kreuzes zunichte. Wenn man aber Paulus' Hinweis auf Adam und Eva richtig als Illustration dafür interpretiert, was passiert, wenn unqualifizierte Menschen die Macht an sich reißen, gewinnt sie direkten Bezug zu der Situation, die der Apostel in Ephesus korrigieren wollte, indem er Frauen, die falschen Lehren nachfolgen, untersagt, zu lehren und Autorität über Männer auszuüben, um stattdessen in aller Ruhe die richtige Lehre zu lernen, sich um ihre Familien zu kümmern und ihr persönliches geistliches Leben zu festigen.

Sollte man den Verweis auf Adam und Eva in 1. Timotheus, Kapitel 2, Verse 11–15 als Evas Missachtung einer angeblichen hierarchischen Ordnung zwischen ihr und Adam sehen, hätten Männer noch weniger als Frauen das Recht zu lehren. Denn nach Aussage von Vers 14 bestand Evas Vergehen nicht darin, dass sie unrechtmäßig Autorität ausübte, sondern dass sie sich täuschen ließ. Die Folge davon war, dass sie als Einzelperson zur Sünderin wurde. Doch Adam beging das ungleich größere Vergehen, indem er die hierarchische Ordnung zwischen sich und Gott verletzte, die ihm persönlich durch das Verbot bezüglich des Baumes offenbart worden war (Gen 2,16–17). Laut Bibel ist die Folge dieses Vergehens nicht nur auf ihn persönlich beschränkt. Er ist derjenige, der Sünde und Tod in die Welt gebracht hat, und nicht nur für sich selbst, sondern für die ganze Menschheit (vgl. Röm 5,14; 1 Kor 15,22). Sowohl die Sünde selbst als auch die Folgen dieser Sünde sind nach Aussage der Bibel im Fall Adams wesentlich ernster als im Fall Evas. Sollte man das Lehrverbot, das Paulus ausgesprochen hat, als Strafe für die Auflehnung gegen Autorität ansehen, hätte man Männer schon lange vor den Frauen von der Lehre ausschließen müssen. Stattdessen möchte Paulus mit dem Beispiel von Adam und Eva nur deutlich machen, dass unqualifizierte Menschen keine Dienste übernehmen sollten; sie sollten zuerst selbst lernen, um sich zu qualifizieren.

Die Geschichte vom Sündenfall war darüber hinaus auch nicht neu für den Apostel. Wenn sich das Lehrverbot für Frauen auf eine Theorie der Autorität Adams über Eva (wegen seiner chronologischen Vorrangstellung) gestützt hätte oder darauf, dass es für alle christlichen Frauen unschicklich sei zu lehren (wegen des Versagens von Eva), hätte dieses Verbot in allen Gemeinden durchgesetzt werden müssen. Paulus hätte keinen Grund gehabt, bis fast zum Ende seines Lebens zu warten, um es zu verbreiten. Alle Gemeinden, die Paulus seit Beginn seines Dienstes gegründet hatte, hätten von dieser wichtigen Regel informiert werden müssen. Die Gemeinde in Ephesus hätte darüber schon zehn Jahre früher informiert werden müssen. Timotheus, der treu an der Seite des Paulus gearbeitet hatte, hätte schon 15 Jahre früher darüber informiert werden müssen.

Aber die Formulierung, die Paulus verwendet, legt nahe, dass das Verbot neu und eine Reaktion auf die Notsituation war. Paulus übernimmt dafür die persönliche Verantwortung: »Ich lasse nicht zu …« Er bezieht sich nicht auf eine allgemein geltende Regel, die sich in Ephesus wie in allen anderen Gemeinden bewährt hatte und die die Frauen in Ephesus gebrochen hatten. Er tadelt die Frauen nicht dafür, dass sie der Gemeinde Schaden zugefügt hatten, indem sie lehrten, ohne die Erlaubnis zu besitzen. Das Verbot, das Paulus hier ausspricht, war genau das, was es war: ein vom Heiligen Geist inspiriertes Verbot für die Frauen in der Gemeinde von Ephesus zur Zeit der Abfassung des Briefes.

Natürlich könnte man argumentieren, dass Paulus spät in seiner Karriere eine neue Offenbarung in Bezug auf kirchliche Ämter bekommen hätte, die auf alle Gemeinden anzuwenden war. In einem sich fortentwickelnden Offenbarungsprozess hatte er nun neue Erkenntnisse, die er an Timotheus weitergab.

Aber die Hinweise im 1. Brief an Timotheus sprechen gegen diese Theorie. Paulus hatte ursprünglich beabsichtigt, Timotheus diese Anweisungen direkt und mündlich zu geben, da er persönlich nach Ephesus kommen wollte (1 Tim 3,14). Anordnungen, die einer Ortsgemeinde mündlich gegeben werden sollten, konnten kaum dazu bestimmt sein, für alle Gemeinden zu allen Zeiten Gültigkeit zu haben. Als Grund für die schriftliche Abfassung seiner Anordnungen gibt

Paulus an, dass Timotheus sie so schnell wie möglich bekommen sollte, falls sich sein Besuch in Ephesus verzögern sollte (1 Tim 3,15). Es gibt keinen Hinweis darauf, dass Gott das Verbot als seine für alle Zeiten und allgemein gültigen Kanon einsetzte.

Man sollte auch anmerken, dass die Anweisungen, die Paulus an Titus für die Gemeinden in Kreta schickte, etwa zur selben Zeit geschrieben wurden wie der 1. Brief an Timotheus. Doch im Brief an Titus fehlt nicht nur das Verbot, dass Frauen in der Gemeinde lehren, sondern er enthält genau das Gegenteil. Paulus wies Titus an, ältere Frauen zu lehren, damit sie selbst »Lehrmeisterinnen eines guten Lebenswandels« werden konnten (Tit 2,3). Die christlichen Frauen in Kreta waren offensichtlich nicht wie die Frauen in Ephesus vom Glauben abgefallen. Deshalb wurde das Verbot nicht auf sie ausgeweitet. In Ephesus war den Frauen verboten zu lehren, aber in Kreta wurden einige Frauen speziell darin ausgebildet, andere zu lehren. Man kann kaum einen zwingenderen Beweis für die Tatsache finden, dass das Verbot im 1. Brief an Timotheus nur für die konkrete Situation in Ephesus galt.

Ein sich fortentwickelnder Offenbarungsprozess setzt voraus, dass nachträglich offenbarte Wahrheiten mit früher offenbarten Wahrheiten übereinstimmen und sie erfüllen (Mt 5,17). Doch im Fall des an Frauen gerichteten Verbotes in 1. Timotheus, Kapitel 2 stellt man keine Weiterentwicklung, sondern einen Widerspruch und sogar eine Umkehrung einer Wahrheit in ihr Gegenteil fest. Eine Gemeindepolitik, bei der Leiter dazu da sind, gemeindeorientierte Dienste zu unterstützen, zu fördern und zu ermöglichen, wird zu einem System, in dem Leiter Dienste übernehmen. Die unterstützende Rolle von Leitern als Coaches und Tutoren verwandelt sich in das alttestamentliche Schema, nach dem Leiter das Monopol auf Dienste haben.

Ein weiteres Beispiel für eine solche Ausnahmeregelung – eines unter vielen – findet sich auf den ersten Seiten des Neuen Testamentes. Als Jesus in Galiläa zu predigen begann, richtete sich sein Dienst auch an die Heiden, wie das Matthäus-Evangelium berichtet. Er verkündete das Kommen des Reiches Gottes zuerst in einem Gebiet, das »das Galiläa der Heiden« genannt wurde, er verkündete es Menschen, die in der Dunkelheit »im finsteren Land des Todes wohnen«, aber ein »großes Licht« sahen (Mt 4,13–17). Doch als Jesus seine Jünger zu ihrem ersten Predigteinsatz aussandte, wies er sie strikt an, nicht zu den Heiden zu gehen, sondern ihren Dienst auf Israel zu beschränken. Er verbot ihnen auch, sich finanzielle Unterstützung für ihren Missionseinsatz zu sichern oder Gepäck mit auf die Reise zu nehmen – nicht einmal Kleidung zum Wechseln war erlaubt (Mt 10,5–10).

Wenn man diese Lehre, die sich auf einen eingeschränkten, zeitlich begrenzten Missionseinsatz bezog, aus dem Zusammenhang reißen und als verbindliches Modell für heutige missionarische Arbeit nehmen würde, würde das zu einer Katastrophe führen. Bei dieser Lehre handelt es sich nicht um einen Fall fortschreitender Offenbarung, sondern um eine Ausnahme, die in starkem Gegensatz zu den normativen neutestamentlichen Lehren in Bezug auf missionarische Aktivitäten der Gemeinde steht. Sie muss im Hinblick auf die historischen Zusammenhänge interpretiert werden. Christliche Lehre und christliche Praktiken auf Ausnahmefälle statt auf normative, gut belegte biblische Lehre zu stützen, kann leicht zu Verwirrung und Irrtümern führen.

Die starre Konzentration der Dienste in den Pastoralbriefen und die pingeligen Vorsichtsmaßnahmen, die Paulus für kirchliche Aufgaben in Kreta und mehr noch in Ephesus zur Auflage machte, zeigen, wie sehr Paulus von der Funktionsstörung, die diese Gemeinden befallen hatte, betroffen war. Als er sie dieses Mal zu retten versuchte, ging er kein Risiko ein. Er stellte ganz sicher, dass nur Menschen mit unbestreitbaren Fähigkeiten Zugang zu den Diensten der Gemeinden hatten. Die anderen sollten sich unterordnen und in Ruhe lernen, beten und Gutes tun, bis die Gemeinden »gesund« genug wären, um wieder das normale Gemeindeleben mit der Beteiligung aller Gemeindeglieder aufnehmen zu können. Mit Paulus' Worten: »Wer sich nun von all dem rein hält, gleicht einem Gefäß für Reines; er ist geheiligt, für den Herrn brauchbar, zu jedem guten Werk tauglich« (2 Tim 2,21).

Mit den Anweisungen im 1. Brief an Timotheus versuchte Paulus, die Gemeinde davor zu bewahren, vom Glauben abzufallen, und ihr dabei zu helfen, schließlich wieder als authentische Gemeinschaft zu funktionieren. Der Apostel hatte die Lage richtig beurteilt. Die Geschichte zeigt, dass der Gemeinde in Ephesus eine Generation später das erwartete Comeback gelang. Gott schickte ihr durch den Apostel Johannes einen Brief, in dem er sie für ihr Durchhaltevermögen und ihre Treue in harten Zeiten lobte. Der Herr beglückwünschte die Christen in Ephesus besonders dafür, dass sie in der Lage waren, falsche Apostel in ihrer Mitte ausfindig zu machen und als Übeltäter zu brandmarken (Offb 2,2–3).

Das Heilmittel war schmerzhaft und die Heilung noch nicht ganz vollzogen. Der Sturz war so tief, dass der verloren gegangene Boden noch nicht völlig wiedergewonnen war. Das Durcheinander in der Gemeinde und möglicherweise auch die von Paulus verfügten Maßnahmen führten dazu, dass die Liebe der Gemeinde erkaltete. Aber Gott war immer noch mit der Gemeinde, ging »zwischen den sieben goldenen Leuchtern« (Offb 2,1) und forderte sie auf, wieder zu einer authentischen Gemeinschaft zu werden und wieder wie früher von Liebe geprägte Beziehungen zu pflegen (Offb 2,4–5). Auf diese Weise findet sich in der Bibel bestätigt, dass Paulus' Maßnahmen zum Erfolg führten. Die Gemeinde in Ephesus hatte die Dunkelheit verlassen und bewegte sich auf das helle Licht der Einheit zu.

Die Dienststruktur in den ersten Gemeinden

Wie am Schicksal der Gemeinde von Ephesus dargestellt, kann eine Dienststruktur verschiedene Formen annehmen, die von den Umständen und Bedürfnissen einer Gemeinde in den einzelnen Stadien ihrer Entwicklung abhängig ist. Die Gemeinde in Ephesus brauchte Diakone, in Kreta dagegen gab es keine Diakone. Die Gemeindevorsteher/Ältesten in Ephesus durften keine »neuen« Christen sein; diese Einschränkung findet sich in Kreta nicht. In den meisten neutestamentlichen Gemeinden waren Geschlecht, Familienstand und Elternschaft keine Kriterien bei der Besetzung von Leitungsämtern. Nach Aussage der Pastoralbriefe konnten nur untadelige verheiratete Männer mit gehorsamen und gläubigen Kindern Leiter werden. Nicht nur der gesunde Menschenverstand und die allgemeine Erfahrung, sondern auch die anderen Aussagen der Bibel zeigen, dass starre und einförmige Organisationsstrukturen die Gemeinschaft lähmen, wohingegen flexible und anpassungsfähige Organisationsformen allgemeine Beteiligung, Anteilnahme und Wachstum fördern.

Zahlreiche biblische Belege zeigen, dass sich die neutestamentlichen Gemeinden auf einer Skala zwischen zwei entgegengesetzten Modellen bewegen, die beide biblisch sind. Das normative Modell am einen Ende der Skala verlangte Strukturen für den Dienst, die offen, allgemein zugänglich und an geistlichen Gaben orientiert waren. Die Leiter hatten die Aufgabe, die gemeindeorientierten Dienste zu fördern und zu unterstützen. Wie oben ausgeführt, bewegten sich die meisten Gemeinden des Neuen Testamentes eher in diese Richtung.

Das andere Modell war das heilende Modell. Es wird durch die in den Pastoralbriefen dargestellte Dienststruktur repräsentiert, die sehr selektiv und nur auf verheiratete Männer mit gehorsamen Kindern beschränkt war. Die Funktion dieser Leiter bestand darin, eine widerspenstige Gemeinde zu kontrollieren und die Gemeindeangelegenheiten in die Hand zu nehmen, um die Gemeinde wieder auf den richtigen Weg zu bringen. Auch dieses Ausweichmodell findet sich in der Bibel und sollte deshalb nicht als überkommenes, kulturell bedingtes Phänomen abgetan werden, das für heute keine Relevanz mehr bietet.

Jede Gemeinde, die sich in einer Situation befindet, die mit der der Gemeinden in Ephesus und Kreta vergleichbar ist, ist verpflichtet, sich an dieses Modell der Gemeindeordnung zu halten, auch wenn man heute als Nachweis von Leitungsfähigkeiten vielleicht etwas mehr verlangen sollte als einen geordneten Haushalt. Das Kriterium für angemessene Leitungsfähigkeiten muss nicht immer durch Familienstand und Geschlecht bestimmt sein, aber das dahinter stehende biblische Prinzip behält seine Gültigkeit: Immer wenn sich eine Gemeinde einer lebensbedrohlichen Krise gegenübersieht, sollte sie nur den am besten qualifizierten Personen den Zugang zu den Diensten der Gemeinde gestatten. Für funktionsgestörte Gemeinden kann die Umsetzung der situationsbedingten Vorschriften des heilenden Dienstmodells die einzige Hoffnung sein, wieder zur gesunden Gemeinde zu werden und sich auf das normative Modell zuzubewegen. Leider gibt es auch heute immer wieder Situationen in Gemeinden, die die Einführung dieses religiösen Äquivalents zum Kriegsrecht erfordern.

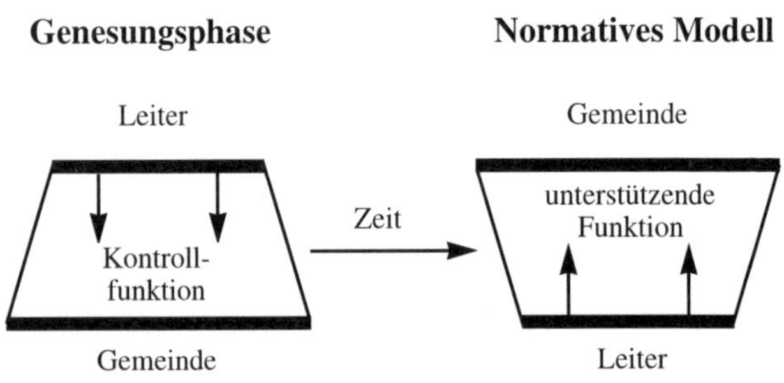

Dieser Ansatz ist nicht neu. In der Bibel finden sich viele andere Anweisungen, die ähnlich kontextbezogen und nur in Situationen anwendbar sind, die diese Maßnahmen rechtfertigen. Allein im ersten Brief an Timotheus finden sich dafür einige Beispiele, etwa die Aufforderung an Sklaven, »ihren Herren alle Ehre« zu erweisen (1 Tim 6,1). Diese Anordnung beschreibt einen bestimmten Verhaltenskodex für christliche Sklaven, wenn es an einem Ort Sklaven gibt. Doch lässt sich dieser Text nicht dazu heranziehen, die Sklaverei zu verabsolutieren oder sogar zu behaupten, dass die Bibel die Einrichtung der Sklaverei unterstützt.

Der Apostel Paulus rät Timotheus, Wein wegen seiner Magenbeschwerden zu trinken (1 Tim 5,23). Diese Anordnung mag in manchen Situationen ihre Berechtigung haben, darf aber nicht verallgemeinert werden, sodass Wein etwa zum christlichen Heilmittel gegen Magenschmerzen und andere Volkskrankheiten wird.

Die Gemeinde von Ephesus hatte ein Wohlfahrtsprogramm für bedürftige Witwen über 60 Jahre (1 Tim 5,3–16). Der Brief enthält detaillierte Anweisungen für die Organisation dieses Programmes. Obwohl es auch ein ähnliches Programm in der Gemeinde von Jerusalem gab (Apg 6,1), gibt es keinen Hinweis darauf, dass es dieses Programm in jeder Gemeinde gab oder dass es in jeder heutigen Gemeinde aufgebaut werden muss, weil es in Ephesus ein solches Programm gab.

Mit derselben Entschlossenheit, mit der Paulus zum Beispiel das Lehrverbot für Frauen aussprach, verbietet er den Frauen in Ephesus auch, kunstvolle Frisuren, Gold, Perlen und teure Kleider zu tragen (1 Tim 2,9–10). Es mag auch heute Situationen geben, die die strenge Anwendung dieser Regeln erfordern, wenn die sozialen und religiösen Umstände mit denen in Ephesus vergleichbar sind. Aber diesen Textabschnitt als allgemein und für alle Zeiten geltende Regel zu verabsolutieren, statt ihn im richtigen Kontext zu sehen, würde bedeuten, dass alle christlichen Frauen offenes Haar tragen, auf Schmuck verzichten und ihre Kleidung im Sparmarkt um die Ecke kaufen müssten. Das mag zwar für einige Frauen ihre Berechtigung haben, andere könnten es aber dabei hinderlich finden, wenn sie ihre Identität als Christen ausdrücken wollen.

Dieselben Prinzipien gelten auch für die Anweisungen in den Pastoralbriefen, die den Dienst in der Gemeinde betreffen. Diese Anweisungen gelten heute noch genauso wie damals, als sie den Gemeinden in Ephesus und Kreta gegeben wurden. Aber sie sind heute nur in den Gemeinden umzusetzen, die sich in vergleichbaren Situationen wie die Gemeinden in Ephesus und Kreta befinden. Diese Vorschriften aber als Gemeindeordnung aus der Bibel zu nehmen, sie als einziges Dienst- und Leitungsmodell zu propagieren, das sich im Neuen Testament findet, und auf alle Gemeinden anzuwenden, egal, ob sie funktionieren oder nicht, ist der sicherste Weg, sie alle zu kranken Gemeinden zu machen. Aber Gemeinden, die auf unzähligen Diensten und Programmen basieren, statt Gemeinschaft nach biblischem Vorbild aufzubauen, und Gemeinden, die den Kampf ums Überleben führen, statt die Tore der Hölle einzurennen, können sich überlegen, ob ihre Dienststrukturen sich am richtigen biblischen Modell orientieren.

Besonders »bibelgläubige« Gemeinden sollten darauf achten, die Vorschriften der Pastoralbriefe nicht zu selektiv anzuwenden. Teilweiser Gehorsam ist Ungehorsam. Wenn sich solche Gemeinden entschließen, eine dieser Vorschriften umzusetzen, verpflichten sie sich um ihrer Konsequenz und Integrität willen selbst, alle Vorschriften zu befolgen.

Ein amerikanischer Gemeindeleiter stellte einmal folgende Behauptung auf: »Die Bibelstelle aus 1. Timotheus, Kapitel 2, Verse 11–12 besagt klar, dass Frauen nicht lehren und keine Autorität über Männer ausüben dürfen, und in 1. Timotheus, Kapitel 3, Verse 1–13 finden wir diese Lehre auf die Ämter in der Gemeinde angewendet.« Dieser Gemeindeleiter ist bereit, den Brief nur im Hinblick auf die Rolle der Frauen zu interpretieren und zu verabsolutieren, aber er liest angelegentlich über die Anweisungen hinweg, die der Brief in Kapitel 3, Verse 1–13 in Bezug auf Männer gibt. Striktes Befolgen dieser Klausel würde dazu führen, dass viele Männer, die heute kirchliche Ämter innehaben, ihren Dienst nicht mehr ausüben könnten und dass die Leitungsstrukturen der Gemeinden zusammenschrumpfen würden. Außerdem verlangt Paulus, dass alle Männer, die ein Amt innehaben, absolut untadelig, maßvoll, selbstbeherrscht, angesehen und gastfreundlich sind; sie dürfen keinen Alkohol trinken, nicht gewalttätig oder streitsüchtig, nicht geldgierig oder anmaßend sein, sondern müssen freundlich, rechtschaffen, heilig, diszipliniert sein; sie sollen in der Lage sein, andere durch die gesunde Lehre zu ermutigen und die zu widerlegen, die sich ihr widersetzen, und sie sollen auch außerhalb der Gemeinde einen guten Ruf genießen (1 Tim 3,2–3; Tit 1,7–9).

Man kann gut verstehen, warum Gemeindeleiter heute zögern, die strengen Beschränkungen der Pastoralbriefe beizubehalten, die Leitungsämter auf Männer beschränken. Die Umsetzung wäre für heutige Gemeinden katastrophal. Der Großteil der leitenden Mitarbeiter würde wegen mangelnder Eignung den Dienst aufgeben müssen, dadurch würden viele Dienststrukturen verloren gehen und eine unermessliche Zahl an Gemeinden würden ausgelöscht werden. Außerdem würden geistlich begabte Männer in ein schreckliches Dilemma gestürzt werden, weil sie für sich keine Berufung zur Ehe sehen (1 Kor 7,1.7–8.

25–27.32–34). Sie könnten entweder Single bleiben, ihre geistlichen Gaben unterdrücken und ihre Berufung zum Dienst verraten, oder aber sich zur Ehe zwingen und gehorsame Kinder groß ziehen, um sich für den Dienst in der Gemeinde zu qualifizieren.

Vor einiger Zeit erhielt ich einen Telefonanruf von einer Frau, die ich hier Anne nennen will. Sie hatte mein Buch *Beyond Sex Roles* gelesen und bat mich um Rat. Sie erzählte mir, dass ihre Gemeinde einen neuen Pastor habe, der vor kurzem seine Ausbildung an einem großen Seminar im Süden der Vereinigten Staaten abgeschlossen habe. Der Pastor habe eine Bibelstudiengruppe für Ehepaare ins Leben gerufen, die sie und ihr Ehemann gerne besucht hatten. Doch als sich die Arbeitszeiten ihres Mannes änderten, habe sie sich entschlossen, die Bibelstunden weiterhin zu besuchen, und zwar alleine. Als sie dem Pastor erklärt habe, warum ihr Mann nicht mehr kommen könne, hätte dieser sich geweigert, ihr alleine den Besuch der Bibelstunden zu gestatten, da, so sagte er, es nicht recht wäre, wenn sie ihrem Mann geistlich voraus sei.

Anne kannte eine Gruppe von Frauen aus der Gemeinde, die sich inoffizell zum Bibelstudium und Gebet trafen. Sie beschloss, sich ihnen anzuschließen. Ein paar Wochen später besuchte der Pastor eines ihrer Treffen. Mit der Bibel in der Hand erklärte er, dass es nach Aussage von 1. Timotheus, Kapitel 2, Vers 12 Frauen verboten sei zu lehren und dass sich die Gruppe auflösen müsse, wenn sie keinen männlichen Lehrer oder Leiter finden würden. Nach einigen Diskussionen war der Pastor bereit, diese Angelegenheit dem Ältestenkreis zu unterbreiten. Der Ältestenkreis, der nur aus Männern bestand, schloss sich seiner Entscheidung an.

Kurze Zeit später bemerkte der Pastor, dass mit Ausnahme von drei Sonntagsschullehrern alle übrigen Anwesenden Frauen waren. Er und die Ältesten beschlossen, dass im Gehorsam gegenüber der Bibel die Frauen von Männern abgelöst oder zumindest beaufsichtigt werden sollten. Da sich keine Männer für diese Aufgaben fanden, wurde einige Klassen unter den drei männlichen Sonntagsschullehrern zusammengelegt, die übrigen wurden aufgelöst. Daraufhin baten einige Familien aus der Gemeinde, dieses Thema in einer Gemeindeversammlung zu diskutieren. In Erwartung dieser Diskussion beschlossen der Pastor und die Ältesten, dass die Frauen, die an der Gemeindeversammlung teilnahmen, kein Stimmrecht haben sollten, da der Bibeltext einer Frau verbot, »Autorität über einen Mann einzunehmen« (1 Tim 2,12), und die Abgabe einer Stimme als Akt der Autorität gesehen werden konnte.

An diesem Punkt der Ereignisse rief Anne mich an und bat mich um Rat. Ich erklärte ihr, dass die Entscheidungen des Pastors und der Ältesten völlig im Einklang mit dem wörtlichen Text des einen Bibelverses standen, den sie als Richtlinie für ihre Gemeinde anführten, da dieser Text Frauen vom Lehrdienst ausschloss und ihnen verbot, Autorität über Männer einzunehmen.

»Aber«, rief Anne aus, »damit ruinieren sie unsere Gemeinde! Bald ist davon nichts mehr übrig!« Dann fragte ich Anne, ob ihr Pastor verheiratet sei. Er war es. Ich fragte weiter, ob er Kinder habe. Er hatte keine. Ich sagte ihr also: »Es tut mir Leid, aber ich fürchte, Ihre Gemeinde wird auch noch ihren Pastor verlieren. Er muss ganz eindeutig sein Amt niederlegen.« Ich zeigte ihr, dass derselbe Text, den ihr Pastor und die Ältesten gegen Frauen heranzogen, auch strenge charakterliche Anforderungen an Männer stellte, die lehrten, predigten, leiteten und in der Gemeinde mitarbeiteten. Ich wies sie besonders auf die Aussage in 1. Timotheus, Kapitel 3, Verse 3–5 hin, die von einem Leiter verlangten, verheiratet und Vater von Kindern zu sein, die alt genug waren, um Gehorsam und Respekt als Beweis der Kompetenz ihres Vaters zu zeigen. Außerdem fügte ich hinzu, dass die Kinder alt genug sein müssten, um ihren persönlichen Glauben unter Beweis zu stellen und ein diszipliniertes Leben zu führen, um ihren Vater für seinen Dienst zu qualifizieren (vgl. Tit 1,6).

Ich fragte sie weiter, wie viele der Männer im Ältestenrat dieses biblische Kriterium erfüllten. Sie kam zu dem Schluss, dass nur einer von sieben diesen Kriterien genügte – zumindest mehr oder weniger. Ich sagte: »Anne, es tut mir noch mehr Leid für Ihre Gemeinde. Die Ältesten haben sich selbst ihre Berechtigung entzogen. Auch sie müssen zurücktreten.« Am anderen Ende der Leitung war ein langes Schweigen. Schließlich flüsterte sie: »Ich verstehe.« Sie fügte hinzu: »Nun weiß ich, was wir tun müssen.« Sie bedankte sich bei mir und ich habe nie wieder etwas von ihr gehört.

In den vergangenen 20 Jahren wurden unzählige Bücher und Artikel veröffentlicht und zahllose Predigten gehalten, die sich für die strenge Umsetzung der Beschränkungen für Frauen im Dienst nach der Aussagen im 1. Timotheus-Brief einsetzen. Doch die Autoren zeigen nie dieselbe Begeisterung, wenn es um die genauso strenge Umsetzung der Anforderungen an Männer geht, die sich gleich in den nächsten Versen dieses Briefes finden (vgl. 1 Tim 3,1–13). Viele Autoren und männliche Gemeindemitarbeiter verabsolutieren die Bestimmungen für Frauen und wenden sie universell an, weigern sich aber gleichzeitig, sich mit den ausführlichen biblischen Anweisungen zum Thema »männliche Leiter« auseinanderzusetzen. Solche Menschen müssen dafür zur Rechenschaft gezogen werden, dass sie mit zweierlei Maß messen – was die Bibel verurteilt: Man sollte nicht untereinander Unterschiede machen und auf Grund verwerflicher Gedanken urteilen (Jak 2,4).

Der biblische Test für authentische Gemeinschaft ist sehr praxisnah. Der Leib ist eine Einheit; auch wenn er aus vielen Teilen besteht, funktioniert er doch als ein Leib. Die christliche Gemeinschaft ist dann vollständig und gesund, wenn jeder Teil optimal und in Harmonie mit den anderen Teilen funktioniert. Das Kennzeichen authentischer Gemeinschaft ist die Beteiligung aller Mitglieder am Dienst. Einheit ist nicht möglich, wenn Teile des Körpers gelähmt sind und durch unschöne Diskriminierung zur Untätigkeit verdammt werden. Die Beeinträchtigung eines Teiles des Leibes kann dazu führen, dass schließlich der komplette Leib nicht mehr funktioniert (vgl. 1 Kor 12,26). Aber Einheit blüht auf in der Hitze des fröhlichen und allgemeinen Zusammenarbeitens, wenn jeder Teil des Leibes alles, was er hat, für den Bau und die Ausweitung der Gemeinschaft einsetzt. Dann kann Gemeinschaft so werden, wie Gott sie sich gedacht hat – kein verkrüppelter Leib, sondern »seine Braut in makelloser Schönheit [...], ohne Flecken und Falten oder einen anderen Fehler, heilig und vollkommen«.

Kapitel 4

Leiterschaft

Gemeinschaft passiert nicht »einfach so«. Es erfordert viel Arbeit, sie zu schaffen und zu erhalten. Es mag den Anschein haben, dass Gemeinschaft unter Christen als Nebenprodukt tiefer geistlicher Hingabe durch die Gegenwart des Heiligen Geistes nahezu mühelos entsteht. Laut Bibel sollten Christen durch die Erneuerung ihres Geistes verändert werden (Röm 12,2). Das bedeutet, dass sie gemeinsam durch einen Veränderungsprozess gehen sollten, der sie von gemeinschaftsschädigenden Verhaltensweisen wegführt und sie dazu bringt, sich zusammenzuschließen, um echte Einheit zu schaffen (Verse 3–5).

Leider ist es schwer, dem Druck zu widerstehen, sich den Verhaltensmustern dieser Welt anzupassen. Die Herausforderung des Evangeliums besteht für Christen darin, Gemeinschaften aufzubauen, die der Welt vor Augen führt, wie anders Gottes Alternativen aussehen. Doch dies stellt Forderungen, die uns oft zu radikal erscheinen. Es ist leichter, sich in die Sicherheit der Anpassung an die Kultur der Umgebung zu flüchten. Von Anfang an bestand die Gefahr, sich von der Freiheit, die wir als Christen haben, zurück unter das Joch der Knechtschaft zu bewegen. Aber Christus ist nicht bereit, seine Gemeinde aufzugeben. Um den Christen zu zeigen, wie authentische Gemeinschaft funktioniert, machte er einige zu Evangelisten, Pastoren, Lehrern, Ältesten etc. – Menschen, die dem Leib Christi dienen sollten, damit Gemeinschaft geschaffen und bewahrt werden kann. Solche Dienste oder Variationen solcher Dienste bildeten das Leiterschaftssystem der Ortsgemeinden.

Die im vorangegangenen Kapitel dargestellten Untersuchungen zeigen, dass das Neue Testament kein einheitliches Leiterschaftssystem vorschreibt, das für alle Gemeinden gleichermaßen gilt. Unterschiedliche Bedürfnisse und Umstände verlangen nach unterschiedlichen Leiterschaftsformen. Die Berichte der Bibel lassen darauf schließen, dass alle Gemeinden Älteste hatten, die aber unterschiedlich stark in Erscheinung traten. Zusätzlich zu den Ältesten hatte die Gemeinde von Jerusalem auch Apostel. In Philippi gab es Gemeindevorsteher und Diakone, die aber alle eher eine untergeordnete Rolle spielten. Paulus setzte später in der Gemeinde in Ephesus auch Diakone ein, aber in den Gemeinden von Kreta scheint es keine Diakone gegeben zu haben. In Ephesus und Kreta mussten die Kandidaten für das Ältestenamt strenge Kriterien erfüllen, um sich für das Amt zu qualifizieren. Diese Kriterien werden in den anderen neutestamentlichen Briefen nicht konkret angegeben.

Trotz solcher Unterschiede definiert das Neue Testament drei wesentliche Merkmale, die für die Leitungsämter aller Gemeinden gelten: *Leiterschaft ist ein Dienst, der sich an geistlichen Gaben orientiert und immer auf mehrere Personen verteilt ist.* Ich werde diese in der Bibel definierten Merkmale von Leiterschaft in dieser Reihenfolge besprechen. Da die beiden letzten Merkmale eng mit dem ersten verbunden sind, werde ich sie nur kurz behandeln.

Dienende Leiterschaft

Da Jesus wusste, dass das Reich Gottes nicht von dieser Welt war, wusste er auch, dass seine Strukturen nicht denen dieser Welt entsprachen. Schon sehr früh in seinem Dienst machte er klar, dass diejenigen in sein Reich kommen sollten, die arm im Geist, sanftmütig und barmherzig sind. Aber seine Jünger lebten in einer Welt, in der Leute, die weiter oben an der Spitze der Hierarchie standen, auf solchen Menschen herumtrampelten.

Die Hackordnung prägte unausweichlich die Realität ihres Alltags, egal, ob zu Hause, bei der Arbeit, in der Synagoge oder in der Politik; jeder hatte den Rang einzunehmen, der ihm auf Grund seiner Herkunft, seiner Rasse, seines Geschlechtes, seines Besitzes und seines Einflusses zustand. Diese Mentalität war schon zu ihrer Zeit so verbreitet, dass die Jünger auch im Hinblick auf das Reich Gottes nur in diesen Kategorien denken konnten. Sie wussten, dass Jesus voller Hingabe daran arbeitete, eine neue Gemeinschaft ins Leben zu rufen. Ihnen war auch klar, dass sie die Gründungsmitglieder dieser neuen Organisation sein sollten. Da sie die ersten Mitglieder waren, dachten sie auch, dass sie eine führende Rolle übernehmen würden. Aber sie waren zu zwölft und nicht alle zwölf konnten die erste Stelle einnehmen. Also stritten sie sich untereinander »wer der Größte sei« (Mk 9,33–34), wer die Position des Spitzenreiters im Reich Gottes einnehmen sollte!

Als Jesus vom Wettstreit seiner Jünger erfuhr, setzte er sich erst einmal hin. Ihre Diskussion war ein harter Schlag für ihn und er steckte ihn im Sitzen ein. Er versammelte die zwölf Jünger zu einer außerordentlichen Lehrstunde und fasste seine Botschaft mit folgenden Worten zusammen: »Wer der Erste sein will, der muß der Letzte von allen werden und allen anderen dienen« (Mk 9,35)!

Jesus verdammte ihren Wunsch, der Oberste sein zu wollen, nicht. Man braucht Leiter, und es ist legitim, die Gabe der Leiterschaft einzusetzen. Aber Jesus veränderte den Leiterschaftsbegriff, indem er den Stil und die Motivation dafür neu definierte. Zum neuen Stil gehört, dass Leitungsaufgaben nicht mit dem Stolz eines Menschen, der zuerst kommt, und nicht mit der Selbstbeweihräucherung dessen, der einen Wettkampf gewinnt, erfüllt werden, sondern mit der Demut dessen, der an letzter Stelle kommt. Die Motivation sollte nicht der Wunsch zu herrschen, zu kontrollieren oder anzuordnen sein, sondern andere zu unterstützen und ihnen zu helfen, ganz wie es ein Diener tut.

Mit anderen Worten: Leiterschaft unter Christen ist nicht mit viel Autorität verbunden, sondern dienstorientiert. Biblisch begründete Leiterschaft ist die Bereitschaft, sich zurückfallen zu lassen, um denen zu helfen, die Probleme haben, statt darum zu kämpfen, an erster Stelle zu stehen und den Kampf um die Macht zu gewinnen. Im Neuen Testament finden sich kein Gebot und keine Anweisung, die irgendeinen Christen dazu berechtigen würden, Autorität über andere auszuüben. Aber es gibt strenge Anweisungen für alle Christen, einschließlich der Leiter, einander in ihrer Gemeinschaft zu dienen (Mt 20,26; Mk 9,35; Gal 5,1).

Um seinen Standpunkt ganz deutlich zu machen, gab Jesus seinen Jüngern ein anschauliches Beispiel dafür, was es bedeutet, anderen zu dienen. Er nahm ein Kind und stellte es in ihre Mitte. Dann nahm er das Kind in seine Arme (Mk 9,36). Die Jünger hatten mit Kindern nichts am Hut. Sie hielten sie für Nervensägen und erwarteten, dass sie ihnen nicht in die Quere kamen (Mk 10,13–16). Aber Jesus zeigte ihnen die tiefe Bedeutung von Dienst, indem er ein Kind zur für ihn im Augenblick wichtigsten Person der Welt machte. Wenn sie Menschen liebten und dienten, die von geringerer Bedeutung waren, so erklärte Jesus ihnen, dann dienten sie ihm und liebten Gott, der ihn gesandt hatte, um genau auf diese Weise zu dienen (Mk 9,37).

Jesus verdeutlichte ihnen die dienende Haltung, die ihn motivierte, indem er sich bereit zeigte, sich genauso mit dem Kind zu identifizieren, wie er sich mit dem Vater im Himmel identifizierte. Wer Kinder aufnahm, der nahm ihn auf, ebenso wie jeder, der ihn aufnahm, auch den Vater aufnahm. Das war die völlige Umkehr der wettkampforientierten, vom Vormachtsdenken getriebenen Werte dieser Welt. Es bedeutete, den ganzen Weg der hierarchischen Stufenleiter dieser Welt hinabzusteigen und die, die sich am Fuß der Leiter befanden, über sich zu stellen. Die Sorge für die Kinder, die Schwachen und für die Benachteiligten wurde nicht von Wohlfahrtsorganisationen erfunden. Sie wurde von Jesus selbst als dem Inbegriff dienender Leiterschaft in Kraft gesetzt (Mt 25,34–40).

Die Jünger bewiesen jedoch, wie wenig sie von den Lehren Jesu und vom Reich Gottes verstanden hatten. Nicht lange nach dieser Lehrstunde erwischte Jesus sie dabei, wie sie Eltern wegschickten, die ihre Kinder von ihm segnen lassen wollten (Mk 10,13–16). Jesus wurde wütend und erklärte seinen Jüngern, dass sie keinen Anteil am Reich Gottes haben würden, solange sie nicht so demütig und bescheiden wie die Kinder werden würden, die sie verachteten. Um in das Reich Gottes zu kommen, mussten sie es so annehmen können, wie es ein Kind tat (Vers 15). Ein Kind, das das Reich Gottes annimmt, strebt nicht nach Autorität und Macht. Das Reich Gottes ist nicht für Menschen bestimmt, die es missbrauchen, um sich selbst über andere zu setzen, sondern für diejenigen, die es als Diener betreten.

Bewegung nach unten

Das Schlimmste sollte aber erst noch kommen. Jesus hatte seine Jünger in Situationen »erwischt«, in denen sie seiner Lehre zuwider handelten, indem sie untereinander um Positionen wetteiferten. Aber kurze Zeit, nachdem sie versucht hatten, die Kinder zu vertreiben, wagten zwei der Jünger einen offenen Vorstoß. Jakobus und Johannes, die Söhne des Zebedäus, ließen alle Vorspiegelung beiseite und suchten Jesus zusammen mit ihrer Mutter privat auf, um ihn um einen Gefallen zu bitten (Mt 20,20–28). Ihre Bitte bestand darin, die besten Plätze im Reich Gottes zu bekommen. Sie sahen das Reich Gottes als Hierarchie-Pyramide, in der sie die Spitzenposition einnehmen und direkt unter Christus herrschen wollten, mit dem sie die Autorität und die Vormachtstellung teilen würden.

Als Antwort bot Jesus ihnen die völlige Umkehrung der Werte an, für die sie eingetreten waren; er konnte mit ihnen nur den Kelch des Leides und der Selbstaufopferung teilen. Sie träumten von Karriere; er konnte ihnen nur den Abstieg anbieten. Und um ihnen bei dieser Gelegenheit gleich zu zeigen, dass er seine eigene Position im Reich Gottes eher mit Begriffen wie Demut und Unterordnung beschrieb, verwies er die Bitte der Brüder an die Autorität des Vaters und war nicht bereit, sie selbst anzunehmen (Verse 22–23). Er war gekommen, um sein Leben als Lösegeld am Kreuz zu geben – und nicht, um Machtpositionen zu vergeben. Indem sie Jesus um die Plätze an seiner rechten und seiner linken Seite baten, baten sie ihn unbewusst darum, an seiner Seite gekreuzigt zu werden.

Die Haltung der beiden Brüder wurde auch von anderen Jüngern geteilt. Das wurde deutlich, als sie sich über die beiden Brüder ärgerten (Vers 24), nachdem sie von deren Bitte erfahren hatten. Direkt vor diesem Vorfall hatte Jesus ihnen seinen Dienst beschrieben: Opfer, Leid und Tod (Verse 17–19). Doch sie konnten ihn nicht verstehen, da sie alle in typisch menschlichen Kategorien dachten und von Positionen träumten, die Ehre und Ruhm bringen würden. Die zehn anderen Jünger ärgerten sich also, weil die beiden Brüder sich als Erste bei Jesus um die Positionen mit dem höchsten Prestige und der meisten Autorität beworben hatten.

Jesus, der auch in dieser Situation geduldig war, versammelte seine Jünger wieder einmal um sich und verabreichte ihnen eine weitere Lehrstunde, in der er in unmissverständlichen Worten die Prinzipien für die Handhabe von Autorität und Leiterschaft in der neuen Gemeinschaft darlegte (Verse 25–28). In dieser Lektion ging es nicht nur um den Wunsch, groß oder am größten zu sein, sondern um den Versuch, sich in Machtpositionen zu drängen und Autorität auszuüben. Zu anderen Zeitpunkten gab Jesus zahlreiche Anweisungen für das Leben in der neuen Gemeinschaft und die Beziehungen zwischen Christen. Aber er sagte sehr wenig darüber, wie eine Gemeinschaft richtig organisiert werden sollte. Solche Hinweise finden wir lediglich an dieser Stelle des Matthäus-Evangeliums. Da dies Jesu Hauptlehre zu diesem Thema ist, lohnt es sich, darüber nachzudenken und sie sich zu Herzen zu nehmen.

Jesus führte zwei Leiterschaftsmodelle an; eines, das Kapital aus dem Gebrauch von Autorität schlägt, und eines, das auf dem Prinzip des gegenseitigen Dienens beruht. Obwohl diese beiden Paradigmen völlig gegensätzlich sind, haben beide ihre Berechtigung, wenn sie auch unter jeweils anderen Bedingungen angewendet werden müssen.

Das erste Modell, das Jesus erwähnte, war so weit verbreitet, dass es wenig Erklärung erforderte. Jeder, der im Römischen Reich lebte, war damit gut vertraut. Die kaiserliche Verwaltung Roms war hierarchisch strukturiert, mit dem Kaiser als höchster Autorität. Jesus beschrieb dieses System mit Herrschern, die ihre Völker unterdrücken, und Mächtigen, die ihre Macht ausüben (Vers 25). Aber er stellte die Rechtmäßigkeit dieses Systems nie in Frage. Er unterstand selbst den Gesetzen der Regierung (Mt 17,24–27) und trat dafür ein, dass die Rechte des Staates anerkannt wurden, indem man ihnen Folge leistete (Mt 22,21). Er wusste, dass die Gesellschaft ohne ein solides Autoritätsgefüge nicht bestehen konnte. Die einzige Ausnahme machte Jesus da, wo politische Macht sich selbst an die Stelle Gottes setzte – wenn der Kaiser in Anspruch nahm, was Gott gehörte (Mt 22,21). Als dies schließlich geschah, fühlten sich die Nachfolger Jesu verpflichtet, Gott mehr zu gehorchen als Menschen (Apg 5,29). In anderen Fällen unterstützten sie die Legitimität staatlicher Autorität und bestanden darauf, dass Christen sich ihr unterordnen sollten (vgl. Röm 13,1–7; 1 Tim 2,1–2; Tit 3,1; 1 Petr 2,13–17).

Als Gottes Alternative zu dieser weltlichen Besessenheit von Autoritätsstrukturen führte Jesus das Gegenmodell ein, das das hierarchische, autoritätszentrierte Modell ausschloss. Er verband dies mit einem Gebot (Mt 20,26): »Bei euch muß es anders sein!« Jesus erkannte zwar an, dass die Herrscher dieser Welt das Recht hatten, Autorität über ihre Untergebenen auszuüben, aber er lehnte diese Praxis für das Leben innerhalb der christlichen Gemeinschaft ab und ersetzte es durch das alternative Gegenmodell der »Karriere nach unten«, ganz nach dem Vorbild seines eigenen Weges von der höchsten Herrlichkeit zur niedrigsten Stufe, die er als gekreuzigter Erlöser erreichte (Mt 20,26–28). Es ist paradox, dass einige Gemeindeleiter heute vehement gegen eine starke Leiterschaft in der politischen Welt angehen, wo sie doch nach den Aussagen des Neuen Testamentes am nötigsten ist (Röm 13,3–4.6–7), während sie aber gleichzeitig in der Kirche auf starken hierarchischen Strukturen bestehen, wo sie nach Aussage des Neuen Testamentes am wenigsten gebraucht werden.

Jesus beschrieb die Verpflichtung, für die anderen zum »Diener«, ja sogar zum »Sklaven« zu werden, als die treibende Kraft hinter christlicher Gemeinschaft. Er ersetzte Herrschaft durch Dienen und die Liebe zur Macht mit der Macht der Liebe. Weil Jesus wusste, dass sich seine Jünger an keinem bestehenden Modell orientieren konnten, um das Wesen dienender Leiterschaft begreifen zu können, führte er ein unleugbares und unmissverständliches Beispiel für dienende Leiterschaft an: sich selbst. Er war der oberste Herr, aber er wurde der Inbegriff des

Dieners. Statt also danach zu streben, einander zu beherrschen, sollten seine Jünger als Diener füreinander da sein.

Wenn man von dienender Leiterschaft spricht, geht es eigentlich mehr um die Haltung des Leiters als um grundsätzliche Gemeindepolitik. Manche Gemeinden, manche Gruppierungen innerhalb von Gemeinden oder Denominationen, die auf einer hierarchischen Struktur aufgebaut sind, werden von demütigen, dienenden Leitern geleitet, die ihre Position nutzen, um andere für den Dienst zu bevollmächtigen, statt über sie zu herrschen. Es gibt wiederum andere Gemeinden, deren Leiterschaftsstrukturen offen sind und alle beteiligen; aber solche Gemeinden werden oft von starken Einzelpersonen oder einer Clique dominanter Personen geleitet, die die Autorität und die Dienste an sich gerissen haben, die eigentlich der kompletten Gemeinde zustehen. Mit der richtigen Haltung kann man sich hierarchische Strukturen für den Dienst nutzbar machen, wie auch demokratische Strukturen einem machthungrigen Menschen zum Opfer fallen und missbraucht werden können. Letztlich ist die Haltung eines Leiters viel entscheidender für das Leben einer Gemeinschaft als ihre formale Statuten.

Dass Jesus die dienende Haltung als Leiterschaftsstil unter Christen favorisierte, bedeutet nicht, dass er Autorität ablehnte. Er selbst behauptete von sich, absolute Autorität zu haben, und er scheute sich nicht, sie einzusetzen, besonders dann, wenn es darum ging, negative Mächte anzugreifen. Er erkannte die Rechtmäßigkeit politischer Macht an und unterwarf sich der staatlichen Autorität.

Als dienendes Haupt der Kirche beansprucht er das alleinige Besitzrecht und beschützt seine Braut eifersüchtig. Der Einzige, dem er jemals gestattete, in seinem Namen Autorität über die Kirche auszuüben, ist der Heilige Geist, der in jedem Christen wohnt und den Leib Christi als ganzen leitet und führt (Joh 16,12–15). Als Jesus am Ende seines irdischen Dienstes und vor seiner Himmelfahrt seinen Jüngern auftrug, Menschen aus allen Nationen in die Nachfolge zu führen, sagte er deutlich, dass er alleine das Monopol seiner Autorität behielt (Mt 28,16–20). Er autorisierte sie zu lehren, was er selbst sie gelehrt hatte. Sie waren nur Boten; sie konnten deshalb für sich nicht die Autorität in Anspruch nehmen, die ihm allein gehört.

Schließlich wurde das Wesentliche der Lehre Jesu schriftlich abgefasst und wurde Teil der Bibel. Heute kann kein Lehrer oder Leiter für sich selbst die Autorität in Anspruch nehmen, die dem geschriebenen Wort Gottes gehört. Als menschliche Boten, die das Wort Gottes verbreiten sollen, basiert die Autorität der Leiter auf der Bibel. Wenn sie die Bibel korrekt auslegen, können sie mit ihrer Lehre *bestimmt* auftreten (aber nicht autoritär!). Aber die Autorität an sich bleibt dem Wort Gottes. Sie gehört Gott allein.

Als Jesus den Einsatz von Autorität als Möglichkeit für die Strukturierung seiner Gemeinschaft ausschloss, führte er sich, den leidenden Diener, als Beispiel und Vorbild für die von gegenseitiger Unterordnung geprägten Beziehungen an, die sich bei seinen Nachfolgern durchsetzen sollten (Mt 20,26–28). Er gab »sein Leben als Lösegeld für Viele«. Diese Verbindung zwischen der Definition Jesu vom Wesen der neuen Gemeinschaft und der Aussage über sein Erlösungswerk war kein bloßer Zufall. Jesus wusste, dass das Ziel seiner Mission auf der Erde darin bestand, die Seelen von Menschen zu retten und sie dann in der ewigen Gemeinschaft miteinander zu verbinden. Er kam als dienender Erlöser, um eine Gemeinschaft aus Dienern aufzubauen.

Die Geschichte der Erlösung, wie sie in der Bibel dargestellt ist, berichtet von den Bemühungen Gottes, einzelne Menschen zu retten. Da der Zustand des Verlorenseins in erster Linie ein individueller Zustand ist, muss auch die Erlösung persönlich erfahrbar sein. Aber die Bibel lehrt auch, dass Gottes Absicht letztlich darin besteht, die Erlösten in Gemeinschaften zu sammeln, in denen sie wachsen und durch ihre Integration in die Gemeinschaft des Volkes Gottes dienen können.

Jesus berücksichtigte diese Dualität, als er seinen Auftrag beschrieb. Auf der einen Seite sah er sich als den guten Hirten, der sein Leben für seine Schafe gab (Joh 10,11). Auf der anderen Seite war er auch der Hirte der Herde, denn »alle werden in einer Herde unter einem Hirten vereint sein« (Joh 10,16). Jesus war sowohl an der Rettung einzelner Menschen gelegen als auch an der Bildung einer Gemeinschaft. Er ist Erlöser *und* Hirte.

Als König Herodes die geistlichen Führer seiner Zeit fragte, wo der Christus geboren werden sollte, zitierten sie eine Prophetie aus dem Alten Testament, die auf Bethlehem hinwies und das Kommen eines Fürsten, »der Hirt meines Volkes Israel« (Mt 2,6; Einheitsübersetzung) ankündigte. Als der Engel Gabriel Maria erschien und ihr die bevorstehende Geburt eines Kindes verkündete, das »Sohn des Höchsten« genannt werden sollte, erklärte er auch das Ziel seines Auftrages: »Gott, der Herr, wird ihn auf den Thron seines Vorfahren David erheben, und er wird für immer über die Nachkommen Jakobs regieren. Seine Herrschaft wird nie zu Ende gehen« (Lk 1,32–33). Und als die Engel die Geburt Jesu feierten, gaben sie Gott die Ehre und erwarteten die Geburt der neuen Gemeinschaft: »Groß ist von jetzt an Gottes

Herrlichkeit im Himmel; denn sein Frieden ist herabgekommen auf die Erde zu den Menschen, die er erwählt hat und liebt« (Lk 2,14)! Schon vor seiner Geburt wurde Jesus als himmlischer König bezeichnet, der als Erlöser der Sünder in die Welt kommen sollte, um mit ihnen eine neue Gemeinschaft aufzubauen, die er so lieben wollte, wie ein Mann seine Braut liebt.

Jesus kannte die traurige Geschichte, die die Gemeinschaft auf der Welt hinter sich hatte. Er lehrte, dass Gottes Schöpfung am Anfang gut gewesen war, als Gott die ursprüngliche Gemeinschaft in Einheit geschaffen hatte (Mt 19,4–6). Aber er sprach auch von einem Usurpator, der von sich behauptete, der Herrscher dieser Welt zu sein (Joh 12,31), und »von Anfang an ein Mörder gewesen« ist (Joh 8,44). Jesus sah seinen eigenen Auftrag darin, für Gott die Gemeinschaft zurückzugewinnen, die der Teufel beim Sündenfall zerstört hatte. Der Herrscher dieser Welt hatte Gottes Gemeinschaft der Einheit entwertet, indem er ihr seinen eigenen Stempel aufdrückte: den Anspruch der Geschöpfe, Macht über andere Geschöpfe auszuüben – eine Macht, die dem Schöpfer allein gehört (Gen 3,16).

Christus, die »Gegenoffensive« Gottes, baute nun seine eigene Gemeinschaft auf, die völlig gegensätzlich zu der Satans war. Das Kennzeichen dessen Pseudogemeinschaften war der Machthaber, der seine Untergebenen unter seiner Kontrolle hielt. Das Kennzeichen der neuen Gemeinschaft war der Diener, der andere Menschen groß machte. Satan führte das Herrschaftsprinzip ein; Jesus stellte das Prinzip der gegenseitigen Unterordnung wieder her. Allgegenwärtige Autoritätsstrukturen hielten die antike Welt gerade so zusammen; gegenseitiges Dienen gab der Kirche den Schwung, der die antike Welt durch die Macht der Liebe eroberte. Der Dienst dessen, der sein Leben als Lösegeld für viele gab, schuf eine alternative Gemeinschaft von Dienern in einer Welt, die unter der Herrschaft litten.

Doch die Jünger waren so in ihren Kategorien von Hierarchie gefangen, dass sie nicht verstanden, was Jesus mit dem Dienen bis nach der Kreuzigung meinte. Als sie sich am Abend vor seinem Tod zum gemeinsamen Essen trafen, war kein Diener da, der das übliche Fußwaschen übernahm. Keinem der Jünger kam in den Sinn, selbst die Aufgabe dieses Dieners zu übernehmen, wenn schon nicht füreinander, dann doch zumindest für den Meister. Stattdessen bückte sich Jesus mit einer Schüssel Wasser und einem Handtuch zu ihren Füßen, um ihrem Gedächtnis unauslöschlich eine Lektion über die Bedeutung des Dienens einzuprägen, die sie nie vergessen würden (Joh 13,1–17).

Entscheidungsfindung im Konsens

Um seine Jünger für die Pionierarbeit am Aufbau der neuen Gemeinschaft vorzubereiten, gab Jesus ihnen auch einige Anweisungen in Bezug auf die Entscheidungsfindung in einer Gemeinschaft von Dienern. In einer hierarchisch strukturierten Gesellschaft trifft die verantwortliche Person die Entscheidung für die ganze Gruppe. Anders bei Jesus und seinem Modell für Gemeinschaft. Als Beispiel führte Jesus den unschönen, aber immer wieder vorkommenden Fall an, dass ein Christ einem anderen Unrecht tut (Mt 18,15–20). Traditionell würde der Streit gelöst werden, indem man ihn der Autoritätsperson der Gruppe unterbreitet, die die Sache regeln würde. Aber in dem Lösungsprozess, den Jesus vorstellte, war außer der Gruppe selbst keine Autoritätsstruktur für die Lösung des Problems zuständig.

In einem ersten Schritt musste die geschädigte Partei auf die andere Partei zugehen, und zwar nicht als Richter oder Ankläger, sondern um die andere Person zur Vernunft zu bringen und eine Versöhnung zu erreichen (Vers 15). Das Ziel dieses Prozesses besteht darin, eine Lösung zu finden, die allen Beteiligten gerecht wird: Ein Christ bietet einem Mitchristen, der einen gravierenden Fehler begangen hat, im Interesse der ganzen Gemeinschaft Vergebung an.

Sollte diese erste Konfrontation ergebnislos bleiben, wird der Fall immer noch nicht an eine vorhandene Autoritätsperson delegiert. Stattdessen hilft sich die Gruppe selbst, indem die geschädigte Partei sich einen oder zwei Zeugen sucht, die sich für die Integrität des ganzen Prozesses verbürgen (Vers 16). In letzter Instanz wird der Fall der ganzen Gemeinde vorgestellt (Vers 17). Es ist bemerkenswert, dass dieser ganze Prozess völlig ohne eine Autoritätsperson auskommt, die das Gemeindeleben von oben regelt. Der Entscheidungsprozess ist unabhängig.

Es ist auch bemerkenswert, dass die Jünger diese Lehre im Rahmen ihrer Frage erhielten, wer »in der neuen Welt Gottes der Größte« sei (Mt 18,1). Diese Frage nach Größe im Reich Gottes zeigt, dass sie sich selbst als seine Fürsten sahen. Indem er ihnen das Prinzip der Gemeindezucht erklärte, versetzte er allen Ambitionen, die künftigen Gemeindefürsten zu werden, einen Dämpfer. Jesus fegte sie als potenzielle Autoritätspersonen völlig beiseite, zusammen mit allen Prälaten, Klerikern, Pastoren, Bischöfen, Ältesten oder Diakonen, die irgendwelche Besitzansprüche an die Gemeinde stellen würden. Er legte die Verfügungsgewalt über die Gemeinde und die Entscheidungsbefugnis, die das Leben der Gemeinde formte und ihre Verfassung beeinträchtigte, in die Hand der Gemeinde.

Diese Form der Leiterschaft stellte so eine radikale Abkehr von allem dar, was die Jünger bisher kannten, dass Jesus ihnen gleich zwei Erklärungen gab, um seine Lehre zu untermauern. Die erste Erklärung lautete, dass im Himmel alles Zustimmung fände, was innerhalb der Gemeinde gemeinschaftlich beschlossen würde (Mt 18,18). Die Apostelgeschichte vertieft diese Lehre. Dort gelten Entscheidungen der ganzen Gemeinde als Entscheidungen des Heiligen Geistes (Apg 13,3–4; 15,22–23.28) – vermutlich, weil der Heilige Geist, der ja in jedem Christen wohnt, mit einer kollektiven Stimme spricht, wenn die Mitglieder einer Gemeinde sich auf den Heiligen Geist und aufeinander einstellen.

Der zweite Grund, den Christus für seine Lehre über die gemeinschaftliche Entscheidungsfindung angibt, ist eng mit dem ersten verbunden. Gott ist immer in der Mitte einer Gemeinschaft, die sich in seinem Namen versammelt (Mt 18,19–20). Wenn sich zwei oder drei Köpfe im Gebet beugen, haben sie durch die Gegenwart des Heiligen Geistes eine größere Chance, eine Entscheidung im Sinne Jesu zu treffen, als wenn ein Einzelner dominant die Entscheidung für alle trifft.

Die spätere Entwicklung der Kirche zeigt, dass sich die Apostel die Lehre zu Herzen genommen und ihr gehorcht haben. Als in der Gemeinde in Jerusalem Streitigkeiten auftraten, versammelten die Zwölf die ganze Gemeinde und unterbreiteten ihr einen Vorschlag, der schließlich von der Gemeinde akzeptiert und umgesetzt wurde (Apg 6,1–6). Die Apostel hatten die Lehre ihres Meisters gut behalten. Sie setzten den Prozess in Gang und überließen es der Gemeinde, entsprechend zu handeln.

Als später in den Gemeinden ein ernsthafter Richtungsstreit über die Integration von Heidenchristen ausbrach, wurden die Entscheidungen nicht hierarchisch getroffen und den Gemeinden auferlegt, sondern gemeinschaftlich von den betroffenen Gemeinden beraten (Apg 15,1–31). Die Gemeinde in Antiochia schickte Abgesandte in die Gemeinde von Jerusalem, um das Problem zu lösen (Verse 3–4). Die endgültige Entscheidung wurde der Gemeinde von den Abgesandten vorgelegt (Vers 30). Die Apostel trafen die Entscheidung nicht für die Gemeinden, sondern bezogen sie in jede Phase des Entscheidungsprozesses mit ein.

In Korinth waren offenbar zwei Christen aus derselben Gemeinde miteinander in einen Rechtsstreit verwickelt (1 Kor 6,1–8). Als Paulus auf diese skandalöse Situation Bezug nahm, bat er keine Autoritätsperson einzugreifen. Auch er selbst weigerte sich, eine Entscheidung zu treffen und die Angelegenheit zu regeln. Stattdessen forderte er beide Parteien auf, das Problem selbst zu lösen, indem sie bereit waren, ungerecht behandelt oder sogar betrogen zu werden, statt gegeneinander einen Prozess zu führen (Vers 7). Als Alternative forderte er die Gemeinde dazu auf, jemanden aus ihren Reihen zu finden, der weise genug war, um einen Streit unter Christen zu schlichten (Vers 5). Auch hier wurde von der Gemeinde erwartet, dass sie sich um ihre Angelegenheiten kümmerte und nicht auf das Eingreifen der Autorität kirchlicher Würdenträger von außen zurückzugriff.

Das Gemeindeleben in Philippi wurde durch einen Streit zwischen zwei Mitgliedern gestört (Phil 4,2–3). Die Gemeinde besaß ernannte Gemeindevorsteher und Diakone (Phil 1,1), aber Paulus forderte diese nicht auf, den Streit zu schlichten. Stattdessen appellierte er an die beiden Leiter, sich wieder zu versöhnen, und er bat ein anderes Mitglied der Gemeinde, ihnen dabei zu helfen. Die Gemeindevorsteher und Diakone blieben bei diesem Prozess offensichtlich außen vor, damit die Beteiligten sich selbst um die Lösung des Problems kümmerten.

Die Apostel nahmen die Lehre ihres Meisters in Bezug auf das Leiterschaftssystem, das in seiner Gemeinde herrschen sollte, also ernst. Mit Ausnahme der Pastoralbriefe zwingen Leiter im Neuen Testament den Gemeinden nie Entscheidungen auf. Entweder ermutigen sie die Gemeinden, selbst Lösungen zu finden, oder aber sie arbeiten mit den Gemeinden zusammen und helfen ihnen, die richtigen Entscheidungen zu treffen.

Diese gemeinschaftliche Lösung kam im Fall des Mannes zum Tragen, der Inzucht betrieb und auf skandalöse Weise als Gemeindemitglied in Korinth geduldet wurde. Der Apostel Paulus erklärte die Prinzipien, die in diesem Fall relevant waren, und forderte die Gemeinde auf, sich zu versammeln, damit die ganze Gemeinde an einer angemessenen Lösung beteiligt werden konnte (1 Kor 5,3–5). Da die Kirche eine Gemeinschaft von Dienern ist, sind alle Mitglieder gleichzeitig bevollmächtigt und einander untergeordnet. Die Kirche ist die Gemeinschaft, in der sich alle einander unterordnen, »wie es die Ehrfurcht vor Christus verlangt« (Eph 5,21).

Natürlich wirft das Modell, das Jesus von der Kirche als einer Gemeinschaft von Dienern zeichnet, eine Reihe von Fragen in Bezug auf die Funktion von Leiterschaft und den Einsatz von Autorität in der neuen Gemeinschaft auf. Da das Neue Testament über die Ernennung von Leitern wie zum Beispiel Ältesten in allen Gemeinden berichtet, mussten ihre Rollen definiert sein; nicht in den Begriffen der heutigen kirchlichen Tradition (die sich je nach Zeit, Ort und betriebener Gemeindepolitik unterscheiden), sondern entsprechend der Lehren des Neuen Testamentes. In der folgenden Analyse werden drei Hauptaufgaben von Gemeindeleitern beschrieben:

- geistliche Wachsamkeit und Förderung des geistlichen Wachstums der Gemeinde,
- die Zurüstung der Laien für den Dienst und
- die Intervention in Krisensituationen.

Geistliche Wachsamkeit
Das geistliche Wohlergehen der Gemeinde sollte Anliegen jedes Mitgliedes der Gemeinde sein, aber die Verantwortung für die Aufrechterhaltung dieses Zustandes liegt besonders bei den Leitern der Ortsgemeinde. Sie müssen über die geistliche Gesundheit der Gemeinde mit derselben Aufmerksamkeit wachen, die sie ihrem eigenen geistlichen Leben widmen (Apg 20,18). Ihre Aufgabe ist in etwa mit der eines Hirten vergleichbar, der über seine Herde wacht: »Ein guter Hirt ist bereit, für seine Schafe zu sterben« (Joh 10,11). Gute Gemeindeleiter kümmern sich nicht um ihre Gemeinde, weil sie sich »bereichern« wollen, sondern »aus Hingabe« (1 Petr 5,2). Wie gute Diener opfern auch sie sich für ihren Dienst auf. Sollten Leiter jedoch jemals in Versuchung kommen zu denken, dass die Gemeinde ihnen gehört, statt sich selbst als Diener zu sehen, werden sie nachdrücklich daran erinnert, dass Gott die Gemeinde durch das Blut seines eigenen Sohnes für sich erworben hat (Apg 20,28).

Christus selbst versorgt die Gemeinde mit solchen dienenden Leitern, indem er Gaben verteilt: »Er hat die einen zu Aposteln gemacht, andere zu Propheten, andere zu Evangelisten, wieder andere zu Hirten und Lehrern der Gemeinde« (Eph 4,11). Da ihre Aufgabe darin besteht, über die Kirche zu wachen und Hirte für sie zu sein, bezeichnet man ihren Dienst oft als »Pastoraldienst«. Dieser Begriff ist vom lateinischen Wort *pastor* abgeleitet, was »Hirte« bedeutet. Solche Gaben und Dienste sollen eingesetzt werden, um die Gemeinde aufzubauen, zu ermutigen und zu trösten (1 Kor 14,3).

Auch wenn pastorale Aufgaben zur Hauptverantwortung solcher Leiter gehören, haben sie doch kein Monopol darauf. In den Gemeinden müssen auch andere Menschen kompetent für die Erfüllung dieser

Aufgaben sein. Der Apostel Paulus erwartete von Gemeindemitgliedern, weise zu sein und einander lehren zu können (Röm 15,14), einander mit aller Weisheit lehren und ermahnen zu können (Kol 3,16) und einander ermutigen und aufbauen zu können (1 Thess 5,11). Erstaunlicherweise verwendet Paulus dieselben Begriffe auch für seinen eigenen Dienst als Apostel:

> »Diesen Christus verkünden wir. Und wir hören nicht auf, jeden einzelnen in der Gemeinde zu ermahnen und jedem einzelnen in der Gemeinde den Weg zu zeigen, den uns Christus gewiesen hat. Das tun wir mit der ganzen Weisheit, die uns gegeben ist. Denn wir möchten jeden und jede in der Gemeinde dahin bringen, daß sie vor Gott dastehen in der Vollkommenheit, die aus der Verbindung mit Christus erwächst« (Kol 1,28).

Paulus weitet die Verantwortung der pastoralen Dienste aus, so dass die Gemeinde selbst für sich sorgen konnte.

Der Grund für diese verwischten Grenzen zwischen den Verantwortungsbereichen der Leiter und denen der Laien ist der, dass die Gemeinde eine Gemeinschaft von Dienern ist, die partnerschaftlich zusammenarbeiten, um ihre Ziele zu erreichen. Das ist viel wichtiger, als zu versuchen zu bestimmen, wem welcher Platz in einer hierarchischen Struktur gebührt. Gemeinde ist da möglich, wo Menschen Seite an Seite als Team zusammenarbeiten können, ohne sich dabei Sorgen um Rang und Position machen zu müssen, wie etwa beim Militär.

Ohne Zweifel könnte keine Armee ohne Hierarchie funktionieren. Aber die Gemeinde *kann* so funktionieren, weil alle ihre Mitglieder durch denselben in ihnen wohnenden Heiligen Geist geleitet werden – was man von einer Armee kaum behaupten kann. Gemeindemitglieder arbeiten als Gemeinschaft von Dienern zusammen. Innerhalb dieser Ordnung besteht die Verantwortung von Leitern darin, die sich selbst als »groß« oder »an erster Stelle stehend« sehen könnten, sich anderen gegenüber wie »Diener« oder »Sklaven« zu verhalten (Mt 20,26–27). Dadurch sollen sie den »Gemeinden ein Vorbild« sein (1 Petr 5,3).

Da die Aufgabe der Kirche bis zum Ende der Welt nicht vollendet sein wird, darf der Dienst nie statisch werden. Das Evangelium ist eine dynamische Kraft und die Gemeinde sieht sich immer wieder neuen Herausforderungen gegenüber. Immer wenn sich eine Gemeinde darum bemüht, den Status quo zu erhalten, weil man denkt, man sei am Ziel angekommen, dann wird das Gemeindeleben bürokratisch und institutionell. Das Ergebnis ist ein langsamer Tod. Wo es keine Vision gibt, gehen Menschen zu Grunde. Eine wichtige Aufgabe des Leiters besteht darin, für die und zusammen mit der Gemeinde die gemeinsame Vision zu formulieren und in eine klare Missionsaussage zu übersetzen, die von Zeit zu Zeit in Strategiesitzungen detailliert ausgearbeitet werden kann. Dieser Ansatz bietet einen Anreiz für die Erfüllung des Missionsauftrages und trägt zur Bewahrung der Integrität ihres Zieles bei.

Wenn Leiter versuchen, der Gemeinde eine Vision aufzuzwingen, bleibt es ihre eigene Vision. *Vision muss gemeinsam mit anderen entwickelt und so kommuniziert werden, dass andere sie sich zu Eigen machen und für die Umsetzung motiviert werden.* Das Neue Testament bietet genügend Beispiele für diese visionäre dienende Leiterschaft. Als sich die Gemeinde in Jerusalem beispielsweise im Schatten des Tempels niedergelassen hatte (Apg 5,42), hielten es Stephanus und seine Kollegen aus der Diaspora für ratsam, mit dem Judentum zu brechen (Apg 7,48–53). Die eher konservativen Judenchristen in Jerusalem waren damit zufrieden, den Status quo zu erhalten, eine unsichere Patt-Situation gegenseitiger Toleranz, die aus früheren Streitigkeiten zwischen der neu geborenen Kirche und dem offiziellen Judentum entstanden war. Die progressiven Abweichler aber gehorchten der Vision Christi von einer Kirche, die nicht still stehen sollte, bis das Reich Gottes kommen würde. Diese Vision kostete Stephanus das Leben, aber unter ihrem Einfluss fing die Kirche wieder an, sich zu bewegen und den Missionsauftrag zu erfüllen (Apg 8,1; 11,19). Andere griffen Stephanus' Herausforderung auf und fingen an, auch den »Heiden« die Gute Nachricht zu verkünden (Apg 11,20–21). In der Folge entstanden Gemeinden aus Heidenchristen und der Apostel Paulus wurde als »Chefvisionär« angeworben (Apg 11,25–26; 13,1–2). Der Rest ist Geschichte.

Zurüstung für den Dienst

Eine weitere Aufgabe der Leiter besteht darin, das Volk Gottes für den Dienst zuzurüsten (Eph 4,11–13). Die biblische Aufgabenbeschreibung für Gemeindeleiter besagt nicht, dass sie selbst die Dienste der Gemeinde übernehmen, sondern die Gemeinde dazu ermutigen sollen, sich »zum Dienst bereitzumachen, damit die Gemeinde, der Leib von Christus, aufgebaut wird«. Dieses »Zurüsten zum Dienst« betrifft das Wachstum und die Vergrößerung der Ortsgemeinde, den Aufbau des Leibes Christi. Diese Aufgabe ist so gewaltig, dass sie jenseits der

Möglichkeiten jedes Leiters oder jeder Gruppe von Leitern liegt. Aus diesem Grund müssen sie dafür alle menschlichen und geistlichen Kräfte innerhalb der Gemeinde mobilisieren.

Für Leiter besteht die höchste Leistung darin, ihre Erfahrung in »normalen« Menschen zu reproduzieren und sie dabei anzuleiten, selbst zu Leitern zu werden. Darin drückt sich auch eine Haltung des Dienens am besten aus: Leiter, die andere so trainieren, dass diese sie schließlich überrunden. Was Johannes der Täufer über Jesus sagte, könnte gut zum Motto dienender Leiter werden: »Sein Einfluß muß wachsen, meiner muß abnehmen« (Joh 3,30). Dienende Leiterschaft bedeutet, andere so zu bevollmächtigen, dass sie größer werden als man selbst ist.

Der in der Bibel beschriebene Mechanismus, durch den der Leib Christi für den Dienst zugerüstet wird, ist das Entdecken und Einsetzen geistlicher Gaben. Ein starker, autoritärer, nur um sich selbst bemühter Leiterschaftsstil erstickt die Initiative von Laien und unterdrückt den Einsatz geistlicher Gaben. Er stellt nur sein eigenes Programm zur Schau und macht sich über mangelnde Erfahrung lustig. Ein dienender Leiterschaftsstil dagegen ähnelt der Arbeit eines geduldigen Trainers, der das potenzielle Talent der Teammitglieder entdeckt und sie in die Lage versetzt, das Spiel zu gwinnen, während er sie von der Seitenlinie aus anfeuert.

Leiter können den besten Beitrag leisten, indem sie andere trainieren, selbst zu Leitern in ihrem Erfahrungsbereich zu werden. Sie helfen anderen dabei, ihre geistlichen Gaben zu entdecken, und zeigen ihnen, wie sie diese in der Arbeit im Reich Gottes einsetzen können. In einer Gemeinschaft von Dienern ist Dienst nicht leiterorientiert, sondern gemeindeorientiert. Die Gemeinde ist nicht dazu da, den Leitern bei der Ausübung seines Dienstes zu helfen. Ganz im Gegenteil: Die Leiter sind dazu da, die Gemeinde bei der Ausführung ihres Dienstes zu unterstützen.

Für keinen anderen Bereich des Gemeindelebens ist dieses Prinzip der dienenden Leiterschaft wichtiger als für den Bereich Evangelisation. Auch in der Urkirche gab es bereits »Evangelisten«, aber ihre Funktion wird beschrieben als: »die Glaubenden zum Dienst bereitzumachen, damit die Gemeinde, der Leib von Christus, aufgebaut wird« (Eph 4,11–12). Tatsächlich sind die Menschen, die am besten dazu geeignet sind, den Evangelisationsauftrag der Kirche auszuführen, keine professionellen Evangelisten und auch nicht auf der Kanzel zu finden. Wie es Billy Graham 1995 formulierte: »Evangelisation ist nicht nur eine Masse von Menschen. Evangelisation ist viel effektiver, wenn sie auf der persönlichen Ebene geschieht.« Je stärker man das Augenmerk auf Evangelisation von der Kanzel, auf Altarrufe, Evangelisations- oder Spezialveranstaltungen legt, desto weniger Anreiz bleibt für Laien, sich persönlich zu engagieren und ihren Glauben weiterzugeben. Man vermittelt ihnen im Gegenteil damit das Gefühl, dass qualifizierte Profis diese Aufgabe besser erfüllen könnten als sie selbst.

Aber wenn Pastoren und Evangelisten alle Christen in der Gemeinde darin schulen, persönlich Zeugnis zu geben, werden sie erleben, dass sich das Evangelisationspotenzial der Gemeinde exponenziell steigert. Laien sind am besten dazu geeignet, kirchendistanzierte Menschen zu erreichen. Sie begegnen ihnen Tag für Tag in zahlreichen »natürlichen« Umgebungen: in der Familie, in der Nachbarschaft, am Arbeitsplatz, in der Schule und beim Sport. Sie sprechen dieselbe Sprache und leben in derselben Welt wie ihre kirchendistanzierten Freunde und Verwandten. Sie können an Orte gehen und ein authentisches Zeugnis abgeben, an denen ein professioneller Evangelist niemals durchdringen, geschweige denn Gehör finden würde.

Was heutzutage manchmal unter dem Etikett »persönliche Evangelisation« läuft, ist die Umstellung der Methoden von Massenevangelisationen auf die Ebene der persönlichen Begegnung. Viel zu viele Laienevangelisten werden darin geschult, Nichtchristen mit Dutzenden von Bibelversen oder geistlichen Gesetzen zu überschütten, um sie zu einer sofortigen Entscheidung für Christus zu bewegen. Aber letztlich fühlen sie sich entweder nicht ausreichend qualifiziert, um als Miniausgabe eines professionellen Evangelisten auf der Bühne zu stehen, oder aber sie sind schon zu oft gescheitert oder haben Rückschläge erlebt, dass sie entmutigt auf jeden weiteren Versuch verzichten.

Die Bibel schlägt einen Ansatz vor, der für jeden Christen umsetzbar ist, auch für diejenigen, die nicht die Gabe der Evangelisation besitzen. Hierbei geht es darum, authentische, unvoreingenommene und nichtmanipulative Freundschaften zu suchenden Menschen aufzubauen und dem Heiligen Geist zu erlauben, diese Freundschaften zu seiner Zeit und auf seine Weise als Mittel für ein Glaubenszeugnis zu nutzen. Nachdem Levi ein Nachfolger Jesu geworden war, lud er seine Kollegen und Freunde zu einer Party ein, auf der sie die Gelegenheit hatten, Jesus persönlich kennen zu lernen (Lk 5,27–29). Auch Andreas und Philippus lernten Jesus kennen und gaben ihren neu gefundenen Glauben in ihrer natürlichen Umgebung an ihre Familie und ihre Freunde weiter (Joh 1,40–49).

Damit sie glaubwürdig sind, sollte diese basisorientierte Beziehungsevangelisation von Gemeindeleitern, Pastoren und professionellen Evangelisten vorgelebt werden. So schwer es für solche Menschen auch sein mag, authentische Beziehungen und Freundschaften zu Nichtchristen aufzubauen, sie müssen doch lernen, sich mit Menschen anzufreunden, die sich möglicherweise auf der Suche befinden und die sie gewöhnlich vielleicht ignorieren würden. Nichts kann Laien wirkungsvoller ermutigen als das Vorbild von Pastoren, die selbst umsetzen, was sie predigen.

Wenn moderne Menschen mehr dem Vorbild Jesu folgen, der ja bekanntermaßen ein Freund der Sünder war, und weniger dem der Pharisäer, die stolz darauf waren, sich von den fehlerhaften Menschen abzusondern, dann können sie ihren Glauben in angenehmer Atmosphäre weitergeben, statt ihn aufzudrängen, wo kein Interesse besteht. Das Recht, Zeugnis zu geben, will verdient werden. Es kann nicht arrogant in Anspruch genommen werden; immer besteht das Risiko, dass das Evangelium abgelehnt wird. Man kann nicht über die Liebe Christi sprechen, ohne selbst zur Inkarnation dieser Liebe zu werden. Evangelisation mit einer dienenden Haltung eröffnet Menschen, die sich selbst nur für ganz normale Menschen halten, die Möglichkeit, die wunderbare Welt der Beziehungen zu betreten und sie für Gott zu nutzen.

Gleichzeitig sollte die Gemeinde eine regelmäßige und sorgfältig durchdachte Veranstaltung anbieten, die genau auf interessierte Nichtchristen zugeschnitten und für diese verständlich ist. Auf diese Weise können sie einen Eindruck von der christlichen Gemeinschaft bekommen und erkennen, dass auch sie Jesus brauchen. Wenn das geschieht, das kann man schon im Voraus sagen, dann werden Menschen zum Glauben an Christus kommen und ihr Leben verändern. Aus suchenden Menschen werden Christen, sie werden in das Leben der Gemeinde integriert und werden im Gegenzug zu Botschaftern des Evangeliums bei ihren Verwandten, Bekannten, Freunden, Arbeitskollegen und Nachbarn. Es gibt so viel Literatur über den gemeindeorientierten Ansatz zur Evangelisation von Suchenden, dass es sich hier erübrigt, näher darauf einzugehen.

Doch sollte an dieser Stelle eine Warnung für Gemeinden ausgesprochen werden, die sich voreilig im Bereich Evangelisation engagieren. Der Versuch, einen traditionellen Gottesdienst »aufzupeppen«, indem man ihm ein zeitgemäßes Facelifting mit Schlagzeug und Theaterstücken verpasst, wird nur unnötig einen Teil der Gemeinde verschrecken, es aber nicht schaffen, Suchende anzuziehen. Abgesehen von Pioniermission ist biblisch definierte Evangelisation immer gemeindeorientiert. Sie setzt eine Gemeinde voraus, die aus engagierten Laien mit einer dienenden Haltung besteht, die zu einer geschlossenen Gemeinschaft zusammengewachsen sind, und in der es Kleingruppen und Dienstteams gibt. Nur wenn die Strukturen für die Integration von neuen Christen geschaffen und die Vision für die Ausweitung der Gemeinschaft zum Anliegen der ganzen Gruppe wird, ist es ratsam, Gottesdienste für Suchende anzubieten und Gemeindemitglieder zu ermutigen, ihre Freunde dazu einzuladen. Der Versuch, ein Programm für suchende Menschen ohne die Unterstützung einer engagierten Gemeinde zu starten, ist zum Scheitern verurteilt.

Die Gemeinde funktioniert dann optimal, wenn Dienst ein Privileg für alle wird, statt nur auf den Schultern einiger Profis zu lasten. Der Apostel Petrus beschrieb die Wechselwirkung von Diensten in der Ortsgemeinde mit folgenden Worten: »Dient einander mit den Fähigkeiten, die Gott euch geschenkt hat – jeder und jede mit der eigenen, besonderen Gabe! Dann seid ihr gute Verwalter der vielfältigen Gnade Gottes« (1 Petr 4,10). In einer Gemeinschaft von Dienern müssen Leiter und Laien gleichermaßen bereit sein, einander mit den Gaben zu dienen, die sie bekommen haben, um die gemeinsamen Aufgaben zu erfüllen.

Gemeindezucht

Der dritte Bereich, in dem Leiter Verantwortung übernehmen sollten, ist das Vermeiden bzw. das Lösen von Krisen. Unter normalen Umständen besteht für Leiter keine Notwendigkeit, energisch durchzugreifen oder Autorität auszuüben, wenn sie über das Leben der Gemeinde wachen. Tatsächlich wirkt sich eine ungeschickte Handhabe von geistlicher Wachsamkeit und Dienstentwicklung eher destruktiv aus.

Da aber auch die Gemeinde nicht immun gegen das Eindringen von falschen Verhaltensweisen, Irrtümern und Meinungsverschiedenheiten ist, müssen Leiter mit der Gabe der Unterscheidung auf der Hut sein, um möglicherweise gefährliche Situationen entschärfen und mit auftretenden Problemen bestimmt umgehen zu können. Leiter, die unter normalen Umständen eine unterstützende Funktion übernehmen, müssen in Krisensituationen die Rolle weiser Richter übernehmen (1 Kor 6,5). Solche Disziplinarmaßnahmen werden im Neuen Testament als ein aus zwei Schritten bestehender Prozess geschildert.

In einer ersten Phase wird derjenige, der eine Krisensituation auslöst, einmal verwarnt, und wenn die erste Verwarnung fruchtlos bleibt, wird er ein zweites Mal verwarnt (Tit 3,10–11). Die zweite Phase sieht die Absonderung unbelehrbarer Personen vor (Vers 10; vgl. 2 Thess 3,14–15). Solche Disziplinarmaßnahmen sind keine Straf- oder Rache-Aktionen. Sie sollen die Gemeinde vielmehr vor schädlichen Einflüssen schützen und die Betroffenen zur Einsicht und zur Umkehr führen (2 Thess 3,14–15).

Als der Apostel Paulus einige der Probleme, die der Gemeinde in Ephesus widerfahren würden, voraussah, warnte er die Ältesten vor den bevorstehenden Katastrophen und sagte ihnen: »Darum gebt acht« (Apg 20,31). Leider reichte die Wachsamkeit der Ältesten in Ephesus nicht aus, um die Angriffe auf die Gemeinde im Keim zu ersticken. Wie oben ausgeführt, spiegeln die Pastoralbriefe den Zustand fortgesetzter Zerstörung wider. Folglich verhängte Paulus das religiöse Pendant zum Kriegsrecht, wobei er bestehende Autoritätsstrukturen außergewöhnlich verstärkte und starke Beschränkungen für den Zugang zum Dienst auferlegte.

Die Polarität zwischen der Ausübung von Autorität und einer dienenden Haltung liegt in der Lehre Jesu begründet (Mt 20,25–28). Der Apostel Paulus lehrte nichts anderes. Er konnte gegenüber den Gemeinden, die er gegründet hatte, entweder als Autoritätsperson oder als Diener auftreten. Er versuchte, einige »Wichtigtuer«, die die Gemeinde in Korinth durcheinanderbrachten, zurechtzuweisen. Mit der Aussicht auf seinen bevorstehenden Besuch in der Gemeinde bietet er ihnen die Alternativen, »mit dem Stock« oder »mit Liebe und Nachsicht« zu kommen (1 Kor 4,21). Ohne Zweifel hätte Paulus es vorgezogen, als liebevoller Diener nach Korinth zu kommen. Aber wenn es notwendig war, zögerte er nicht, seine Autorität als Apostel geltend zu machen und als strenger Zuchtmeister aufzutreten.

So zögernd Paulus auch seine Autorität im Umgang mit den Gemeinden einsetzte, er war dennoch dazu bereit, wenn es die Situation erforderte, sogar »streng« zu sein (2 Kor 13,10). Dieser Umgang mit Autorität zeigt, dass Autoritätsbeziehungen nicht als *Modus Operandi* oder als Norm für das Gemeindeleben unter normalen Umständen gelten kann. Zuflucht zur Autorität zu nehmen, ist nach den Aussagen des Neuen Testamentes nur zur Intervention in Situationen gestattet, die Korrektur erfordern (2 Kor 13,2).

Da es in der Verantwortung der Leiter liegt, wachsam zu sein, müssen sie ihre Aufgabe ernst nehmen. Die Gemeinde sollte auf gerechtfertigte Intervention mit Gehorsam und Unterordnung reagieren (Hebr 13,17). Andernfalls werden ungelöste Probleme, die die starke Intervention des Leiters erfordern, ihren Dienst zur Last und nicht zu einer Quelle der Freude machen. Der Dienst der Leiter wäre nutzlos für ungehorsame Gemeindeglieder, die sich nicht unterordnen; sie tragen nur das Risiko, »durch alle möglichen fremden Lehren« verführt zu werden (Hebr 13,9). Gottes Geschenk der verantwortlichen Leiterschaft ist an aufrührerische Menschen verschwendet, die an ihrer Rebellion festhalten (Hebr 6,4–8).

Wenn Gemeinden ihren Ungehorsam fortführen und sich gerechtfertigten Interventionen widersetzen, kann allerdings auch das Gegenteil eintreten. Leiter können unter Umständen in die Gefahr geraten, Autorität in einem Maße auszuüben, das nicht mehr gerechtfertig ist und keine Ordnung in das Gemeindeleben bringt. Der Apostel Paulus erkannte, dass dic Autorität, die den Leitern von Gott zum Aufbau der Kirche anvertraut wurde, auch destruktiv eingesetzt werden kann, um zu Grunde zu richten (2 Kor 10,8) und zu zerstören (2 Kor 13,10). Deshalb warnte der Apostel Petrus Gemeindeleiter davor, sich nicht als Herren über die ihnen anvertraute Gemeinde aufzuführen (1 Petr 5,3). Ursprünglich war das der Grund für die kategorische Ablehnung Jesu von Autorität als normativem Modell für die Struktur der Gemeindeleitung, als er seinen Nachfolgern verbot, »Herrscher« zu sein, andere zu »unterdrücken« und »sie ihre Macht spüren« zu lassen (Mt 20,25–28).

Das Verbot, das sowohl für Männer als auch für Frauen galt, in irgendeiner Weise Autorität über jemanden innerhalb der christlichen Gemeinschaft auszuüben, war nicht neu. Es entsprach der allgemein gültigen Regel, die normalerweise von allen Christen zu beachten war, da sie in der Lehre Jesu gründete (Mt 20,25–26). Offensichtlich bezog sich das Verbot von Paulus in seinem 1. Brief an Timotheus auf etwas, das die Frauen in Ephesus in Missachtung dieser allgemein gültigen Regel taten.

Der Wortlaut des Verbotes in 1. Timotheus, Kapitel 2, Vers 12 ist interessant. Als Paulus den Frauen verbot, »Autorität« über Männer auszuüben, verwendete er nicht das im Neuen Testament sonst gebräuchliche Wort für »Autorität«. Stattdessen entschied er sich für ein seltenes Wort, das im ganzen Neuen Testament nur an dieser Stelle vorkommt. Das Problem bei diesem seltenen Wort ist, dass seine eigentliche Bedeutung unklar ist. Da es an keiner anderen Stelle des Neuen Testamentes zu finden ist, kann seine Verwendung nicht mit Hilfe von Kontrolltexten verifiziert werden. Die unter Bibelwissenschaftlern verbreitete Meinung lautet, dass es sich ganz allgemein auf den exzessiven

Gebrauch von Autorität bezieht, eventuell sogar auf den Missbrauch von Autorität. Auf jeden Fall lässt der lexikalische Befund darauf schließen, dass die Frauen in Ephesus irgendetwas Schlechtes taten, das im Zusammenhang mit Autoritätsmissbrauch stand, wofür es bis zu diesem Zeitpunkt keine Parallelen innerhalb der christlichen Gemeinschaft gab.

Die falschen Verhaltensweisen, die dazu führten, dass die Frauen von Ephesus zeitweilig vom Lehrdienst ausgeschlossen wurden, zeigen, wie leicht der Gebrauch von Autorität in Missbrauch umschlagen kann. Dies geschieht, wenn man zulässt, dass hierarchische Strukturen das Netzwerk gegenseitigen Dienens in der Gemeinschaft ersetzen, und wenn die Zuflucht zur Autorität zur Norm in christlichen Beziehungen wird, statt nur in Notfällen als Mittel zur Heilung oder zur Prävention eingesetzt zu werden.

Um ihren Missionsauftrag zu erfüllen, sollten Kirchen und Gemeinden den Anweisungen Gottes, die sie in der Bibel finden, Folge leisten. Doch der Erfolg steht auf dem Spiel. Hierarchische Strukturen sind schwerfällig, einengend und bringen keine Frucht. Sie in miteinander verbundene Kleingruppen und Dienstteams einzuebnen, stellt nach meiner Ansicht die einzige Hoffnung von Ortsgemeinden dar. Nur so können sie die unwiderstehliche Dynamik freisetzen, die im Prinzip des gegenseitigen Dienens steckt, und tote oder sterbende Institutionen in unbesiegbare Gemeinschaften verwandeln, die die Welt erobern können.

Leiterschaft und geistliche Gaben

Die Pastoralbriefe enthalten im Neuen Testament die ausführlichsten Informationen über Leiterschaftsämter, aber sie erwähnen kaum die geistlichen Gaben, die man normalerweise besitzen muss, um einen solchen Dienst auszuüben. Geistliche Gaben scheinen durch Status und Erfahrung ersetzt worden zu sein, die man sich erwirbt, wenn man in der Lage ist, eine Familie zusammenzuhalten. Wie oben ausgeführt, resultiert dies vor allem aus den ausgesprochen schwierigen Umständen in den Gemeinden, an die sich die Pastoralbriefe richteten. Davon abgesehen hängt die Ausführung von Diensten im Neuen Testament von den Gaben ab, die der Heilige Geist den Gemeinden zur Verfügung stellt. Folglich sollten auch Leiterschaftsdienste, wie alle anderen Dienste auch, gabenorientiert verteilt sein.

Im Neuen Testament wird ganz deutlich, dass der Heilige Geist seine Gaben so gleichmäßig verteilt, dass die Dienste der Gemeinde gleichermaßen auf alle Mitglieder der Gemeinschaft verteilt sind und keiner allein die Verantwortung für alle Dienste gleichzeitig tragen muss. Da es so viele verschiedene geistliche Gaben gibt, verlangt dies die Verteilung an verschiedene Einzelpersonen. Jeder bekommt geistliche Gaben als Ausdruck dafür, dass er mit dem Heiligen Geist erfüllt ist, und somit bekommt auch jeder einen anderen Dienst (1 Kor 12,8–11), damit nicht alle einen Dienst im selben Bereich ausüben(1 Kor 12,28–30).

Die Bibel macht deutlich, dass die gabenorientierte Verteilung der Dienste für das richtige Funktionieren der christlichen Gemeinschaft unabdingbar ist. Es ist besonders wichtig, dass die Leiterschaftsdienste der Gemeinde gegeneinander gut abgegrenzt werden, damit ihre Funktionen effektiv ausgefüllt werden können (Eph 4,11). Diese Dienste werden in der Bibel nie in einen Topf geworfen, um den Eindruck zu erwecken, dass eine Einzelperson alle diese Dienste übernehmen sollte. Das bedeutet nicht, dass eine Person nicht vielseitig begabt und somit in der Lage sein kann, mehr als einen Dienst zu übernehmen oder andere auszubilden, sich in mehr als einem Dienstbereich einzubringen. Aber die Lehre von der Verteilung der geistlichen Gaben besagt, dass eine Person nie alle Gaben bekommen und somit alle Leitungsaufgaben alleine übernehmen kann. Dieses zentralisierte Dienstmodell findet sich nicht nur *nicht* im Neuen Testament, es ist sogar ausdrücklich verboten (1 Kor 12,20–21).

An diesem Punkt kollidieren klare biblische Richtlinien und weitgehend anerkannte kirchliche Tradition frontal. Erstaunlicherweise siegt die Tradition über die Bibel. Der Wandel von gemeindeorientierten Diensten (in die jeder seine individuellen Gaben einbringt) zum Pfarrer, der für die Dienste der Ortsgemeinde zuständig ist, vollzog sich nicht über Nacht. Er war das Ergebnis eines langen historischen Prozesses, der in nachapostolischen Zeiten einsetzte, in der Kirche des Mittelalters zur vollen Blüte gelangte und die Reformation im Wesentlichen unbeschadet überstand.

Das schrittweise Ersetzen der Priesterschaft aller Gläubigen durch den Dienst eines professionellen Klerus hatte katastrophale Auswirkungen in zwei Bereichen. *Zum einen führte er dazu, dass man den Laien das Recht nahm, sich am Dienst der Kirche zu beteiligen.* Abgeschreckt durch das elitäre Bild, das geschulte Spezialisten auf sie machten, zogen sich »normale« Gemeindemitglieder aus den Diensten der Kirche zurück oder reduzierten ihre Mitarbeit auf eine rein unterstützende Funktion.

Der zweite Aspekt ist die verheerende Wirkung dieses Modells auf die Pfarrer selbst. *Das vom Klerus geprägte Gemeindesystem legt auf Pfarrer und Pastoren die unrealistische Last auf, so handeln zu müssen, als seien sie universell begabt und in der Lage, erfolgreich die Vielzahl von Aufgaben bewältigen zu können, die das Leben der Ortsgemeinde ausmachen.* Da kein Mensch von sich behaupten kann, alle geistlichen Gaben zu besitzen, die für die Erfüllung der komplexen Anforderungen des Dienstes nötig sind, sehen sich solche Pfarrer oft gezwungen, in Bereichen zu arbeiten, für die sie nicht begabt sind. Die Folge ist, dass sie sich in einer Verliererposition befinden. Kein Pfarrer, egal, wie begabt er ist, kann alles machen, überall sein und alle Erwartungen erfüllen, die stillschweigend oder explizit an ihn gestellt werden. Laut biblischer Definition verlangt der Dienst einer Gemeinde die Mobilisierung aller Kräfte. Gemeinden, die ihre Verpflichtungen an ihren Pfarrer abschieben, bringen ihn ihn eine verzwickte Situation.

Ordination und Handauflegen

Um die Situation noch zu verschlimmern, wurde dieses Modell durch die Praxis der »Ordination« institutionalisiert und mit einer Aura von Heiligkeit versehen. Ordination ist bestenfalls die öffentliche Anerkennung der Berufung eines Kandidaten für seinen Dienst. Schlimmstenfalls ist sie ein sakramentales Ritual, durch das dem Kandidaten geistliche Gnade übertragen werden soll, um ihm die Berechtigung für seinen Dienst zu verleihen und ihn von den Laien abzuheben, die sich für diesen Dienst nicht qualifizieren können. Auf jeden Fall kann sich diese Praxis kaum auf biblische Unterstützung berufen, sondern lediglich auf eine reiche Tradition, die von Denomination zu Denomination variiert.

Weit verbreitet ist die Ansicht, dass ein Zusammenhang zwischen der Ordination und der Praxis des Handauflegens besteht, als würde dadurch die Ordination gerechtfertigt. Auch wenn es im Neuen Testament verschiedene Berichte darüber gibt, dass Menschen die Hände aufgelegt wurden, kann doch keiner im Sinne der heute praktizierten Ordination verstanden werden. Jesus legte Kindern und kranken Menschen die Hände auf (vgl. Mk 6,5; 10,13–16; Lk 13,13 etc.), aber es findet sich an keiner Stelle ein Bericht darüber, dass er seinen Jüngern oder jemandem, den er mit seinem Dienst beauftragte, die Hände auflegte.

Die Apostel legten den Sieben die Hände auf, als sie sie mit der »Verteilung der Lebensmittel« beauftragten, damit sie selbst sich »weiterhin mit ganzer Kraft dem Gebet und der Verkündigung der Botschaft Gottes widmen« konnten (Apg 6,2–6). Paradoxerweise sind heute diejenigen, die ordiniert werden, nicht für die »Verteilung von Lebensmitteln« zuständig, sondern für die »Verkündigung der Botschaft Gottes«.

Zur Rechtfertigung des Rituals der Ordination wurde oft der Bericht über die Aussendung von Barnabas und Saulus herangezogen (Apg 13,2–3). Doch da sowohl Barnabas als auch Saulus von der Gemeinde bereits als »Propheten und Lehrer« anerkannt waren, und zwar noch *bevor* ihnen die Hände aufgelegt wurden, kann man dies kaum als Fall von Ordination für den Dienst deklarieren. Die Apostel legten zweimal »neuen« Christen die Hände auf als Zeichen für die Erfüllung mit dem Heiligen Geist, aber diese beiden Fälle hatten nichts mit der Einsetzung ausgewählter Personen in einen Dienst zu tun (Apg 8,17–18; 19,6).

Der Apostel Paulus schrieb, dass Timotheus eine geistliche Gabe *(charisma)* hatte, die Gott ihm geschenkt habe, als die Ältesten ihm »aufgrund prophetischer Weisungen die Hände auflegten« (1 Tim 4,14). Auch dieser Fall kann schwerlich als Ordination betrachtet werden, da ihm bei dieser Gelegenheit zwar eine Gabe verliehen, er aber nicht in einen Dienst eingesetzt wurde, der aus dieser Gabe – nämlich der Fähigkeit, zu lehren und zu predigen (Vers 13) – resultierte.

Die charismatische Funktion des Handauflegens wurde durch Paulus' eigene Erfahrung bestätigt, als er Timotheus die Hände auflegte und Gott Timotheus eine Gabe schenkte (2 Tim 1,6). Aus dem unmittelbaren Zusammenhang lässt sich schließen, dass dies die Gabe war, mutig Zeugnis zu geben (Verse 7–8). Auch diese Begebenheit kann man nicht als Fall von Ordination interpretieren, da hier eine Gabe gegeben wurde, nicht aber eine Gabe anerkannt oder in einer Ordinationszeremonie bestätigt. Der Begriff »Ordination« wird im Neuen Testament auf alle Fälle nie erwähnt und noch weniger als »Gabe« aufgelistet. Deshalb hat die Gabe, die Timotheus wieder »aufleben« oder »entfachen« (Vers 6; Einheitsübersetzung) soll, nichts mit einer vermeintlichen Ordination zu tun. Diese beiden Fälle ähneln am ehesten denen in Apostelgeschichte, Kapitel 8 und 19, bei denen das Handauflegen ein Zeichen der gemeinsamen Identität im Segen und Dienst des Heiligen Geistes war.

Paulus gab Timotheus eine Anweisung, die manchmal als Hinweis auf die Praxis der Ordination gedeutet wird. Er schrieb dem jüngeren Mann: »Lege niemand zu schnell die Hände auf, um ihn in das Ältestenamt einzusetzen; sonst machst du dich mitschuldig, wenn er sich verfehlt« (1 Tim 5,22). Aber was hier als Verbot formuliert war, kann man kaum als Beleg für die Ordination nehmen. Es ging hier um eine persönliche Initiative von Timotheus, bei der dieser etwas voreilig war und für die er im Fall eines Fehlurteils die Verantwortung übernehmen musste. Eine persönliche Initiative, wie sie in diesem Fall geschildert wurde, entspricht nicht der Praxis der Ordination für einen Dienst, bei dem es um allgemeine öffentliche Anerkennung und Bestätigung geht.

Auch die Identität der Kandidaten, denen Timotheus die Hände auflegte, lässt Fragen offen. Es ist unwahrscheinlich, dass Paulus hier auf die »Ordination« eines Bischofs/Gemeindevorstehers oder Diakons Bezug nimmt, da die strengen Kriterien für deren Auswahl die Möglichkeit einer schnellen Ernennung oder eines sündigen Verhaltens auf deren Seite ausschließen (1 Tim 3,1–13). Paulus war vermutlich eher daran gelegen, Timotheus davon abzuhalten, die geistlichen Gaben von Gemeindemitgliedern anzuerkennen und zu bestätigen, bevor er sich über ihren Charakter und ihr geistliches Leben im Klaren war. Das würde auch mit Paulus' Politik der zeitweiligen Beschränkung der Dienste in der Gemeinde von Ephesus übereinstimmen.

Auf jeden Fall kann eine Praxis des Händeauflegens, die individuell, vorschnell, unklug und bei einer ganzen Reihe von Personen aus derselben Gemeinde durchgeführt werden kann, kaum zur Unterstützung für eine Doktrin herangezogen werden, auf die sich die heute praktizierte Ordination des Klerus stützt.

Die Bedeutung dieses Beleges für die Praxis des Handauflegens entspricht vermutlich der der beiden anderen Hinweise, die sich in den Pastoralbriefen finden (1 Tim 4,14; 2 Tim 1,6). Statt die Einordnung von Personen in eine bestimmte Dienstkategorie zu kennzeichnen, scheint das Handauflegen bei Menschen eingesetzt worden zu sein, die bereits im Dienst standen, um sie zu ermutigen und für bestimmte Aufgaben mit der Kraft des Heiligen Geistes auszurüsten. Diese Erklärung wäre auch vereinbar mit den Situationen, in denen den Sieben (Apg 6) und Barnabas und Saulus (Apg 13) die Hände aufgelegt wurden. So würde das Handauflegen keine Einsetzung in einen Dienst, sondern eine Bevollmächtigung für besondere Aufgaben bedeuten, von denen manche scheinbar so untergeordnet waren wie die Versorgung der Bedürftigen mit Lebensmitteln.

Diese Interpretation des Handauflegens würde auch eine Erklärung für die ansonsten verwirrende Verbindung von grundlegenden Anweisungen zur Taufe (zur Aufnahme neuer Christen in die Gemeinde) und Anweisungen zum Handauflegen (als Einsetzung aller getauften Christen in den Dienst) im Brief an die Hebräer dienen (Hebr 6,2).

Die Bedeutung der Lehre über die geistlichen Gaben für das Gemeindeleben kann man leicht übersehen (1 Kor 12,1). Da sich Christen in der heutigen Zeit intensiver mit dem Thema »geistliche Gaben« auseinandersetzen, denken viele echte Christen über die Bedeutung von Ordination und die der gegenwärtigen Praxis zu Grunde liegende Interpretation der biblischen Aussagen nach. Wenn Sie sich näher mit den Themen »Dienst, Leiterschaft und Ordination« beschäftigen möchten, empfehle ich Ihnen das Buch von Greg Ogden: *The New Reformation: Returning the Ministries to the People of God* (Zondervan, 1992).

Wenn man davon ausgeht, dass jedes Gemeindemitglied Gaben hat, die es in die Gemeinde einbringen sollte, dann sind Leiterschaftsämter nichts anderes als die Ausübung geistlicher Gaben, die von einer Ortsgemeinde anerkannt und bestätigt wurden. Viele kirchliche Gruppierungen definieren die Anerkennung solcher Ämter als »Ordination«. Weder der Begriff noch die dahinter stehende Vorstellung sind biblisch, wenn dadurch einige Dienste der Gemeinde vermeintlich wichtiger und »besser« sind. Da alle geistlichen Gaben vom Heiligen Geist verteilt werden, sind alle Christen von Gott in ihren Dienst »ordiniert«.

Wenn auch der Einfluss der verschiedenen, von geistlichen Gaben abgeleiteten Dienste im Rahmen der gesamten Gemeindearbeit unterschiedlich ausfallen kann, bleibt vor Gott doch der Wert der Personen und der Gaben gleich (1 Kor 12,22–25). So sollte es auch innerhalb der Gemeinde sein. Manchmal kann es angemessen sein, eine Gabe offiziell anzuerkennen und den von ihr abgeleiteten Dienst durch ein Ritual wie die Handauflegung zu fördern. Aber daraus sollte nie eine Wertung von Diensten innerhalb der Gemeinde entstehen, die die Einheit der Gemeinschaft zerstören kann.

Jeder Christ, der seine geistlichen Gaben entdeckt und darin von seiner Gemeinde bestätigt wird, ist von Gott für einen Dienst bestimmt. Im Licht der eingeschränkten Informationen, die das Neue Testament für die Formulierung einer Ordinationstheologie liefert, sollte man diese Praxis lieber als traditionell relevant und nicht als biblisch sanktioniert ansehen.

Mit anderen Worten: Wenn man einen Christen davon abhält, seine geistlichen Gaben in der Gemeinde einzusetzen und sich dabei auf Beschränkungen beruft, die die »Ordination« betreffen, dann räumt man der Gemeindentradition eine höhere Stellung ein als biblischen Anordnungen. Laut Bibel bilden geistliche Gaben die Grundlage für jeden Dienst. Da sie alle von Gott verliehen sind, sollten sie von der Gemeinde mit Achtung und Sorgfalt behandelt werden, statt mit armseliger Diskriminierung und Einschränkungen (Röm 12,4–8; 1 Kor 12,14–15; 1 Petr 4,10–11). Gemeindeleiter sollten lieber alle Christen ermutigen, ihre geistlichen Gaben so gut wie möglich für das Reich Gottes einzusetzen, statt mit ihnen darüber zu diskutieren, was sie im Dienst für Gott nicht tun dürfen.

Die Kraft, die die verschiedenen Gaben und Dienste einer Gemeinde eint und dafür sorgt, dass sie harmonisch wie ein Leib funktionieren, ist nichts weniger als das Wirken Gottes in der Gemeinde: der Heilige Geist hinsichtlich der verschiedenen Gaben, Christus in Bezug auf die verschiedenen Arten von Diensten und Gott, der Vater, in Bezug auf die verschiedenen Kräfte (1 Kor 12,4–6). Die Verteilung der Gaben und der Dienste ist ausschließliches Privileg des Heiligen Geistes (Vers 11); aber Gott ist derjenige, der sie so zueinander anordnet (Verse 18.24b), dass das harmonische Ganze den Leib Christi bildet (Vers 27). Aus kooperativer Einheit wird funktionsfähige Einheit in der menschlichen Gemeinschaft. Wenn man in diese von Gott arrangierte Einheit hierarchische Trennungen einsetzt, führt das nur dazu, dass die Ziele vereitelt werden, die diese Einheit zu erreichen in der Lage wäre.

Auf der menschlichen Ebene geschieht Einheit nicht von selbst. Es kostet Arbeit, sie zu erreichen, und wenn sie erst einmal existiert, kostet es Arbeit, sie zu schützen. Eine Gesellschaft, die vom Herrschaftsdenken bestimmt wird, übt unnachgiebig Druck auf die Gemeinde aus, damit diese ihr Beziehungsgefüge in ein hierarchisches Gefüge ändert. In christlichen Gemeinschaften schleichen sich Hierarchien am ehesten ein, wenn Leiterschaftsfunktionen als Machtpositionen konstruiert sind. Wenn man jedoch in der Lage ist, Leiterschaftsgaben und reine Machtpositionen voneinander zu unterscheiden, schützt man die Gemeinschaft. Im Folgenden finden sich einige Vorschläge, wie Klerus und Laien bei der Dezentralisierung von gemeindlichen Diensten zusammenarbeiten können:

- Schulen Sie Laien darin, ihre geistlichen Gaben zu entdecken und in Dienstteams einzusetzen.

- Schulen Sie gemeindliche Mitarbeiter darin, Aufgaben, die auch Laien übernehmen können, nicht selbst zu tun.
- Ermöglichen Sie es Leitern und Mitarbeitern in Dienstteams, eine oder zwei Pausen pro Jahr einzulegen.
- Schulen Sie Gemeindeleiter darin, immer im Auge zu behalten, dass auch sie Diener der Gemeinde sind.
- Denken Sie bei Leiterschaft immer an Teamleitung.
- Wählen Sie offizielle Gemeindemitarbeiter immer nach den geistlichen Gaben aus, die in der Gemeindeleitung gebraucht werden.
- Ernennen Sie Gemeindeleiter immer für Amtszeiten von einem Jahr, die jeweils um ein weiteres Jahr verlängert werden können. Auf diese Weise bleiben Sie flexibel, falls Veränderungen nötig sind. Gleichzeitig aber können Sie im Fall bestätigter geistlicher Gaben die Kontinuität wahren.
- Der Pastor der Gemeinde sollte auch Mitglied im Gemeindevorstand sein. Er sollte diesem gegenüber verantwortlich sein und nicht das Amt des Vorsitzenden übernehmen.
- Wählen und ernennen Sie Pastoren im Hinblick auf die geistlichen Gaben aus, die die Gemeinde für die nächste Phase ihrer Entwicklung braucht.
- Erwarten Sie von Ihren Pastoren nicht, dass er Dienste ausfüllt, für die er keine Gaben besitzt.
- Ernennen Sie, sobald es das Wachstum der Gemeinde erlaubt, viele Mitarbeiter, die sich mit ihren Gaben ergänzen.
- Erwarten Sie von den Mitarbeitern, im Team zu arbeiten, im Team zu lehren und im Team zu predigen.
- Motivieren Sie jeden Mitarbeiter, dass er sich als Mentor um seine potenziellen Nachfolger kümmert.
- Halten Sie die Kommunikation zwischen der Gemeinde und der Gemeindeleitung durch regelmäßige Gemeindebriefe aufrecht. Geben Sie der Gemeinde regelmäßig die Möglichkeit, Fragen zu stellen.
- Um möglichen Konflikten vorzubeugen, sollten Beschwerden und Anliegen direkt an den Gemeindevorstand gerichtet werden können.
- Wenn ein Mitarbeiter die Gemeinde verlässt, sollten Sie ihm die Gelegenheit geben, der Gemeinde die Gründe für seinen Abschied zu erklären, wenn er dies wünscht.
- Schulen Sie Mitarbeiter, Laienmitarbeiter und die Gemeinde darin, sich selbst immer als Diener zu sehen (1 Kor 3,5; 4,1).

Verteilen Sie die Leiterschaft auf viele Schultern

Da die Grundlagen und Vorbedingungen für ein autoritäres Leiterschaftsverständnis sehr einfach sind, gibt dies dominanten Menschen die Möglichkeit, sich als Herrscher zu etablieren. Egal, ob richtig oder falsch – sie treffen die Entscheidungen. Niemand verlangt von ihnen, sich dem sorgfältigen Prozess von Verhandlung und Beratung zu unterziehen. Und wenn doch, dann kontrollieren letztlich sie die Ergebnisse. Macht verschafft eben Recht.

Anders beim biblischen Verständnis von Leiterschaft. Die anspruchsvolle Komplexität dienender Leiterschaft bringt es mit sich, dass keine Einzelperson für sich in Anspruch nehmen kann, die damit verbundene Verantwortung allein zu tragen. In einem hierarchischen System trifft der starke Mann oder die Person, die die Verantwortung innehat, Entscheidungen, die nicht in Frage gestellt oder kritisiert werden. Selbst wenn Fragen zur Diskussion gestellt werden, nimmt der starke Leiter für sich in Anspruch, die endgültige Entscheidung für die Gruppe zu treffen. Dienende Leiterschaft dagegen ist wesentlich unaufdringlicher und daher auch wesentlich fordernder.

Ein dienender Leiter richtet die Aufmerksamkeit der Gemeinschaft auf Themen, die das Leben der Gruppe betreffen, damit die Gruppe ihn im Gegenzug damit beauftragt, eine angemessene Lösung zu finden (Apg 15,2–3). Dadurch wird erforderlich, dass sich Menschen treffen, um in Gruppen gemeinsam über solche Themen nachzudenken (Verse 4.6). In die Beratung können viele Diskussionen einfließen (Vers 7) oder auch Zeiten, in denen die ganze Versammlung schweigt (Vers 12). Alle kompetenten Personen sollten die Gelegenheit bekommen, sich an der Diskussion zu beteiligen (Verse 12–13), bis eine Einigung erzielt werden kann (Vers 22). Diese Einigung ist dann die Entscheidung des Heiligen Geistes (Vers 28), weil die Gemeinschaft zusammengekommen ist, um den Willen Gottes zu erkennen. Dienende Leiterschaft handelt auf der Grundlage einer Gruppenentscheidung oder auf der Grundlage einer Mehrheitsentscheidung, und nicht auf der Basis einseitiger, autokratischer Entscheidungen von oben.

Im Neuen Testament findet sich eine überzeugende Begründung für die Notwendigkeit autoritärer Strukturen in einer säkularen Gesellschaft (Mt 22,16–21; Röm 13,1–7; 1 Tim 2,1–2; Tit 3,1; 1 Petr 2,13–17): Eine Gesellschaft, die nicht auf Christus aufgebaut ist, kann nicht geordnet funktionieren, ohne dass jemand die Verantwortung übernimmt und Regeln durchsetzt.

Eine Entschuldigung für die Ausübung von Autorität innerhalb der Gemeinde findet sich im Neuen Testament dagegen nicht. Die Bibel verbietet Christen ausdrücklich, ihre Gemeinschaften wie die »Herrscher der Völker« zu leiten, die andere »ihre Macht spüren« lassen (Mt 20,25). Die säkulare Welt wird von Beziehungen regiert, in denen es auf der einen Seite Herrscher gibt und auf der anderen eine größere Anzahl von Beherrschten. Das Unterscheidungsmerkmal christlicher Gemeinschaften ist ein Diener-Diener-Modell im interaktiven Zusammenleben (Eph 5,21). Unsere Gesellschaft kann ohne Leiter, die ihre Untergebenen kontrollieren, nicht effektiv funktionieren; die Gemeinde kann dagegen nicht effektiv funktionieren, wenn sie von Leitern kontrolliert wird.

Der Heilige Geist bewirkt innerhalb der Gemeinschaft nicht, dass einige andere kontrollieren, sondern dass alle sich einander als Diener unterordnen. Die Aufgabe christlicher Leiter besteht folglich nicht darin, eine Autoritätsposition zu nutzen, um die Gemeinschaft zu kontrollieren, sondern sich als dienende Leiter zusammenzuschließen und gemeinsam zum Wohl der Gemeinschaft zu arbeiten. Wie wir gesehen haben, mag es Zeiten geben, in denen Kontrolle notwendig sein kann, um falsche Verhaltensweisen zu korrigieren und so im Interesse der Gruppe zu handeln, aber nur als Sondermaßnahme und nie als Norm.

Unter normalen Umständen besteht die Aufgabe des Leiters darin, die Gruppe anzuleiten, selbst Verantwortung zu übernehmen. Eine Gruppe von Leitern ist weniger anfällig dafür, korrumpiert zu werden und die Autorität der Gemeinschaft an sich zu reißen, als ein starker einzelner Leiter, der eine Vormachtstellung über die Gemeinschaft gewinnt. Wenn es um Leiterschaft geht, bieten große Zahlen immer Sicherheit.

Der Druck, der auf Christen ausgeübt wird, sich den Gepflogenheiten unserer Gesellschaft anzugleichen und in christlichen Gemeinschaften hierarchische Strukturen einzuführen, ist groß (2 Kor 11,20; Gal 4,8–9; 5,1). Die Macht solcher Einflüsse zeigt sich in der Verbreitung religiöser Sekten, die sich auf die Unterstützung der Bibel berufen, wenn sie ihre Anhänger ihrer Autorität und Kontrolle unterwerfen. Die beste Verteidigung gegen autokratische Übernahmeversuche in christlichen Gemeinden ist eine in der Gemeindeverfassung festgelegte und geschützte Gemeindeleitung, die sich aus mehreren Leitern zusammensetzt.

Im Neuen Testament gibt es keinen Hinweis darauf, dass eine der frühen christlichen Gemeinden unter der Leitung einer dominanten

Einzelperson stand. In der Bibel finden sich kein Präzedenzfall und keine Rechtfertigung für die von einem einzigen Pastor geleiteten Gemeinde. Alle Funktionen, die im Neuen Testament im Zusammenhang mit der Leitung von Ortsgemeinden erwähnt werden, stehen durchweg im Plural. Nicht alle Gemeinden hatten beispielsweise Bischöfe oder Gemeindevorsteher, aber bei Gemeinden, in denen es diese Ämter gab, füllte keine Einzelperson diese Ämter aus, sondern mehrere. Die Leiter der Gemeinde in Ephesus waren vom Heiligen Geist zu »Hirten« ihrer Herde ernannt worden (Apg 20,28). Als Paulus an die Gemeinde von Philippi schrieb, grüßte er die Gemeinde und besonders die »leitenden Mitglieder und Diakone« (Phil 1,1). Als er an Timotheus schrieb, gab er Anweisungen für die Ernennung von Ältesten, die er auch »Gemeindeleiter« nennt (Tit 1,5–7). *Leiterschaft ist im Neuen Testament immer auf viele Schultern verteilt.*

Auch wenn die Apostel lange Zeit in der Gemeinde von Jerusalem als erste Gemeindeleiter blieben, teilten sie sich die Leitung der Gemeinde doch mit einer Gruppe von Ältesten (Apg 15,4.6.22), die noch in der Gemeinde blieben, lange nachdem die Apostel diese verlassen hatten (Apg 21,18). Älteste werden nicht im Zusammenhang mit jeder Gemeinde erwähnt. Aber wo es sie gibt, wird immer auf mehrere Älteste verwiesen, nicht nur auf einen einzelnen Leiter. Auch diese Form der Gemeindeleitung wurde immer von einem Team ausgeübt, nie von einer Einzelperson (vgl. Apg 20,17; 1 Tim 5,17; Tit 1,5; Jak 5,14; 1 Petr 5,1–4).

Die Hinweise auf die Ältesten lassen vermuten, dass sie für die seelsorgerliche Betreuung der Gemeinde zuständig waren. Das bedeutet, dass es in der Urkirche üblich war, ein Team von Pastoren statt nur einen einzigen Pastor zu haben. Da die Grenzen zwischen Laien und Klerus nicht klar gezogen waren, versorgten sich einige dieser Leiter selbst, während andere je nach Umfang ihres Dienstes entlohnt wurden (1 Tim 5,17). Es gibt keinen Grund, warum dieses Modell, bei dem Pastoren ihre Leiterschaftsaufgabe mit speziell dafür geschulten Teams von Laien teilen, nicht auch noch für heutige Gemeinden gelten sollte.

Zusätzlich zu den Gemeindevorstehern und/oder Ältesten werden in zwei Gemeinden Diakone erwähnt (Phil 1,1; 1 Tim 3,8.12). Wie auch immer ihre Aufgaben konkret aussahen, sie übten ihren Dienst jedenfalls auch auf der Grundlage der auf mehrere Schultern verteilten Leiterschaft aus, da auch sie immer in der Mehrzahl erwähnt werden. Es gibt nur eine einzige Ausnahme, bei der auf die »Diakonin der Gemeinde in Kenchreä« Bezug genommen wird, die als Einzige namentlich erwähnt wird. Doch die grammatikalische Form des Textes lässt darauf schließen, dass sie eine der sieben Diakone in ihrer Gemeinde war (Röm 16,1).

Im ganzen neuen Testament präsentiert sich Gemeindeleitung als gemeinschaftliche Aufgabe. Selbst wenn der unbestimmte Begriff »Leiter« im Zusammenhang mit christlicher Gemeinschaft verwendet wird, hat er eine Mehrzahlbedeutung (Hebr 13,7.17). Timotheus und Titus trugen in Ephesus und Kreta sehr große persönliche Verantwortung, aber keiner von beiden zählte eigentlich zur Leitung der Gemeinden vor Ort. Beide wurden für zeitlich begrenzte Aufgaben dorthin entsandt, um konkrete Probleme zu lösen (1 Tim 1,3; Tit 1,5). Paulus bat beide, ihren Posten zu verlassen, nachdem sie die Reformen durchgeführt hatten, für die sie in die Gemeinden geschickt worden waren (2 Tim 4,9; Tit 3,12). In beiden Fällen bestand ihr Auftrag darin, Teams aus verlässlichen Leitern einzusetzen.

Teamleitung ist keine menschliche, sondern eine himmlische Erfindung. In der Bibel findet sich ein erstaunliches Beispiel gemeinschaftlicher Leiterschaft auf höchster Ebene in Bezug auf eine Aufgabe, die reichlich einfach erscheint: die Gemeinden mit geistlichen Gaben auszustatten. Da die Kirche seit Pfingsten unter der Aufsicht des Heiligen Geistes steht, sollte man meinen, dass die Verteilung von geistlichen Gaben einfach auf den Heiligen Geist übergehen würde. Doch alle drei Personen Gottes sind gleichermaßen an der Ausstattung der Kirche mit geistlichen Gaben beteiligt. Der Heilige Geist gibt die Gaben, Christus gibt die unterschiedlichen Dienste, und Gott, der Vater, gibt die Kraft dazu (1 Kor 12,4–6).

Die Kirche und ihre Dienste sind für Gott wichtig genug, dass alle Personen der Trinität daran beteiligt sind, alles daran zu setzen, ihre Entwicklung zu fördern. Das ist gemeinschaftlicher Dienst in seiner Reinform. Das Geringste, was irdische Nutznießer dieser himmlischen Gemeinschaftsarbeit tun können, ist, sie nachzuahmen und sich energisch allen autokratischen Leitungseinflüssen innerhalb christlicher Gemeinschaften zu widersetzen.

Das höchste Leiterschaftsamt

In der Bibel wird kein Mensch jemals zum alleinigen Leiter einer Gemeinde ernannt. Die Bibel gestattet keinem Menschen, sich als Haupt der Gemeinde zu bezeichnen. Dieses gehört Christus allein. Aber selbst Christus beruft sich nicht auf dieses Amt, um Autorität über seine Gemeinde auszuüben. Sein Leiterschaftsamt hat durchweg dienende Funktion, wobei er die Gemeinde mit Fülle versorgt (Eph 1,22–23), mit Wachstum (Eph 4,15–16), mit Heil (Eph 5,23), mit einem Ursprung (Kol 1,18), mit Fülle in ihm als dem Schöpfer aller Macht (Kol 2,9; vgl. 1,16) und mit einem Wachstum, das seine Quelle in Gott findet (Kol 2,19). Da Christus sich in dienender Haltung als Erlöser für die Kirche hingibt, soll sich die Kirche im Gegenzug Christus unterordnen (Eph 5,23–24). Christus behandelt die Kirche als seine Braut – nicht als seine Sklavin. Ebenso sollten Gemeindeleiter andere Christen als Mit-Diener behandeln, nicht als Untergebene.

Der im Neuen Testament verwendete Begriff »Haupt« verdeutlicht die biblische Definition von Leiterschaft. Als hervorstechender Teil des Körpers kann der Kopf für sich werben, indem er auf seinem höheren Status als Chef, Boss, Herrscher oder als derjenige, der Autorität über den Körper ausübt, hinweist. Wie nicht anders zu erwarten, gilt im Neuen Testament das genaue Gegenteil. Das Haupt ist immer derjenige Teil, der zwar herausragt, aber dem Körper als Quelle des Lebens, des Wachstums und der Stärke dient. Biblische Leiterschaft ist eine dienende Funktion, geleitet von dem festen Willen, die Bedürfnisse anderer zu erfüllen, und nicht von dem Wunsch, über andere Autorität auszuüben.

Da sich eine ausführliche Diskussion der neutestamentlichen Bedeutung des Begriffes »Haupt« in meinem Buch *Beyond Sex Roles* (Baker 1985) findet, soll hier nur ein biblisches Beispiel zitiert werden, um den Druck zu illustrieren, den die säkulare Kultur auf die Bedeutung dieses Begriffes ausübt, um ihn in eine hierarchische Struktur hineinzuinterpretieren. Als der Apostel Paulus die Folgen des Ursprungs von Mann und Frau diskutierte (1 Kor 11,7–9.11–12), begann er mit einer Aussage (Vers 3) darüber, dass Christus das Haupt des Mannes sei (A), der Mann das Haupt der Frau (B) und Gott das Haupt Christi (C). Unter völliger Missachtung der biblischen Ordnung dieser drei Fälle stellt eine geschickte, aber populäre Interpretation diese Verse völlig auf den Kopf und baut daraus eine hierarchische Struktur auf. Wenn man die Sätze umdreht und »Haupt« mit »Autorität« gleichsetzt, erhält man eine von oben nach unten gerichtete Befehlskette: Gott – Christus – Mann – Frau. ABC wird zu CAB!

Die biblische Ordnung in diesen Versen ist nicht hierarchisch (CAB), sondern eine Ordnung, die auf gegenseitigem Dienen beruht

(ABC): Das Haupt jedes Mannes ist Christus, weil er bei der Schöpfung, als alle Dinge durch ihn entstanden, dem Mann Leben schenkte (A). Das Haupt der Frau ist der Mann, weil ihr Leben aus dem Leben des Mannes entstand (B). Und schließlich ist Gott das Haupt Christi, weil Gott dem Sohn Leben bei dessen Menschwerdung gab (C). Mit dieser Reihenfolge, die mit Gott ihren Höhepunkt findet, möchte Paulus eine Aussage belegen, die im unmittelbaren Kontext steht: Letztlich kommt alles »von Gott, der alles geschaffen hat« (Vers 12). Mann und Frau sind voneinander abhängig, was ihren Ursprung betrifft (Verse 11–12), aber alle Menschen, einschließlich des Fleisch gewordenen Christus, schulden ihre Existenz dem Leben spendenden Gott.

Diese Interpretation der Passage aus 1. Korinther-Brief, Kapitel 11, Vers 3 erklärte das rätselhafte Fehlen des Heiligen Geistes in dieser Reihenfolge. Der Heilige Geist hätte in ein Autoritätsgefüge zwischen Gott und Menschen eingefügt werden müssen, da er der Fürsprecher Christi ist und im Namen Christi hilft. Nach den Worten der Bibel hat Gott die absolute Souveränität über alle Geschöpfe und alle Menschen müssen sich allen drei Personen der Trinität unterwerfen. Aber es geht bei diesem konkreten Abschnitt der Bibel nicht um göttliche Herrschaft. Der Heilige Geist fehlt in dieser Reihenfolge, weil in der Bibel nichts davon zu lesen ist, dass er an der Erschaffung von Mann oder Frau beteiligt gewesen wäre, und eindeutig ist nur Christus der Sohn Gottes. Der Heilige Geist wird nie als Sohn des Vaters oder als Vater des Sohnes beschrieben. Aus diesem Grund muss man die biblische Reihenfolge der drei Sätze (ABC) als Beschreibung aufeinander folgender Beziehungen in Bezug auf deren jeweiligen Ursprung sehen. Man sollte sie nicht neu mischen und in eine hierarchische Struktur pressen.

Der biblische Leiterschaftsbegriff ist in der Bedeutung des Wortes »Haupt« zusammengefasst: jemand, der eine herausgehobene Position nicht missbraucht, um Autorität über andere auszuüben, sondern der sich als Diener darum bemüht, andere zu stärken und emporzuheben. Der Kern christlicher Leiterschaft ist der, Mut zu geben, und nicht der Wunsch zu herrschen. Es kann nie genug solcher authentischer Leiter geben. Für jede Gemeinde ist ein Team aus so motivierten Leitern ein Segen Gottes.

Ein Wort zum Schluss

Voller Hoffnung schüttete Jesus seinen Jüngern kurz vor der Erfüllung seines irdischen Auftrages sein Herz aus. Monatelang hatte er ihnen die Grundprinzipien zum Aufbau von Gottes Reich eingebläut. Mit Worten und Taten, anhand von Seligpreisungen und Gleichnissen, durch Zeichen und Wunder hatte er seinen Jüngern gezeigt, dass Gott ihnen in seiner Person nahe und das Reich Gottes bei ihnen war.

Doch zusammen mit den Menschenmassen, die Jesus immer auf den Fersen waren, um möglichst viel von seiner Macht zu profitieren, waren sich auch die Jünger nicht über seine wahre Identität im Klaren. Sie staunten über seine Autorität und über die Macht seiner Lehre. Aber sie konnten in ihm nicht den einen erkennen, der die Macht hatte, ihre Beziehung zu Gott und ihre Gemeinschaft untereinander wiederherzustellen.

Um das Thema zu forcieren, zog Jesus sich mit seinen Jüngern in ein schönes kleines Dorf im Norden Galiläas zurück. In dieser ruhigen Umgebung, abseits von den Anforderungen des Dienstes und dem Druck der Menschenmassen, wurde Jesus mitteilsam und persönlich. Mit gespannter Erwartung steuerte er das Gespräch auf den entscheidenden Punkt hin und fragte: »Und ihr, für wen haltet ihr mich?« (Mt 16,15). Er wusste, dass ihr Schicksal und der Erfolg seines irdischen Auftrages davon abhing, dass sie ihn und seinen Dienst richtig einschätzten.

Schließlich und endlich und in einem Aufblitzen göttlicher Inspiration hörte Petrus sich ausrufen: »Du bist Christus, der versprochene Retter, der Sohn des lebendigen Gottes« (Vers 16)! Die offensichtliche Wahrheit, die sie von Anfang an angestarrt hatte, war endlich erfasst. Jesus seufzte erleichtert auf. Sein irdischer Auftrag war erfolgreich gewesen.

Jesu Reaktion auf das erste menschliche Erkennen seiner übernatürlichen Identität war ein Ausruf des Segens. Er sah die Verwandlung ganz gewöhnlicher Menschen wie Petrus zu Bausteinen der neuen Gemeinschaft voraus. Zum ersten Mal verkündete er feierlich, dass er seine Kirche bauen wollte und dass diese neue Gemeinschaft sich gegen die Mächte der Hölle durchsetzen sollte, weil sie die Schlüssel in der Hand hielt, die den Zugang zum Reich Gottes ermöglichte. In dem Augenblick, in dem Jesus als derjenige erkannt wurde, der Gottes Plan für die Menschheit erfüllte, schloss er für alle Zeiten alle Menschen ein, die an ihn glaubten, und verband sie miteinander in einer neuen Gemeinschaft, die er »meine Gemeinde« nannte – sein kostbarster Besitz auf der Erde, der bis in die Ewigkeit hineinreichte (Vers 17–19).

Als Paulus eine Generation später über die Beziehung von Christus zu seiner Gemeinde nachdachte, schrieb er: »[...] wie Christus die Gemeinde geliebt hat! Er hat sein Leben für sie gegeben!« (Eph 5,25). Gott liebte die Welt so sehr, dass er seinen einzigen Sohn für sie gab, aber der Sohn liebte die Gemeinde so sehr, dass er sein Leben für sie gab.

Jesus Christus war Ausdruck der Liebe Gottes. Er liebte das Leben; er hatte es erschaffen. Er liebte Menschen; sie waren der Gegenstand seines Dienstes. Er liebte seine Jünger; er nannte sie seine Freunde. Er liebte den reichen jungen Mann; er wollte ihn in den Kreis der Menschen aufnehmen, die ihm nachfolgten. Er liebte den Vater; zusammen mit dem Heiligen Geist bildeten sie die ursprüngliche Gemeinschaft der Einheit. Er liebte Johannes, den geliebten Jünger. Er liebte Lazarus, und zwar so sehr, dass er ihm den Tod verweigerte. Er liebte Maria und Marta, als wären sie seine eigenen Schwestern. Er liebte die Natur, die aus seinen Schöpferhänden entstanden war. Christus liebte vieles. Aber die größte Liebe seines Lebens galt der Gemeinde, seiner Braut. Sein Leben war bestimmt von einer zwingenden, unwiderstehlichen Leidenschaft für die Gemeinde. Er liebte die Gemeinde bis zum Tod. Seine Liebe zu ihr ändert sich nicht. Die Gemeinschaft der Christen wird in alle Ewigkeit seine Braut bleiben.

Jeder, der von sich behauptet, Christus zu lieben, aber die Gemeinde nicht liebt, der die Liebe Christi gilt, der liebt Christus nicht wirklich. Authentische Liebe zu Christus wird notwendigerweise zu einer Liebe zur Gemeinde (1 Joh 4,20–21). Der Einsiedler, der seine Spiritualität in der Einsamkeit einer Höhle kultiviert, liebt Christus nicht wirklich. Der Evangelist, der überzeugt ist, Menschen zu retten und zu heilen, sie aber nicht dazu bringt, sich einer Gemeinde anzuschließen, liebt Christus nicht wirklich. Der Pfarrer, der von sich behauptet, die Gemeinde zu sein, liebt Christus nicht wirklich. Ein langweiliger Prediger liebt Christus nicht wirklich. Ein passiver Gottesdienstbesucher liebt Christus nicht wirklich. Ein vom Konkurrenzdenken geleiteter Gemeindegründer liebt Christus nicht wirklich. Ein jähzorniger Missionar liebt Christus nicht wirklich. Ein rassistischer, sexistischer Christ liebt Christus nicht wirklich. Leiter, die Dienste mit hierarchischen Strukturen belasten, lieben Christus nicht wirklich. Christen, die zulassen, dass ihre Gemeinden in Mittelmäßigkeit abgleiten, lieben Christus nicht wirklich.

Christus liebt, wer wie er bereit ist, sich für die Kirche zu opfern. Wer Christus wirklich liebt, wird von einer zwingenden Leidenschaft für die Kirche getrieben, weil die Kirche bzw. die Gemeinde seine Leidenschaft ist.

Viele wohlmeinenden christliche Leiter und deren Anhänger fördern gedankenlos kirchliche Organisationsformen, die deutlich antikirchlich sind, weil sie in kirchlichen Systemen gefangen sind, die sich unangefochten selbst aufrechterhalten. Ich möchte diesen Punkt mit einer persönlichen Erfahrung verdeutlichen.

Als ich Freunde in einem großen amerikanischen Ballungszentrum besuchte, wurde ich eingeladen, zusammen mit ihnen den Sonntagsgottesdienst ihrer Gemeinde zu besuchen. Als wir uns dem Eingang des Gebäudes näherten, begrüßte uns eine Gruppe freundlicher Menschen sehr herzlich; sie baten mich als Neuling, mich in das Gästebuch der Gemeinde einzutragen. In der großen Vorhalle wurden wir von einem Platzanweiser in Empfang genommen und an einen Platz geleitet, wo wir auf den Beginn des Gottesdienstes warteten. In der Reihe vor uns beobachtete ich eine Familie, die im besten Sonntagsstaat erschienen war. Der Junge saß neben seinem Vater und seine beiden Schwestern saßen auf der anderen Seite neben ihrer Mutter.

Als der Gemeinderaum sich füllte, setzte das Orgelvorspiel mit getragener Musik ein, und fünf feierlich blickende Leute zogen langsam durch den Mittelgang ein. Sie gingen zum Podium und setzten sich dort mit Blick zur Gemeinde in große Lehnstühle. Als der Gottesdienst begann, leiteten sie die Gemeinde abwechselnd durch die verschiedenen Abschnitte des Gottesdienstes. Schließlich kündigte einer von ihnen die Kollekte an und bat die Kollektensammler, nach vorne zu kommen. Überall in der Gemeinde standen Leute auf, kamen nach vorne, nahmen die Kollektenkörbchen und gingen durch die Reihen.

In diesem Augenblick ging mir ein Licht auf. Ich erkannte plötzlich, dass, angefangen von den Leuten, die uns am Eingang begrüßt hatten, alle Leute, die irgendeinen Dienst als Begrüßungsteam, Platzanweiser,

Gottesdienstleiter oder jetzt als Kollektensammler hatten, ausschließlich Männer waren. Keine einzige Frau hatte etwas von sichtbarer Bedeutung zu tun, außer in den Gemeindebänken zu sitzen. Es dämmerte mir, dass ich hier die Rituale einer Geschlechterreligion sah. Nach der Predigt, der ich nur sehr unaufmerksam folgen konnte, kündigte einer der Pastoren das Abendmahl an und bat die Kommunionhelfer nach vorne. Wieder kamen eine Reihe von Leuten aus der Gemeinde nach vorn – ausschließlich Männer.

Als ich da saß und innerlich kochte, während die Symbole für das Opfer, das Christus für die Einheit der Gemeinde gebracht hatte, missbraucht wurden, dachte ich über die Familie nach, die vor mir saß. Mit welchem Recht konnte diese Gemeinde im Namen Christi in das Bewusstsein dieser Frau und ihrer beiden Töchter einbrennen, dass sie auf Grund ihres Geschlechts nicht geeignet waren, sich am Dienst der Gemeinde zu beteiligen? Mit welchem Recht konnte diese Gemeinde ihnen ihre einmalige Persönlichkeit rauben und sie zu Bürgern zweiter Klasse im Reich Gottes ernennen, nur weil sie als Frauen geboren worden waren? Mit welchem Recht wurde dem Reich Gottes der freie Gebrauch der geistlichen Gaben verweigert, die der Heilige Geist den Menschen dieser Gemeinde gegeben hatte? Mit welchem Recht ging diese Gemeinde das Risiko ein, diese zwei kleinen Mädchen für immer vom Glauben abzuschrecken, die vielleicht die Gemeinde eines Tages ablehnen würden, weil sie heute im Namen Christi geistlichen Missbrauch erfuhren? Mit welchem Recht prägte diese Gemeinde in dem kleinen Jungen ein falsches Gefühl seiner männlichen Überlegenheit und bereitete ihn darauf vor, als erwachsener Mann dieses Fehlverhalten beizubehalten?

Mit welchem Recht konnte diese Gemeinde ihre heilige Berufung als Gemeinschaft verraten? Mit welchem Recht konnte diese Gemeinde ihren eigenen Leuten die bevorzugte Behandlung zumuten, die die Bibel ausdrücklich sogar gegenüber Außenstehenden verbietet (Jak 2,1–6)? Mit welchem Recht konnte diese Gemeinde Missionare aussenden, die »durch Länder und Meere ziehen« sollten, um einen einzigen Menschen für den Glauben zu gewinnen, und ihn zum Opfer eines Kastensystems zu machen, das sich nicht sehr von der Praxis seiner alten heidnischen Religion unterscheidet?

Als ich darüber nachdachte, war es mir einfach nicht möglich, am Abendmahl teilzunehmen. Ich konnte nur still vor mich hintrauern und auf das Ende des Gottesdienstes warten. Aber das Ende sollte nicht so schnell kommen. Nach dem Abendmahl kündigte einer der Pastoren an, dass dies ein besonderer Tag im Leben der Gemeinde war, da sie einen Missionar nach Afrika aussenden konnte. Er erklärte, dass es bei diesem missionarischen Auftrag besonders darum ging, Gemeinden zu gründen und Leiter auszubilden. Dann bat er den Missionar auf das Podium. Zu meiner großen Überraschung stand eine Frau in der ersten Reihe auf und ging auf das Podium. Sie setzte sich auf den ihr angebotenen Stuhl, auffällig alleine und schweigend. Dann bat der Pastor die Ältesten und Dienstleiter nach vorne, um mit für sie zu beten. Aus der ganzen Gemeinde kamen eine Menge Leute nach vorne und stellten sich um die Frau herum, so dass man sie nicht mehr sehen konnte. Sie beteten reihum und baten Gott darum, ihren Dienst unter den »Eingeborenen« zu segnen. Keine einzige Frau war dabei und betete für sie. Ausschließlich Männer mit weißer Hautfarbe baten Gott, ihren Dienst unter den schwarzen Einwohnern Afrikas zu segnen.

Ich wurde noch kleiner in meiner Bank, verblüfft von der offensichtlichen Widersprüchlichkeit der Situation. Eine Frau war nicht gut genug, irgendeinen sichtbaren Dienst in dieser weißen, von Männern dominierten Gemeinde zu übernehmen, aber es war in Ordnung, wenn sie als Gemeindegründerin und Leiterin weit von ihnen entfernt unter Christen mit schwarzer Hautfarbe arbeitete. In ihrer Blindheit für diese Widersprüchlichkeit erkannten diese Gottesdienstbesucher nicht, dass die Sünde ihrer Diskriminierung von Frauen lediglich durch ihre Sünde rassistischer Vorurteile übertroffen wurde.

Doch gleichzeitig erkannte ich auch meine eigene Fehlerhaftigkeit und dass all diese wohlmeinenden Christen nur Opfer eines Systems waren. Sie spielten wie Marionetten eine Karikatur von Gemeinschaft, im guten Glauben, dass ihre pathetische Parodie das Original war. Sie kannten die biblische Alternative zu ihrer Scharade nicht. Sie lasen ihre Bibeln, ohne jemals von der Leidenschaft Christi für die Kirche ergriffen worden zu sein, ohne die Größe und Schönheit von Gottes Vorstellungen von Gemeinschaft wahrzunehmen und ohne die Freude und das Gute von Beziehungen zu erkennen, die von gegenseitiger Annahme und wechselseitigem Dienen geprägt sind. Sie kannten nur Hierarchie und Herrschaft.

Die Wiederentdeckung von Gemeinschaft

In den vorangegangenen Kapiteln habe ich zahlreiche Wege zur Wiederentdeckung und zum Aufbau von Gemeinschaft beschrieben. Im

Folgenden finden sich noch ein paar zusätzliche Vorschläge für alle, die sich auf der Suche nach biblischer Gemeinschaft befinden.

- Entdecken Sie anhand der Bibel die Definition für authentische Gemeinschaft (neu). Lesen Sie das Neue Testament, und suchen Sie ganzheitliche Definitionen von Gemeinschaft und Prinzipien, die ihre Funktionsweise beschreiben. Beschäftigen Sie sich so lange mit diesem Bibelstudium, bis Sie entdecken, dass Gemeinschaft keine menschliche Erfindung oder eine Überlebensausrüstung ist, sondern ein Geschenk Gottes an die Menschen, ein wesentliches Element seines Bildes, das in seinem dreieinigen Wesen begründet ist. Entwickeln Sie dann eine Leidenschaft für Gemeinschaft und bemühen Sie sich um gegenseitige Beziehungen in der Familie und mit Freunden, in Kleingruppen, in der Gemeinde und in Dienstteams. Gemeinschaft ist kein auf Wunsch erhältlicher Luxus, sondern ein bindender Auftrag von Gott.
- Vermeiden Sie ein Übergewicht von Chorälen und Anbetungsliedern in der Ich-Form gegenüber denen, die die Gemeinschaft in der Wir-Form feiern. Machen Sie sich bewusst: Wenn jeder während der gemeinsamen Anbetungszeit machen kann, was ihm gefällt, erweckt dies den Anschein, dass jeder für sich alleine Gott anbetet und sich nur zufällig mit anderen dazu im selben Raum befindet. Wenn Menschen zum Gottesdienst zusammenkommen und sich dann aber in ihre private ekstatische oder mystische Welt zurückziehen, als seien sie alleine, dann praktizieren sie etwas, das nichts mit gemeinsamem Gottesdienst, wie er in der Bibel beschrieben wird, zu tun hat.

  Ein wesentliches Element des gemeinschaftlichen Gottesdienstes ist allgemeine Beteiligung, die zu gegenseitiger Unterweisung führt. Das ist vor allem das Anliegen des Apostels Paulus, als er im 1. Korinther-Brief, Kapitel 14 etwas zum Thema »Gottesdienst« schrieb. Wenn jemand im Rahmen der Gemeinschaft betet, sollte sein Gebet auch für die anderen Anwesenden verständlich und auferbauend sein (1 Kor 14,16–17). Wenn sich Christen zum Gottesdienst versammeln, muss jeder Beitrag »dem Aufbau der Gemeinde dienen« (Vers 26). Wenn Christen Gott gemeinsam mit »Psalmen und Lobliedern« preisen, sollten sie sich bewusst sein, dass sie auch zueinander sprechen (»einander ermuntern«; Eph 5,19). Christen, die »Gott aus vollem Herzen Psalmen, Hymnen, Loblieder« singen, tun dies in einem Kontext, in dem das Wort Gottes bei ihnen ist, wenn sie »mit aller Weisheit« ermahnen und unterweisen (Kol 3,16).

Gemeinsame Anbetung unterscheidet sich nicht nur quantitativ von Privatandachten, bei denen eine Reihe von Leuten zusammenkommen, um persönlich mit Gott Zwiesprache zu halten. Sie unterscheidet sich auch qualitativ. Wenn Christen Gott für sich alleine anbeten, sind sie vor allem an einem persönlichen Segen interessiert. Doch wenn sie Gott gemeinsam anbeten, erstreckt sich die Bitte um persönlichen Segen auch auf die anderen Anbeter. Das bedeutet aber auch, dass alle körperlichen, emotionalen und verbalen Ausdrucksformen kritisch und streng beurteilt werden müssen, damit sie andere Gottesdienstbesucher nicht verletzen oder verunsichern. Doch nur das, was Gott gefällt und der gegenseitigen Auferbauung dient, gehört in das Erleben einer anbetenden Gemeinschaft.

- Achten Sie auch auf die evangelikale Betonung einer »persönlichen Beziehung zu Christus« und auf das Fehlen eines entsprechenden allgemein gebräuchlichen Begriffes für die Kultivierung dieser Beziehung zu Christus und zu seinem Leib. Achten Sie auch darauf, wie oft Frömmigkeit auf eine tägliche »Stille Zeit« und das Führen eines Tagebuches beschränkt wird. Beides sind Dinge, die in der Isolation geschehen. Denken Sie daran, dass sich geistliches Wachstum vor allem im Kontext interaktiver Beziehungen und gegenseitiger Verbindlichkeit ereignet.

  Natürlich ist die persönliche Praxis geistlicher Übungen in hohem Maße wünschenswert, aber nicht, wenn sie auf mit sich selbst beschäftigte, introspektive und gesetzliche Übungen reduziert wird. Das eigentliche Ziel persönlicher Frömmigkeit besteht darin, das Leben der Gemeinschaft zu bereichern und zu seiner »Fülle« beizutragen, und nicht darin, es zu ersetzen. Laut Bibel »hat [Christus] sein Leben für uns gegeben, um uns von aller Schuld zu befreien«. Aber das ist nur ein Teil der Wahrheit. Letztlich gab er sich selbst hin, um »sich so ein reines Volk zu schaffen, das nur ihm gehört und alles daran setzt, das Gute zu tun« (Tit 2,14). Echte Erlösung mündet von persönlicher Errettung in die Fülle der Gemeinschaft und in den gemeinsamen Dienst (1 Petr 2,2.4–5.9).

- Widerstehen Sie dem gegenwärtig herrschenden Druck, den Wert von Gemeinschaft durch »Familienwerte« zu ersetzen. Losgelöst von einer größeren Gemeinschaft kann die Familieneinheit den Angriffen der in der Gesellschaft wirkenden familienfeindlicher Kräfte nicht standhalten. Sich auf seine Familie zu konzentrieren ist gut. Doch die Familie stärken zu wollen, ohne gleichzeitig auch die Gemeinde als unterstützende Gemeinschaft einzubeziehen, führt in die falsche Richtung und ist zum Scheitern verurteilt.

Das Neue Testament setzt die Gemeinde als Gottes endgültige Gemeinschaft absolut, aber nie die Ehe oder die Familie. Die Kirche hat eine ewige Bestimmung, aber die Familie ist nur eine zeitliche Einrichtung, die im Himmel keinen Bestand mehr haben wird (Mt 22,30). Alle Christen werden automatisch Mitglieder des Leibes Christi (1 Kor 12,12–13), aber nicht alle Christen sind dazu berufen, zu heiraten und Familien zu gründen (Mt 19,12; 1 Kor 7,7–8.27.32–35). Christus machte ganz klar, dass die Nachfolge Vorrang gegenüber Familienbindungen hat (Lk 14,25–27) und dass die Gemeinschaft derer, die seinen Willen tun, seine wahre Familie bildet (Mk 3,31–35).

Da Gott Einheit ist, liebt der Heilige Geist in uns Einheit. Einheit unter Christen geschieht, wenn der Heilige Geist in einem Christen Verbindung mit dem Heiligen Geist in einem anderen Christen aufnimmt. Wenn sich der Anziehungskraft des Heiligen Geistes in dem Teil von uns, der Gemeinschaft sucht, Hindernisse in den Weg stellen, ist der Heilige Geist betrübt, und Einheit ist nicht möglich. Aber die Verbindung in Einheit stellt sich ganz natürlich ein, wenn wir dem Heiligen Geist in uns erlauben, sich über die Furcht, das Konkurrenz- und Hierarchiedenken und die Eifersucht hinwegzusetzen, das uns voneinander entfernt oder uns sogar zu Feinden macht. Dann hat der Heilige Geist die Freiheit, die Einheit zu schaffen, die das Bedürfnis stillt, das auf den ersten Seiten dieses Buches beschrieben ist.

Durch die Synergie des Geistes, der auf den Geist reagiert, können ein Mann und eine Frau das Wunder der Einheit erfahren. Aber der vom Heiligen Geist geschaffene Kreis der Einheit beschränkt sich nicht auf den engen Horizont der Kernfamilie. Ihrem Wesen nach sehnt sich Teileinheit danach dazuzugehören, sie sehnt sich nach der Bestätigung und der Unterstützung der großen Familie Gottes, der Kirche – losgelöst von ihr hat die Kernfamilie keine biblische Integrität.

Wenn Gemeinden ihre Berufung als biblisch funktionierende Gemeinschaften leben, inspirieren, stärken und schützen sie die zu ihnen gehörenden Familien. Losgelöst von der Gemeinschaft der Familie Gottes können sich christliche Familien nur durch die einsame Trostlosigkeit »durchwursteln«. Wenn Gemeinden dienende Beziehung in der Gemeindeleitung und in allen Dienstbereichen der Gemeinde vorleben, können sie Familien helfen, eine stabile Grundlage für ihr Familienleben zu legen.

Gemeinden aber, die ein Lippenbekenntnis für den Wert der Familie ablegen, aber gleichzeitig Strukturen aufrecht erhalten, die Menschen dominieren und ausschließen, legen die Grundlage für Unklarheiten und Fehlverhalten. Oft müssen solche Gemeinden separate Angebote für Männer und Frauen anbieten, um die Probleme zu lösen, die auf diese Weise entstanden sind – nur um zu entdecken, dass diese Trennung die Verwirrung und Entfremdung noch weiter verschlimmert.

Man bemüht sich heutzutage mit gewaltigen Anstrengungen, christliche Männer zu ermutigen, verantwortungsbewusste und loyale Ehemänner zu sein. Aber da diese Programme Männer in Strukturen gegenseitiger Verbindlichkeit integrieren, die die Ehefrauen ausschließen, um die sie sich in erster Linie kümmern sollten, zeigen sie wenig Erkenntnis in Bezug auf biblische Gemeinschaft und haben nur wenig Wirkung, abgesehen davon, dass sie Männern die Gelegenheit geben, sich zu treffen. Das biblische Modell für Gemeinschaft, das sich aus der Apostelgeschichte und den neutestamentlichen Briefen ergibt, fordert Gemeinden dazu auf, als authentische Gemeinschaften zu funktionieren, die ein natürliches Umfeld für unterstützende und geschlossene Kleingruppen bieten, die Ehepaare integrieren und vereinen, statt sie zu trennen. Dienste ausschließlich für Männer oder Frauen haben nur dann ihre Berechtigung, wenn sie bestehende Kleingruppenprogramme unterstützen, statt sie zu ersetzen. Anderenfalls werden sie zum sich selbst widerlegenden Ersatz für das Gemeinschaftsleben innerhalb der Ortsgemeinde.

Im Neuen Testament lesen wir, dass die Kirche »Gottes Hausgemeinschaft« ist, die Familie Gottes, die kleinere Familieneinheiten sowie Menschen ohne familiäre Bindungen in der allumfassenden Einheit dienender Liebe einschließt (Eph 2,19). Deshalb hat die Gemeinschaft höchste Priorität. Versuchen Sie, die Familie durch sich selbst zu stützen, und Sie werden sich weiterhin »abzappeln«. Aber konzentrieren Sie sich auf die Gemeinschaft und die Familie wird aufblühen.

- Um wirklich biblisch zu sein, sollte ein Glaubenssystem betonen, was das Neue Testament betont, und ablehnen, was im Neuen Testament abgelehnt wird. Es gibt keine Aussage im Neuen Testament, die dazu ermahnt oder einem Christen erlaubt, Autorität über einen anderen Christen auszuüben. Tatsächlich wird dies kategorisch verboten (Mt 20,25–26; 23,8–12; Mk 10,42–43; Lk 22,25–26). Dagegen finden sich im Neuen Testament viele Stellen, in denen Christen dazu aufgefordert werden, sich einander in einer Haltung gegenseitigen Dienens unterzuordnen. Folglich sollten Beziehungen, die von Unterordnung und Dienstbereitschaft geprägt sind, in den christlichen Gemeinschaften von Gemeinde und Familie viel mehr Gewicht bekommen und sich statt Autoritätsstrukturen durchsetzen.

In der Praxis bedeutet dies, dass jeder Christ auf Grund biblischer Gebote verpflichtet ist, andere Christen so zu behandeln, als ob sie »mehr« als er oder sie selbst sind – nicht nur gleich, sondern mehr (Phil 2,3). Diese Regel gilt ohne Ausnahme für alle Beziehungen von erwachsenen Christen in Gemeinde und Familie. Das ist ein todsicheres Rezept, um das biblische Gebot zu erfüllen, einander so anzunehmen, wie Christus uns angenommen hat (Röm 15,7).

Auch wenn uns Christus als Herr unendlich überlegen ist, wurde er um unseretwillen zu unserem Diener (Phil 2,6–7). Als Jesus wusste, »daß der Vater ihm alles in die Hand gegeben hatte, [...] daß er von Gott gekommen war und bald wieder zu Gott zurückkehren würde«, beugte er sich doch zu den Füßen seiner Jünger hinunter und handelte wie ein Diener – als ob sie über ihm stehen würden (Joh 13,3–5). Nicht Herrschaft, sondern Dienst. Nicht Herrschaft als Macht ausübende Autorität, sondern Herrschaft als demütiger Dienst.

- Erwarten und fordern Sie, dass Sie Ihre geistlichen Gaben in der Gemeinde einsetzen können, ohne dabei behindert zu werden. Jeder Christ ist direkt Gott gegenüber verantwortlich, ob er das Angebot der Erlösung annimmt. Genauso ist jeder Christ Gott gegenüber dafür verantwortlich, seine geistlichen Gaben für das Reich Gottes einzusetzen.

  Mit dem Reich Gottes ist es wie mit einem Herrn, der seinen Dienern Talente anvertraute und später mit ihnen abrechnete. Die Diener, die ihr Geld eingesetzt hatten, wurden überschwänglich gelobt und belohnt. Doch der Diener, der es nicht geschafft hatte, mit seinem Geld zu arbeiten, wurde unbarmherzig als »unzuverlässiger und fauler Diener« getadelt und aus der Gegenwart des Herrn entfernt.

Die schlichte Aussage dieses Gleichnisses besteht darin, dass Gott jeden Christen persönlich dafür zur Rechenschaft ziehen wird, wenn er seine Begabung nicht ganz für den Dienst einsetzt. Gott wird keinen Pfarrer oder Pastor zu unserem Versagen befragen. Wir sind persönlich dafür verantwortlich, die Umgebung oder den Platz zu finden, an dem wir ungehindert unsere Talente und unsere Begabungen in vollem Umfang einsetzen und investieren können. Entschuldigungen werden nicht akzeptiert werden, da das Reich Gottes die volle Hingabe aller seiner Angehörigen verdient.
Auch Institutionen, die den Einsatz der Gaben Gottes behindern, statt sie zu fördern, sollten sich bewusst machen, dass sie die Verantwortung dafür tragen und sich eigentlich dem Heiligen Geist, dem Urheber dieser Gaben, widersetzen (1 Kor 12,7.11). Die angemessene Reaktion auf Gottes Freigebigkeit gegenüber der Gemeinde besteht darin, alle geistlichen Gaben anzunehmen und zu fördern – und sie nicht zurückzuweisen und zu unterdrücken.

- Keine Gemeinde darf für sich das Recht in Anspruch nehmen, einem Christen den Einsatz seiner geistlichen Gaben zu verweigern, wenn sie einmal vom Leib Christi erkannt und bestätigt wurden. Im Zusammenhang mit der umfangreichsten Diskussion geistlicher Gaben im Neuen Testament wird ganz deutlich zum Ausdruck gebracht, dass sich kein Teil am Leib Christi der Verantwortung entziehen darf, seinen Beitrag zum Funktionieren des Leibes zu leisten (1 Kor 12,14–20). Genauso darf auch niemand jemand anderen davon abhalten, seinen Anteil zum Dienst beizutragen (Verse 21–25), da alle Dienste durch den Heiligen Geist zugeteilt sind (Verse 7.11). Selbst das Haupt des Leibes hat nicht die Autorität, den Beitrag auch des geringsten Teiles zu verhindern oder zurückzuweisen (Vers 21). Das Ideal des Neuen Testamentes für das richtige Funktionieren der Gemeinde als Gemeinschaft besteht in der maximalen Beteiligung ihrer Mitglieder am Dienst der Gemeinde.
  Natürlich sollte die Leitung der Ortsgemeinde in Fällen, in denen – wie etwa an den Pastoralbriefen abzulesen – die Funktionsweise der Gemeinde gestört ist, eingreifen, um zerstörerisch wirkende Situationen innerhalb der Gemeinde wieder unter Kontrolle zu bringen. Aber das Ziel dieser Kontrolle durch die Institution ist nicht, sie als Dauereinrichtung aufrecht zu erhalten. Wie im folgenden Diagramm illustriert wird, verändert sich die geistliche Dynamik von institutioneller Kontrolle als Heilmittel hin zum biblischen Ideal der völligen Beteiligung der ganzen Gemeinschaft.

Da es in der Geschichte und im Leben jeder Gemeinde variable Faktoren gibt, wird sich jede Gemeinde an einem anderen Punkt der Skala befinden. Das heilende Modell passt vielleicht besser zu neu gegründeten Gemeinden, wenn sie sich bemühen, ihre Identität als Gemeinde unter der Führung einer direktiven Leitung zu finden. Aber es kann für keine Gemeinde eine Rechtfertigung dafür geben, in dieser heilenden Phase stecken zu bleiben. Das Ziel aller heilenden Maßnahmen, wie sie in den Pastoralbriefen beschrieben werden, besteht immer darin, die Gemeinde aus dieser Phase wegzu bewegen und zum Ideal der völligen Beteiligung aller ihrer Mitglieder zu führen.

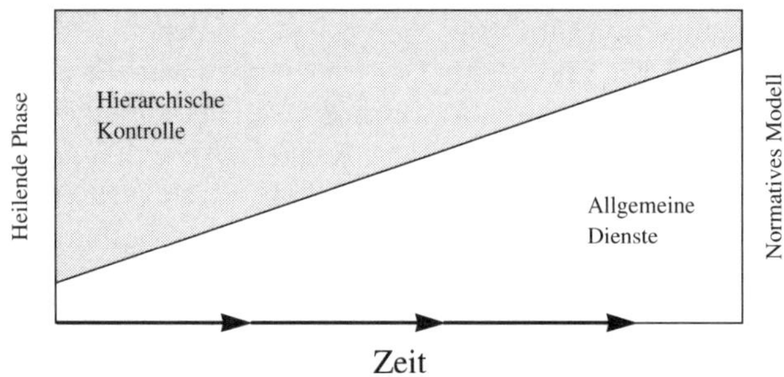

Der Apostel Paulus wollte, dass Titus genau diese Methode zur Rehabilitierung kranker Gemeinden in Kreta lehrte und nachdrücklich umsetzte (Tit 2,14–15;3,8). Diese Bemühungen sollten von Christus selbst genutzt werden, um sich »ein reines Volk zu schaffen, das nur ihm gehört« (Tit 2,14). Die so erneuerte Gemeinde sollte daraufhin eine Leidenschaft für den Dienst entwickeln und alles daransetzen, »das Gute zu tun« (Tit 2,14) und »sich ernsthaft darum bemühen, das Gute zu tun« (Tit 3,8). So schwer verdaulich die restriktiven Maßnahmen auch sein mögen, letztlich dienen sie dazu, die in ihrer Funktion gestörte Gemeinde wieder zu guter Gesundheit zu führen und sie in die Lage zu versetzen, den für sie angemessenen Dienst zu leisten.

Die Tatsache, dass Paulus Frauen in den kretischen Gemeinden dazu auffordert zu lehren (Tit 2,3), während dies allen Frauen in Ephesus verboten war, lässt vermuten, dass sich die kretischen Gemeinden schneller weg von einer hierarchischen Struktur hin zum normativen Modell der allgemeinen Beteiligung entwickelten als die Gemeinde in

Ephesus. Dieselbe Hinwendung zur allgemeinen Beteiligung am Dienst sollte alle gesunden Gemeinden charakterisieren.

Die meisten Christen, die ihre Bibel lesen, verstehen das Prinzip von Gemeinschaft und sehnen sich danach. Doch für viele, die stark hierarchisch und autoritär geprägten Gemeinden angehören, bleibt Gemeinschaft ein flüchtiges und unerreichbares Ideal. Sie sind sich der Tatsache nicht bewusst, dass eine biblische Alternative möglich und umsetzbar ist, und resignieren. Sie akzeptieren das nicht Akzeptable und machen das Beste aus ihrer unguten Situation. Dass Gottes Segen sie auch durch gemeinschaftsfeindliche Strukturen hindurch erreichen kann, lässt die Macht seiner Gnade erahnen.

Die gute Nachricht für diese Christen lautet, dass sie sich mit ihrer Situation nicht zufrieden geben oder sich von ihr besiegen lassen müssen. Jeder Christ kann zum Katalysator innerhalb seines Einflussbereiches werden, egal, wie unbedeutend sein Beitrag erscheinen mag. Leidenschaft für Gemeinschaft ist ansteckend. Unsere angeborene Sehnsucht nach Gemeinschaft ist so stark, dass nur ein kleiner Funke von Interesse entzündet werden muss, und ein kurzer Blick auf Gottes Traum von Gemeinschaft genügt, um eine brennende Leidenschaft für Gemeinschaft zu entfachen, die sich wie ein Lauffeuer verbreitet. Wenn das geschieht, fangen Menschen an, sich um ihre persönliche Beziehung zu Gott zu kümmern. Dann bringen sie ihre Beziehungen in der Familie und innerhalb der Gemeinde auf Vordermann. Sie bemühen sich, anderen zu dienen, sensibel für die Bedürfnisse andere Menschen zu werden, den Wünschen anderer entgegen zu kommen, sich um andere zu kümmern und Anteil an ihrem Leben zu nehmen, zu geben und zu empfangen, zu vergeben und Vergebung zu empfangen. Sie beginnen damit, Beziehungen aufzubauen, die auf gegenseitiger Unterstützung basieren, und erleben, wie aus diesen Beziehungen Kleingruppen und schließlich Dienstgruppen werden, die von einer gemeinsamen Vision getrieben werden.

So kann sich auch die restriktivste Gemeinde unter dem Einfluss des Heiligen Geistes schrittweise verändern. Ein Funke authentischer Gemeinschaft kann ungeahntes Wachstum auslösen, das eine tote Gemeinde zu einem mitreißenden Zentrum der Liebe Christi verwandeln kann. *Ecclesia reformata semper reformanda.* Die erneuerte Gemeinde muss sich immer wieder aufs Neue erneuern. Authentische Erweckung ist immer eine Erweckung des Gemeinschaftslebens.

Heute gibt es zahlreiche Materialien, die Christen bei ihrer Beschäftigung mit dem Wesen und der Funktionsweise authentischer, biblischer Gemeinschaften Richtungsweisung geben können. Erfahrene Berater können traditionellen, in Autoritätsstrukturen gefangenen Gemeinden Hilfestellung bei der Umwandlung des Gemeindelebens geben. Andere Berater können ihre Erfahrungen bei der Gründung neuer Gemeinden weitergeben, die von Anfang an einem gemeinschaftsorientierten Modell folgen. Verschiedene Gemeinden, die selbst nach erfolgreichen Modellen arbeiten, sind bereit, über ihre Erfahrungen auf Konferenzen zu berichten. Solche Konferenzen bieten Menschen auf der Suche nach Gemeinschaft eine hervorragende Gelegenheit, zuzuhören, zu beobachten, Fragen zu stellen und zu lernen. Die Inspiration solcher Veranstaltungen verändert oft das Leben der Teilnehmer und wirkt sich entscheidend auf das Leben ihrer Gemeinden aus. Viele solcher Konferenzen stehen auch Laien offen.

Die *Willow Creek Association* bietet mehrmals jährlich auf dem Gelände der *Willow Creek*-Gemeinde in Chicago Konferenzen für Leiter an. Die Teilnehmer erleben nicht nur begeisternde Gemeinschaft, die biblischen Vorstellungen entspricht, sondern auch lehrreiche und inspirierende Vorträge und Workshops über den Aufbau von Gemeinschaften und Gemeinden, die nach biblischem Vorbild funktionieren. Tausende von Pastoren, Gemeindeleitern und Laien haben erlebt, wie ihre Teilnahme an diesen Konferenzen von Gott dazu gebraucht wurde, ihre Gemeinden in Gemeinschaften umzuwandeln, die Gott die Ehre geben.

Am Ende dieses Buches soll noch eine weitere persönliche Erfahrung aus dem Leben der *Willow Creek*-Gemeinde stehen. Ich hoffe, dass ich damit im Gegensatz zur oben geschilderten Gottesdiensterfahrung die Werte und die Funktionsweise einer nach biblischen Vorgaben lebenden Gemeinde deutlich machen kann. Diese Geschichte steht hier nicht, um mit menschlichen Leistungen anzugeben und eine bestimmte Gemeinde »in den Himmel zu loben«. Sie soll vielmehr zeigen, was geschehen kann, wenn eine Gemeinde die Möglichkeit erhält und dazu angehalten wird, ihre geistlichen Gaben für das Reich Gottes einzusetzen.

Nach dem Ende eines Gottesdienstes stand ich im hinteren Bereich des Gottesdienstraumes und sah Tausende von Gottesdienstbesuchern, die in Grüppchen herumstanden und sich unterhielten, während sie den Raum langsam verließen. Plötzlich spürte ich, wie mir jemand auf die Schulter tippte. Ich drehte mich um und sah eine schüchterne, einfach aussehende Frau vor mir mit zwei kleinen Kindern, die ruhig neben ihr standen. Sie sagte: »Dr. B., ich möchte den Menschen dieser

Gemeinde danken. Diese Gemeinde hat uns das Leben gerettet.« Ich dachte, dass sie sich auf eine geistliche Entscheidung bezog, und fragte: »Sie wurden hier also Christ?« Sie antwortete: »Ja, das und noch viel mehr. Diese Gemeinde hat uns vor Hunger und dem sicheren Tod gerettet.« Ich fragte sie, was sie damit meinte. Ohne Emotionen zu zeigen, erzählte sie mit ausdrucksloser Stimme folgende Geschichte.

»Ein Bekannter von meinem Mann lud uns ein, mit ihm und seiner Frau in diese Gemeinde zu gehen. Er sagte, diese Gemeinde sei anders und würde uns gefallen. Und es gefiel uns wirklich. Die Kinder liebten das Kinderprogramm. Wir kamen schließlich jede Woche und ich nahm Jesus als meinen Erlöser an. Aber eineinhalb Jahre später verließ mich mein Mann wegen einer anderen Frau, die er an seiner Arbeitsstelle kennen gelernt hatte. Er nahm das Auto mit und ließ uns mit zwei unbezahlten Monatsmieten sitzen. Das Telefon war schon abgestellt. Wir hatten kein Geld und fast nichts zu essen. Ich war alleine mit zwei kleinen Kindern.

Ich machte eine sehr schwere Zeit durch. Ich hatte niemanden, den ich anrufen und besuchen konnte. Ich hatte vorher noch nie von Sozialhilfe gelebt und wusste nicht einmal, an wen ich mich wenden konnte. Unsere Nachbarn gingen jeden Tag zur Arbeit. Wir drei saßen in diesem leeren Haus und weinten den ganzen Tag. Bald bekamen wir Hunger. Die Kinder wollten etwas zu essen. Ich wurde traurig und konnte nichts tun. Die Post bestand nur aus Rechnungen und Briefen von Anwälten, die Geld forderten. Mir dämmerte allmählich, dass wir vielleicht sterben mussten. Ich hoffte nur noch, dass wir drei wenigstens gleichzeitig sterben würden.

Eines Abends hatte ich eine Idee. Ich wartete, bis Ruhe im Haus eingekehrt war, und ging mitten in der Nacht zu den Mülltonnen. Ich sortierte den Müll meiner Nachbarn von einer Tonne in die nächste und sammelte Essensreste, von denen wir uns ernähren konnten. Aber ich fühlte mich beschämt und wollte sterben.

Dann geschah ein Wunder. Eines Abends klingelte es. Als ich die Tür öffnete, stand ein wahrer Engel vor mir. Sie kam herein, sah meine Situation und verschwand. Am selben Abend brachten einige Leute eine heiße Mahlzeit vorbei. Ein Mann und sein Sohn brachten Tüten voller Lebensmittel und Kinderkleidung. Sie sagten, dass alles aus der Gemeinde käme. Zwei Leute gaben uns einen Stapel 20-Dollar-Scheine und sagten, dass das Geld uns gehöre. Ich traute meinen Augen nicht, da ich keinen von ihnen kannte.

Am nächsten Tag war die Miete bezahlt und das Telefon wieder angeschlossen. Zwei Frauen kamen herein, legten ein paar Schlüssel auf den Tisch und sagten, dass vor der Tür ein Auto geparkt sei, das von der Gemeinde zur Verfügung gestellt wäre und nun mir gehöre. In den darauf folgenden Tagen organisierten sie Kinderbetreuung und ich konnte mir Arbeit suchen. Ich fand Arbeit und wir stehen jetzt auf eigenen Füßen. Ich weiß, dass wir es schaffen werden. Sie sehen also, Dr. B., diese Gemeinde hat uns das Leben gerettet.«

Als sie ihre Geschichte erzählt hatte, konnte ich leicht rekonstruieren, was geschehen war, soweit es die Gemeinde betraf. Unter dem Dach der Gemeinde gibt es über hundert einzelne Dienstbereiche, die rund um die Uhr aktiv und bereit sind, in Notlagen umgehend einzugreifen. Die meisten dieser Dienste wurden ins Leben gerufen, weil ein Mitglied der Gemeinde eine Notlage sah, ein Team von Christen mit ähnlichen Begabungen und Neigungen um sich scharte, und unter der Organisation von Mitarbeitern der Gemeinde einen neuen evangelistischen oder sozialen Dienstbereich der Gemeinde startete, der von ehrenamtlichen Laienmitarbeitern getragen wird.

Aber ich war neugierig, wer sich hinter der Person des »Engels« verbarg, der die verzweifelte Situation der Frau entdeckt und den ganzen Prozess ausgelöst hatte. Ich stellte einige diskrete Nachforschungen an, um herauszufinden, was diese Frau veranlasst hatte, in die Wohnung dieser Familie zu gehen. Ich erfuhr, dass der Engel niemand anderes war als die Sonntagsschullehrerin eines der beiden Kinder. Sie hatte das Fehlen des Kindes bemerkt und versucht, die Familie telefonisch zu erreichen. Als sie erfuhr, dass das Telefon abgemeldet war, nahm sie an, die Familie sei umgezogen, und nahm die Karte des Kindes aus der Kartei. Doch sie hatte sich zur Gewohnheit gemacht, regelmäßig für die Kinder zu beten. Jedes Mal, wenn sie zum Namen dieses Kindes kam, fühlte sie sich seltsam unruhig. Obwohl das Kind und seine Familie aus ihrem Leben verschwunden waren, konnte sie die Sache nicht wirklich für sich abschließen. Sie versuchte noch einmal, dort anzurufen, aber ohne Erfolg. Schließlich stand sie eines Tages auf, suchte die Adresse der Familie heraus, machte sie auf einem Stadtplan ausfindig und fuhr am Abend nach der Arbeit vorbei – nur für alle Fälle.

Die Kette von Ereignissen, die durch den Besuch dieser Sonntagsschullehrerin ausgelöst wurden, wäre in einer Gemeinde mit hierarchischen, von Klerus dominierten Dienststrukturen kaum möglich gewesen. In der hierarchischen Gemeinde, die ich oben beschrieben habe, war der größte Teil der Gemeindeglieder an den Rand der Bedeutungslosigkeit gedrängt worden. Die Folge war, dass es nur wenige Dienstbereiche gab, die in ihrer Reichweite dann auch jämmerlich eingeschränkt waren. Freiheit, die persönlichen geistlichen Gaben in den Dienst einzubringen, war ein rein männliches Privileg. Mit solchen Einschränkungen kümmern Dienste vor sich hin, die Leidenschaft schrumpft, und Evangelisation wird zu einer Last statt eine spontane und gemeinschaftliche Reaktion der Liebe zu sein, die in der Gabe jedes Einzelnen ihren Ausdruck findet.

Betrachten Sie Dienst nicht als privilegierten Aufgabenbereich einiger Weniger, sondern als Berufung Gottes für alle, sich voll und ganz und voller Freude in das Reich Gottes zu investieren und zu sehen, wie Gemeinschaft wächst und sich ausbreitet.

Erleben Sie, welche verändernde Kraft Gemeinschaft hat!

Begeistern Sie Menschen
für die Mitarbeit in der Gemeinde

„Stellen Sie sich vor, dass jede Gemeinde plötzlich von enthusiastischen und liebevollen Helfern überflutet würde, die alles tun, um ein kleines bisschen mehr Himmel auf Erden Wirklichkeit werden zu lassen. Stellen Sie sich das nur einmal vor!" Bill Hybels

Bill Hybels berichtet von Menschen und ihren persönlichen Erlebnissen. Menschen, deren Leben radikal verändert wurde, nachdem sie ihre Gaben entdeckten, die Möglichkeit zum Einsatz bekamen und ihr Leben in den Dienst für andere investierten.
Werden Sie der Einladung folgen, für andere da zu sein? Leidenschaftlich mit Ihren Gaben zu dienen – und damit Ihren Winkel der Welt zu verändern? Wenn Sie dazu bereit sind, dann wird es Ihr Leben, Ihre Gemeinde und diese Welt revolutionieren. Lassen Sie sich inspirieren und begeistern. Und werden auch Sie ein Teil der „Mitarbeiter-Revolution".

Bill Hybels
Die Mitarbeiter-Revolution
Gebunden, 144 Seiten
Bestell-Nr. 815 064